Findbuch der Bestände Abt. 57 bis Abt. 62
Preußisch-österreichische Übergangsbehörden 1863-1868

von Jörg Rathjen

Veröffentlichungen des Landesarchivs Schleswig-Holstein
Band 103

Findbuch der Bestände Abt. 57 bis Abt. 62
Preußisch-österreichische Übergangsbehörden
1863-1868

Abt. 57
Bundeskommissare für die Herzogtümer Holstein und Lauenburg 1863-1864

Abt. 58.1
Österreichisch-preußische Oberste Zivilbehörde für das Herzogtum Schleswig 1864

Abt. 58.2
Österreichisch-preußische Oberste Zivilbehörde für die Herzogtümer Schleswig, Holstein und Lauenburg 1864-1865

Abt. 59.1
Österreichischer Statthalter für das Herzogtum Holstein

Abt. 59.2
Preußischer Gouverneur für das Herzogtum Schleswig

Abt. 59.3
Oberpräsident für die Herzogtümer Schleswig und Holstein (Baron Carl von Scheel-Plessen) in Kiel

Abt. 60
Holsteinische Landesregierung in Kiel 1864-1866

Abt. 61
Schleswig-Holsteinische Landesregierung in Schleswig 1865

Abt. 62.1
Schleswigsche Regierung zu Schleswig 1865-1868

Abt. 62.2
Zivilverwaltung/Regierung für Holstein 1866-1868

von Jörg Rathjen

Hamburg University Press
Verlag der Staats- und Universitätsbibliothek Hamburg
Carl von Ossietzky

Impressum

Bibliografische Information der Deutschen Nationalbibliothek:

Die Deutsche Nationalbibliothek verzeichnet diese Publikation in der Deutschen Nationalbibliografie; detaillierte bibliografische Daten sind im Internet über http://dnb.d-nb.de abrufbar.

Die Online-Version dieser Publikation ist auf der Verlagswebseite frei verfügbar *(open access)*. Die Deutsche Nationalbibliothek hat die Netzpublikation archiviert. Diese ist dauerhaft auf dem Archivserver der Deutschen Nationalbibliothek verfügbar.

Open access über die folgenden Webseiten:

Hamburg University Press – http://hup.sub.uni-hamburg.de
URL: http://hup.sub.uni-hamburg.de/purl/HamburgUP_LASH103_Findbuch57-62
Archivserver der Deutschen Nationalbibliothek – http://deposit.d-nb.de/

ISBN 978-3-937816-90-6
ISSN 1864-9912

Redaktion: Malte Bischoff, Veronika Eisermann, Rainer Hering, Sven Schoen

Produktion: Elbe-Werkstätten GmbH, Hamburg, Deutschland
http://www.ew-gmbh.de

Gestaltung von Schutzumschlag und Buchdecke: nach Entwürfen von Atelier Bokelmann, Schleswig

INHALTSVERZEICHNIS

Vorbemerkung IX

Findbuch des Bestandes Abt. 57
Bundeskommissare für die Herzogtümer Holstein und Lauenburg 1863-1864

Finanzen 1
  Domänen 1
  Eisenbahn und Telegrafen 2
  Finanz- und Kassenwesen 3
  Steuern und Abgaben 5
  Zoll 6
Politische Angelegenheiten 7
  Allgemeines 7
  Gesetzgebung 8
  Polizei 8
  Verwaltung und Personal 9
  Handel und Gewerbe, Schifffahrt, Deiche und Wege 9
  Militär 10
Justiz und Kirche 11
  Justiz 11
  Kirche 12
  Unterrichtswesen 12
Bundes- und auswärtige Angelegenheiten 12
Journale 13

Findbuch des Bestandes Abt. 58.1
Österreichisch-preußische Oberste Zivilbehörde für das Herzogtum Schleswig 1864

Allgemeine Abteilung 15
  Landeshoheit und Grenzen 15
  Verwaltung 15
  Justiz 16
  Beamte 16
  Presse 18
  Landwesen 18
  Kommunalwesen 18
  Bürgerliches Gewerbe, Handwerk, Handel und Schifffahrt 18
  Polizei 19
  Militär 19

Krieg mit Dänemark 19
Kirchen- und Unterrichtsabteilung 20
Finanzabteilung 20
Finanzen 20
Domänen 20
Journale und Protokolle 20
Alte Findmittel 21

Findbuch des Bestandes Abt. 58.2
Österreichisch-preußische Oberste Zivilbehörde für die Herzogtümer Schleswig, Holstein und Lauenburg 1864-1865

Allgemeine Abteilung 23
Rang, Titel, Orden 23
Stände 23
Landeshoheit und Grenzen 23
Verwaltung 24
Justiz 25
Beamte 26
Presse 26
Armenwesen 27
Forst- und Jagdwesen 27
Kommunalwesen 28
Bürgerliches Gewerbe, Handwerk, Handel und Schifffahrt 29
Post und Telegrafen 30
Polizei und Gesundheitswesen 30
Deiche und Wasserlösung 32
Eisenbahn und Wege 32
Militär 33
Krieg mit Dänemark 33
Kirchen- und Unterrichtsabteilung 34
Kirche 34
Unterricht 35
Finanzabteilung 36
Finanzen 36
Steuern 37
Domänen 37
Zollabteilung 38
Journale und Protokolle 39

Findbuch des Bestandes Abt. 59.1
Österreichischer Statthalter für das Herzogtum Holstein

Zivile Angelegenheiten 41
- Rang, Titel und Orden 41
- Stände 41
- Verwaltung 41
- Justiz 42
- Beamte 43
- Kirche 43
- Unterrichtswesen, Kunst und Wissenschaft 45
- Presse 46
- Armenwesen 47
- Finanzen, Steuern und Zoll 47
- Domänen, Forst- und Jagdwesen 48
- Landwesen 48
- Kommunalwesen 48
- Bürgerliches Gewerbe, Handwerk, Handel und Schifffahrt 50
- Post und Telegrafen 51
- Polizei 51
- Deiche und Wasserlösung 52
- Eisenbahn und Wege 52

Militärische Angelegenheiten 52

Journale und Protokolle 53

Findbuch des Bestandes Abt. 59.2
Preußischer Gouverneur für das Herzogtum Schleswig

König von Preußen, Einverleibung Schleswig-Holsteins, Orden und Titel 55

Beziehungen zum Ausland, Landeshoheit und Grenzen 56

Landesvertretung und Ständeversammlung 57

Gesetzessammlung und Verordnungsblatt 57

Allgemeine Verwaltung, Behörden und Beamte 57

Justiz 62

Kirche 63

Unterrichtswesen, Kunst und Wissenschaft 63

Presse 63

Unterstützungen 64

Steuern und Finanzen 65

Domänen, Forst und Jagdwesen 66

Kommunalwesen 66

Post und Telegrafen 68

Polizei 68

Deiche und Wasserlösung 70

Polizei 70

Militär 71
Korrespondenz und Miszellen des Gouverneurs von Manteuffel und des Zivilkommissars von Zedlitz 71
Journale 72

Findbuch des Bestandes Abt. 59.3
Oberpräsident für die Herzogtümer Schleswig und Holstein (von Scheel-Plessen) in Kiel

König von Preußen, Einverleibung Schleswig-Holsteins, Orden und Titel 73
Landeshoheit und Grenzen sowie Beziehungen zum Ausland 75
Statistik 76
Landesvertretung und Ständeversammlung 76
Prälaten und Ritterschaft, adlige Personen 77
Gesetzessammlungen und Verordnungsblätter 77
Allgemeine Verwaltung, Behörden und Beamte 78
Justiz 82
Kirche 85
Unterrichtswesen 86
Kunst und Wissenschaft 89
Presse 90
Armenwesen 90
Steuern, Finanzen und Kassenwesen 90
Zoll 93
Domänen 94
Mühlen 96
Forst- und Jagdwesen 97
Landwesen 98
Kommunalwesen 99
Bürgerliches Gewerbe, Handwerk, Handel und Schifffahrt 99
Post und Telegrafen 101
Polizei 101
Brandwesen 102
Medizinalwesen 103
Deiche und Wasserlösung 103
Eisenbahn, Wege, Hafen und Fähre 104
Witwenkassen, Stiftungen und Versicherungen 105
Militär und Krieg 105
Strafanstalten 108

Findbuch des Bestandes Abt. 60
Holsteinische Landesregierung in Kiel 1864-1866

Erste Sektion 109
- Regierungsbehörden 109
- Grenzen 110
- Beamte 110
- Stände 111
- Kirche 111
  - Allgemeines 111
  - Kirchenvisitation 111
  - Besetzung der Predigerstellen 112
  - Prediger 114
  - Gottesdienst 115
  - Kirchengüter 115
  - Kirchenbedienstete 118
  - Umfang und Verfassung der Kirchengemeinden 119
  - Fremde Religionsverwandte 119
  - Kirchliche Verhältnisse des Militärs 120
- Schule 120
  - Allgemeines 120
  - Literarische Produktionen und Lehrmittel 120
  - Schullehrerwitwen 121
  - Schulen in den Propsteien 121
    - Propstei Altona 121
    - Propstei Kiel 121
    - Propstei Münsterdorf 122
    - Propstei Norderdithmarschen 123
    - Propstei Oldenburg 123
    - Propstei Pinneberg 123
    - Propstei Plön 124
    - Propstei Rantzau 124
    - Propstei Rendsburg 124
    - Propstei Segeberg 125
    - Propstei Stormarn 126
    - Propstei Süderdithmarschen 126
  - Gelehrtenschulen 126
  - Schullehrerseminar 127
  - Stiftungen 128
- Justiz 129
  - Oberappellationsgericht 129
  - Oberdikasterien 129
  - Landesdistrikte 129
  - Strafanstalten 130
  - Ehe 130
  - Weitere Justizangelegenheiten 130
- Strandwesen 130

Zweite Sektion 131
- Polizei 131
  - Allgemeines 131
  - Beamte 132
  - Presse 132
  - Polizei in den Städten 133
  - Polizei in den Landdistrikten 133
  - Polizei in den Gütern und Klöstern 134
  - Lotterien 135
  - Leih- und Lombardanstalten 135
  - Gesundheitswesen und Veterinärwesen 135
- Verfassung und ökonomische Verwaltung der Städte und Flecken 136
- Handel, Gewerbe, Erfindungen und Patente 138

Dritte Sektion 139
- Deiche und Wasserlösung 139
- Hafen, Brücken und Fähren 141
- Flüsse 141
- Eisenbahnen 142
- Wege 142
  - Allgemeines 142
  - Chausseen 143
  - Nebenlandstraßen 143
  - Einzelne Wege 144
- Militär 145

Vierte Sektion 146
- Steuern und Abgaben 146
- Landwesen 147
- Forst- und Jagdwesen 149
- Domänen 150
- Mühlen 150
  - Allgemeine Mühlenangelegenheiten und Mühlenzwang 150
  - Mühlen in den Landdistrikten 151

Fünfte Sektion 154
- Kassen- und Rechnungswesen 154
- Zoll 155
- Post und Telegrafen 156

Journale 156

Findbuch des Bestandes Abt. 61
Schleswig-Holsteinische Landesregierung in Schleswig 1865

Justiz 159
Kommunalwesen 159
Bürgerliches Gewerbe und Fabriken 160
Polizei, Gesundheitswesen und Brandwesen 160
Presse 161
Wasserlösung 161
Militär 161
Finanzen und Steuern 161
Landwesen 162
Domänen 162
Journale und Protokolle 162

Findbuch des Bestandes Abt. 62.1
Schleswigsche Regierung zu Schleswig 1865-1868

Erste Sektion 165
  Landesvertretung 165
  Behörden und Beamte 165
  Justiz 166
  Polizei, Presse und Brandwesen 169
  Kommunalwesen 170
  Gewerbe, Fabriken, Handwerk, Landwirtschaft und Fischerei 172
  Statistik 173
Zweite Sektion 174
  Unterrichtswesen 174
  Stiftungen 174
  Medizinalwesen 174
Dritte Sektion 175
  Militär 175
Vierte Sektion 175
  Domänen 175
  Forst- und Jagdwesen 175
  Steuern und Abgaben 176
  Landwesen 176
  Finanzen, Kassen- und Rechnungswesen 179
Journale und Protokolle 181

Findbuch des Bestandes Abt. 62.2
Zivilverwaltung/Regierung für Holstein 1866-1868

Erste Sektion 185
  Kirche 185
  Brandwesen 185
  Kommunalwesen 186
  Güter 189
  Gewerbe, Handel und Landwirtschaft 189
Zweite Sektion 190
  Landeshoheit und Grenzen 190
  Justiz 190
  Polizei und Gesundheitswesen 192
  Beamte 193
  Wege 195
  Deiche und Wasserlösung 195
Dritte Sektion 196
  Steuern und Abgaben 196
  Domänen, Mühlen, Forst- und Jagdwesen 199
  Landwesen 200
  Finanzen, Kassen- und Rechnungswesen 202
Journale und Protokolle 203

Gemeinsames Register der Bestände Abt. 57 bis Abt. 62.2
  Personenregister 205
  Sachregister 213
  Ortsregister 225

Konkordanzen 243

Veröffentlichungen des Landesarchivs Schleswig-Holstein 252

VORBEMERKUNG

Behördengeschichte

Nach Beendigung der schleswig-holsteinischen Erhebung stellten in London die europäischen Mächte 1851/1852 den dänischen Gesamtstaat wieder her, dem die Herzogtümer Schleswig, Holstein und Lauenburg in Personalunion angehörten. Dänemark erklärte dabei seinen Verzicht auf einen Anschluss des Herzogtums Schleswig. Ein Jahrzehnt später, im Jahr 1863, entwarf die dänische Regierung aber vor dem Hintergrund nationaler Stimmungen eine neue Gesamtstaatsverfassung, die auf eine Anbindung des Herzogtums Schleswig an Dänemark und eine Trennung vom Herzogtum Holstein hinauslief. Der Deutsche Bund betrachtete diese Verfassung als Verstoß gegen die internationalen Abmachungen und legte zur Wahrung seiner Rechte Protest ein. Als der neue dänische König Christian IX. (reg. 1863-1906) im November 1863 die Gesamtstaatsverfassung unterzeichnete, sprach der Deutsche Bund die Bundesexekution aus. Infolgedessen besetzten im Dezember 1863 hannoversche und sächsische Bundeskontingente die von dänischen Truppen geräumten Herzogtümer Holstein und Lauenburg. Am 23. Dezember 1863 übernahmen die beiden Bundeskommissare von Könneritz und Nieper von Altona aus die Leitung der Verwaltung in den Herzogtümern Holstein und Lauenburg. Nach Auflösung der dänischen Behörden errichteten die Bundeskommissare im Januar 1864 die Herzogliche Landesregierung in Kiel als neue Verwaltungsbehörde.

Nachdem Dänemark die Aufhebung der Verfassung für das Herzogtum Schleswig abgelehnt hatte, kam es zur militärischen Konfrontation mit Preußen und Österreich. Zu Beginn des deutsch-dänischen Kriegs im Februar 1864 besetzten Truppen beider Mächte das Herzogtum Schleswig. Dort übernahm am 8. Februar 1864 die preußisch-österreichische Oberste Zivilbehörde mit Sitz in Flensburg die Verwaltungsgeschäfte. Die Leitung der Obersten Zivilbehörde übten der preußische Zivilkommissar Freiherr Konstantin von Zedlitz und der österreichische Zivilkommissar Graf Friedrich Revertera aus.

Am 7. Dezember 1864 erhielt die Oberste Zivilbehörde auch die Zuständigkeit für die Herzogtümer Holstein und Lauenburg übertragen, wodurch die Tätigkeit der Bundeskommissare und der Herzoglichen Landesregierung endete. Stattdessen wurde zum Februar 1865 mit der Schleswig-Holsteinischen Landesregierung eine gemeinsame Verwaltung für die Herzogtümer eingerichtet.

Diese Behörde mit Sitz in Schleswig war jedoch nur kurzfristig tätig. Im Vertrag von Gastein vom 14. August 1865 vereinbarten Preußen und Österreich die Aufteilung der Verwaltung. Preußen übernahm die Administration des Herzogtums Schleswig, Österreich die des Herzogtums Holstein. In der Konsequenz wurden am 15. September 1865 der Generalleutnant Edwin von Manteuffel zum preußischen Gouverneur für Schleswig und der Feldmarschallleutnant Ludwig von Gablenz zum österreichischen Statthalter für Holstein ernannt. Diese Regelung bedeutete das Ende der gemeinsamen Schleswig-Holsteinischen Landesregierung. Im Herzogtum Schleswig nahm nun die neu errichtete Schleswigsche Regierung mit Sitz in Schleswig unter der Leitung des Zivilkommissars Freiherr Konstantin von Zedlitz ihre Arbeit auf. Im Herzogtum Holstein riefen die Österreicher wieder eine eigene Holsteinische Landesregierung in

Kiel ins Leben. Das Herzogtum Lauenburg hatte Österreich im Vertrag von Gastein gegen Entschädigung an Preußen abgetreten. Im September 1865 übernahm der preußische König als Herzog von Lauenburg die Landesherrschaft. Unterdessen waren angesichts politischer Rivalitäten und unterschiedlicher Ansichten über das weitere Schicksal der besetzten Herzogtümer die Spannungen im Verhältnis der beiden Mächte Preußen und Österreich zusehends gewachsen. Im Juni 1866 kam es schließlich zum Krieg. Im Vorfeld der militärischen Auseinandersetzungen besetzten preußische Truppen das Herzogtum Holstein. Am 10. Juni wurde Baron Carl von Scheel-Plessen zum ersten preußischen Oberpräsidenten für beide Herzogtümer ernannt. In dieser mit weitreichenden Kompetenzen ausgestatteten Funktion übernahm von Scheel-Plessen die Leitung der Zivilverwaltung im Herzogtum Holstein, die Oberaufsicht über die Verwaltung im Herzogtum Schleswig, die Erledigung der gemeinschaftlichen Aufgaben der Herzogtümer sowie die Abwicklung des Verhältnisses zu Dänemark infolge des Wiener Friedens von 1864. Als Oberpräsident blieb von Scheel-Plessen bis 1879 im Amt.

Gleichzeitig mit der Einsetzung des Oberpräsidenten von Scheel-Plessen erfolgte die Auflösung der Holsteinischen Landesregierung. An ihre Stelle trat die Zivilverwaltung für Holstein, die im Februar 1867 schließlich in Regierung für Holstein umbenannt wurde. Die Regierung für Holstein blieb ebenso wie die Schleswigsche Regierung zu Schleswig bis zur Errichtung der für beide Landesteile zuständigen preußischen Regierung zu Schleswig am 1. Oktober 1868 im Amt.

Bestandsgeschichte

Der provisorische Charakter der preußischen und österreichischen Verwaltung mit ihren zumeist nur wenige Monate tätigen Behörden spiegelt sich auch in der Bestandsbildung wider.

Die Hauptmasse der Akten und Protokolle der verschiedenen Behörden und Regierungsvertreter aus der Zeit des preußisch-österreichischen Kondominats gelangte 1896/97 in das damalige Staatsarchiv in Schleswig. Weitere kleinere Ablieferungen erfolgten noch bis zum Jahr 2000.

Im Staatsarchiv bildete das Schriftgut der preußischen und österreichischen Behörden ursprünglich den gemeinsamen Bestand A XV, für den der Staatsarchivdirektor Hille 1897 ein handschriftliches Findmittel angelegt hatte. Als das Staatsarchiv in den 1920er-Jahren für die Bestände neue Bezeichnungen anlegte, löste man gleichzeitig diesen gemeinsamen Bestand auf. An seine Stelle traten die nach dem Provenienzprinzip neu gebildeten Abt. 57 bis 62. Durch die Aufteilung der Archivalien verlor das bisherige Findmittel weitgehend seine Gültigkeit. Stattdessen wurde jede Abteilung auf Karteikarten verzeichnet.

Die Bildung der neuen Bestände nach dem Provenienzprinzip erwies sich jedoch als schwierig. Die meisten Behörden hatten die Akten ihrer Vorgänger übernommen und mitunter sogar auch die alten Protokolle und Journale weitergeführt. Wie eng einige Bestände aus diesem Grund miteinander verzahnt sind, zeigt das Beispiel der Obersten Zivilbehörde. Die Archivalien der Obersten Zivilbehörde befinden sich in Abt. 58, die sich aus zwei Unterabteilungen zusammensetzt: Abt. 58.1 beinhaltet Schriftgut aus der Zeit der ausschließlichen Zuständigkeit für das Herzogtum Schleswig; in Abt.

58.2 hingegen liegen die Akten aus dem Zeitraum, als die Oberste Zivilbehörde die Leitung der Verwaltung in allen drei Herzogtümern ausübte. Allerdings wurde diese Bestandstrennung keineswegs strikt durchgehalten. So umfasst der Bestand Abt. 58.1 nur einen geringen Teil der Überlieferung. Der Großteil der Archivalien befindet sich in Abt. 58.2 oder in den Beständen der Nachfolgebehörden. Hingegen ist in Abt. 58.1 nahezu die gesamte protokollarische Überlieferung der Obersten Zivilbehörde für den Zeitraum ihres Bestehens zu finden.
Gleiches trifft auch auf die Bestände des Oberpräsidenten (Abt. 59.3) und der Regierung für Holstein (Abt. 62.2) zu, die aufgrund der Funktion Scheel-Plessens als Leiter der holsteinischen Verwaltung eng miteinander verknüpft sind. Während Abt. 62.2 insbesondere Verwaltungsunterlagen für das noch bestehende Herzogtum Holstein beinhaltet, sind in Abt. 59.3 Akten aus der Zeit zu finden, in der die neue Provinz gebildet wurde. Außerdem befinden sich in Abt. 59.3 auch noch zahlreiche Archivalien über die Universität in Kiel aus der Zeit, als Baron von Scheel-Plessen dort das Amt des Kurators ausübte.

Ein weiterer bei der Recherche zu beachtender Aspekt ist die Tatsache, dass die im vorliegenden Findbuch vereinigten Bestände nicht die gesamte Aktenüberlieferung der preußisch-österreichischen Verwaltungseinrichtungen und Regierungsinstitutionen umfassen. Einen Teil des Schriftguts übernahm 1868 die neu eingerichtete Regierung zu Schleswig in ihre Registratur (siehe Abt. 309 „Alter Bestand“). Ein anderer Teil über holsteinische und lauenburgische Angelegenheiten wiederum gelangte auf nicht mehr nachvollziehbare Weise später in den Bestand der dänischen Vorgängerbehörde, des Ministeriums für die Herzogtümer Holstein und Lauenburg (Abt. 80). Als der Archivar Dr. Kochendörffer diesen Ministeriumsbestand in den 1920er-Jahren bearbeitete, nahm er auch die sich dort befindlichen Akten der Übergangsbehörden in die Erschließung mit auf, sah sie aber für eine spätere Umverzeichnung in die entsprechenden Abteilungen vor. Dazu ist es aber nicht mehr gekommen, sodass ein Teil der Akten der preußischen und österreichischen Behörden weiterhin in Abt. 80 recherchiert werden musste.

Da die Findmittel in Form der Zettelkarteien kaum noch modernen Standards genügten, wurden im Jahr 2007 im Rahmen mehrerer Erschließungsmaßnahmen von Archivalien zentraler Behörden aus dem Zeitraum von 1848 bis 1868 auch diese für die schleswig-holsteinische Geschichte wichtigen Bestände der preußischen und österreichischen Verwaltung neu verzeichnet. Die Bearbeitung gab den Anlass, die Idee einer Bestandsbereinigung wieder aufzugreifen. So wurden nun aus Abt. 80 diejenigen Akten ausgesondert und den entsprechenden Abteilungen zugelegt, die erst von den nachfolgenden Übergangsbehörden angelegt worden waren. Diejenigen Akten in Abt. 80 hingegen, die zwar von den preußischen und österreichischen Behörden weitergeführt worden waren, aber hauptsächlich Schriftstücke des Ministeriums und dessen Vorgängerbehörden umfassen, verblieben im Bestand, um diesen nicht noch weiter auseinanderzureißen. Ebenso wurde umgekehrt Schriftgut, das sich im Bestand der Übergangsbehörden befand, aber ausschließlich Schreiben des Ministeriums beziehungsweise der von 1862 bis 1864 tätigen Holsteinischen Regierung (Abt. 56) enthielt, herausgenommen und in Abt. 80 und Abt. 56 eingegliedert. Einige wenige Archivalien gelangten auch in die Bestände der Behörden, die während der Erhebungszeit von 1848 bis 1851 bestanden (Abt. 51-55). In gleicher Weise fand eine behutsame Bestandsbereinigung zwischen den Überlieferungen der Übergangsbehörden statt. Konkordanzen unterrichten über den jeweiligen Verbleib der alten Nummern.

Bei der Erschließung konnten zudem aus einem bis dahin ungeordneten Bestand von Akten zentraler Regierungsbehörden des 19. Jahrhunderts rund neun laufende Meter den verschiedenen Abteilungen der Übergangsbehörden hinzugefügt werden. Auf diese Weise verdoppelte sich beispielsweise der Umfang der Abt. 62.2.

Als die Akten Ende des 19. Jahrhunderts in das Staatsarchiv gelangten, übernahm Staatsarchivdirektor Georg Hille die vorgefundene Ordnung trotz der von ihm bemängelten „Systemlosigkeit“. Grundlegende Ordnungsarbeiten unterblieben auch bei der Umstrukturierung in den 1920er-Jahren. Um nicht die von Hille beklagte fehlende Systematik noch weiter fortzuschreiben, musste bei der Neuverzeichnung hinsichtlich der Ordnung der Archivalien also ein neuer Ansatz gefunden werden. In Anlehnung an bereits neu erschlossene Bestände von Vorgängerbehörden und aus verwaltungsgeschichtlichen Aspekten diente daher die jeweilige Geschäftsverteilung als Ordnungsgrundlage. Ausnahmen bilden nur die Bestände des preußischen Gouverneurs (Abt. 59.2) sowie des Oberpräsidenten (Abt. 59.3), da für diese keine Geschäftsverteilung vorlag bzw. sich nicht rekonstruieren ließ. In beiden Fällen fand die Systematik des Gesetz- und Verordnungsblattes von 1865 Anwendung, die ansatzweise auch der alten Ordnung beider Bestände zugrunde gelegen hatte.

Die Signaturen der einzelnen Abteilungen wurden beibehalten, nur diejenigen mit Buchstabenzusatz erhielten eine neue Nummer, die ebenfalls in einer Konkordanz nachgewiesen ist. Ein für alle Bestände gemeinsames Orts-, Sach- und Personenregister bildet den Abschluss dieses Findbuchs. Für die Suche nach einem Thema oder einem Sachbegriff sollte zuerst die sachsystematische Gliederung benutzt werden und als Ergänzung das Register. Es ist dabei zu beachten, dass die Begriffe für die Register aus den Aktentiteln stammen, also nicht etwa alle Nennungen in den Akten selbst erfassen.

Weitere Informationen zu den preußisch-österreichischen Übergangsbehörden sowie Parallelüberlieferungen finden sich in folgenden Beständen des Landesarchivs Schleswig-Holstein:
LASH Abt. 22, Herzöge von Schleswig-Holstein-Sonderburg-Augustenburg.
LASH Abt. 56, Holsteinische Regierung in Kopenhagen bzw. Plön 1862-1864.
LASH Abt. 79, Ministerium für das Herzogtum Schleswig 1851-1864.
LASH Abt. 80, Ministerium für die Herzogtümer Holstein und Lauenburg 1852-1864.
LASH Abt. 301, Oberpräsidium und Provinzialrat der Provinz Schleswig-Holstein.
LASH Abt. 309, Regierung zu Schleswig.

Umfang der einzelnen Bestände:
Abt. 57, Bundeskommissare für die Herzogtümer Holstein und Lauenburg 1863-1864 = 3 lfm.

Abt. 58.1, Österreichisch-preußische Oberste Zivilbehörde für das Herzogtum Schleswig 1864 = 3,5 lfm.
Abt. 58.2, Österreichisch-preußische Oberste Zivilbehörde für die Herzogtümer Schleswig, Holstein und Lauenburg 1864-1865 = 3 lfm.
Abt. 59.1, Österreichischer Statthalter für das Herzogtum Holstein = 3 lfm.
Abt. 59.2, Preußischer Gouverneur für das Herzogtum Schleswig = 3,5 lfm.
Abt. 59.3, Oberpräsident für die Herzogtümer Schleswig und Holstein (Baron Carl von Scheel-Plessen) 1866-1868 = 20 lfm.
Abt. 60, Holsteinische Landesregierung in Kiel 1864-1866 = 31,5 lfm.
Abt. 61, Schleswig-Holsteinische Landesregierung in Schleswig 1865 = 3 lfm.
Abt. 62.1, Schleswigsche Regierung zu Schleswig 1865-1868 = 18 lfm.
Abt. 62.2, Zivilverwaltung/Regierung für Holstein 1866-1868 = 15,5 lfm.

Der Gesamtumfang aller Bestände beträgt 104 laufende Meter.

Literaturhinweise

Stefan Bremicker: Schleswig-Holstein als Kondominium. Die österreichische Verwaltung in den Elbherzogtümern (Rechts- und Sozialwissenschaftliche Reihe 8). Frankfurt/Main 1994.
Werner Franz: Einführung und erste Jahre der preußischen Verwaltung in Schleswig-Holstein. In: Zeitschrift der Gesellschaft für schleswig-holsteinische Geschichte 82 (1958), 163-215, und 83 (1959), 117-242.
Jens Owe Petersen: Schleswig-Holstein 1864-1867. Preußen als Hoffnungsträger und „Totengräber“ des Traums von einem selbständigen Schleswig-Holstein. Phil. Diss. Kiel 2000.
Wolfgang Steiniger: Schleswig-Holstein 1806-1892. In: Deutsche Verwaltungsgeschichte. Bd. 2: Vom Reichsdeputationshauptschluß bis zur Auflösung des Deutschen Bundes. Hrsg. von Kurt G. A. Jeserich u. a. Stuttgart 1983, 762-784.

Benutzungshinweise

Zitierweise der Akten: Abteilungsbezeichnung und Nummer der Akte, also zum Beispiel Abt. 57 Nr. 50.

Schleswig, im Januar 2012 Jörg Rathjen

Findbuch des Bestandes Abt. 57

Bundeskommissare für die Herzogtümer Holstein und Lauenburg 1863-1864

FINANZEN

Domänen

12	Inspektor des Kalkbergs in Segeberg	1863-1865
22	Forstpersonal: Oberförster, Hegereiter, Holzvogt	1864
13	Bestätigungen von Kauf- und Erbzinsverträgen	1864
15	Ablösung der Erbpachtsqualität eines den Erben des Eigenkätners J. C. Kock in Badendorf gehörigen Grundstücks	1864
16	Ankauf eines dem Holzhändler Reher in Segeberg gehörigen Teils der Hölzung Bockhorn	1864
18	Errichtung eines Sommerkoogs zwischen dem Neufelder Hafen und der Süderschleuse des Kronprinzenkoogs	1864
8	Verpachtung der Weideländereien des König-Christian-Koogs	1864
10	Verkauf des großen Voßmoores in der Grafschaft Rantzau	1864
11	Umtausch von Domanialgrundstücken der Erben des Amtsschreibers Wiedemann in Trittau	1864
9	Verkauf der Kornwassermühle in Neumühlen im Amt Kiel an die Brüder Lange in Altona sowie Ablösung der Hand- und Spanndienste	1864
19	Ablösung der Hand- und Spanndienste zur Mühle in Ecklak	1864
20	Verpachtung der Kornwassermühle in Plön	1864
21	Obligationen zu den Entschädigungen für die Aufhebung des Mühlenzwangs	1864

17 Aufhebung des Mühlenzwangs im Herzogtum Holstein 1864

14 Verpachtung der Windmühle in Rumfleth 1864

Eisenbahn und Telegrafen

23 Eisenbahnkommissariat für das Herzogtum Holstein 1863-1864

27 Errichtung einer Preußischen Eisenbahnlinien-Kommission in Altona 1864

33 Mitteilung von Eisenbahnakten an die Oberste Zivilbehörde im Herzogtum Schleswig 1864

24 Verbindungsbahn Hamburg-Altona 1863-1864
Darin: „Altonaer Nachrichten" vom 11. März 1864

25 Eisenbahn Hamburg-Lübeck 1863-1864

26 Bau eines provisorischen Bahnhofs im Neuwerk in Rendsburg 1864

29 Eisenbahn Eutin-Lübeck 1864

31 Eisenbahn Elmshorn-Glückstadt: Fahrpreise 1864

32 Bau einer Eisenbahn von Kiel nach Rendsburg 1864

30 Eisenbahn Altona-Kiel 1864-1865
Enthält u. a.: Tarife; Polizeireglement

28 Ostholsteinische Eisenbahn (1863) 1864-1864
Darin: Protokoll der 32. Generalversammlung der Aktionäre der Altona-Kieler-Eisenbahngesellschaft 1863

34 Verwaltung des Staatstelegrafenwesens im Herzogtum Holstein 1863-1864

35 Errichtung einer Telegrafenlinie zwischen Hamburg und Lübeck 1864
Darin: Ausschnitt aus der „Weserzeitung" vom 25. August 1864

Finanz- und Kassenwesen

47 Haushalt für das Herzogtum Holstein (1849) 1863-1864
Enthält auch: Haushalt und Staatsrechnungen für 1849

48 Haushalt für das Herzogtum Holstein 1864

56 Auslieferung von Geldern aus den Überschüssen der Herzogtümer Holstein und Lauenburg an die Bundeskasse 1864

57 Bundesmatrikularleistungen der Herzogtümer Holstein und Lauenburg 1864

58 Anspruch an Dänemark auf Ersatz von Ausgaben aus der Staatskasse des Herzogtums Holstein 1864

36 Bereitstellung einer Geldsumme durch die Bundesversammlung an die Bundeskommissare für dringende Verwaltungsaufgaben 1863-1864

37 Kassenverwaltung im Herzogtum Holstein, Zahlungen aus der Zentralkasse, Anweisungen an die Zentralkasse 1863-1864

52 Annahme fremder Münzen und preußischer Kassenanweisungen in den Kassen des Herzogtums Holstein sowie Aufhebung der Berechnung nach Reichsmünze 1863-1864

53 Münze in Altona und ihre Beamten 1864
Enthält u. a.: Überlassung des Gebäudes an die Militärverwaltung

49 Kassenanweisungen von 1851 und Zwangsanleihe von 1850 1864

50 Ausstellung von Schuldverschreibungen über bar eingezahlte Dienstkautionen 1864

51 Dänische Staatsobligationen und Zinszahlungen 1864

44 Kassenrevision im Herzogtum Holstein 1864

45 Rückständige Ausgaben für die Universität in Kiel aus den Rechnungsjahren 1862-1864 1864

46 Geldsumme für den früheren Regierungspräsidenten von Moltke und Untersuchung über deren Verbleib 1864

40 Zuwendungen für Angestellte der Zentralkasse 1864

41 Verlegung und Bewachung der Zentralkasse in Rendsburg 1864

42 Wöchentliche Kassenauszüge der Zentralkasse sowie Monatsübersichten über Einnahmen und Ausgaben im Herzogtum Holstein 1864

63 Vorübergehende Ausleihe der holsteinischen Kassenvorräte an Bankinstitute 1864

64 Entschädigungen von Beamten für früher von Dänemark auferlegte Zahlungen 1864
Enthält: Zollverwalter Rolfs, Husum, jetzt Altona; Frau des Pastors Dirksen, Schenefeld; Zollverwalter Dietzel, Kappeln, jetzt Amerika; Postmeister Jacobsen; Zollassistent Friedrichsen, Segeberg; Professor Scherk, Kiel, jetzt Bremen

61 Erhöhung der Unterhaltzuschüsse für die Staatsgefangenen 1864
Enthält: Branddirektor F. H. Schramm und Amtsverwalter Rahe

39 Telegrafenkassen im Herzogtum Holstein 1863

38 Zollkassen im Herzogtum Holstein 1863-1864

43 Travensalzer Salinenkasse 1864
Enthält: Extrakt der Kasse für das dritte Quartal 1863/64; Gesuch des Oberinspektors und Kassierers der Salinenkasse, Forstassistent Ohrt, um Verbesserung seiner Diensteinahmen

59 Vergütungen für Kriegsschäden, insbesondere für die Explosion des Laboratoriums in Rendsburg 1850 1864

60 Vorschusszahlungen für die alliierte Armee aus der Staatskasse des Herzogtums Holstein 1864

62 Ausgaben für die aus der dänischen Armee entlassenen Schleswig-Holsteiner 1864

65 Entschädigungsansprüche der Witwe und Kinder des Regierungsrats a. D. Engel für das ihm von der dänischen Regierung entzogene Wartegeld 1864

54 Allgemeine Witwenkasse in Kopenhagen und die von ihr zu zahlenden Pensionen sowie die Leibrenten- und Versorgungsanstalt in Kopenhagen 1864

55 Gesuch des Ratsverwandten Kapitän a. D. Johann Friedrich von Lange in Glückstadt um Auszahlung einer Leibrente 1864

72 Grundsätze für die Verleihung von Pensionen und Wartegeldern 1864

73 Pensionen für Angehörige der früheren Schleswig-Holsteinischen Armee 1864-1865
Darin: „Schleswig-Holsteinische Zeitung und Altonaer Tageblatt“ vom 28. Mai 1864

74 Einzelne Pensionen und Unterstützungen 1864-1865

75 Witwenpensionen und Unterstützungen 1864-1865

66 Anweisungen von Apanagen fürstlicher Personen 1864

67 Verzicht des Fiskus auf den Nachlass der Dorothea Friederike Christiane Thomsen in Kiel zugunsten des Nachtwächters Friedrich Franz Vörde in Kiel 1864

68 Unterstützung des deutschen Wohltätigkeitsvereins in Sankt Petersburg 1864

69 Auszahlung der jährlichen Unterstützung für das Germanische Museum in Nürnberg 1864

70 Unterstützungen an Künstler und zur Förderung der Wissenschaft 1864

71 Beiträge zur Förderung der Industrie 1864-1865

Steuern und Abgaben

76 Stempelpapier 1863-1864
Enthält u. a.: Verzeichnis der bei den einzelnen Zollstellen im Herzogtum Holstein vorhandenen Stempel und Siegel

77 Stempelfreiheit für die Obligationen des Amtes Reinbek über die Anleihe für den Kauf dänischer Trainpferde 1864

78 Nachstempelung des Testaments des Franz Wilhelm Mohr in Blankenese sowie Stempelfreiheit für Schuld- und Pfandverschreibungen bei der Spar- und Leihkasse für die Dorfschaft Bornhöved und das Amt Neumünster 1864

79 Militärische Exekution zur Eintreibung von Steuerrückständen 1864

80 Berechnung von Gewerberekognitionen 1864

81 Gewerbe- und Erlaubnisscheine für Handelsreisende 1864

82 Ausschreibungen von Magazinkorn und Fourage für 1865 und Bestimmung der Preise für 1864 1864

83 Steuervergütung bei der Ausfuhr von Essigsprit 1864

84 Aufhebung des Verbots der Einfuhr von Waffen und Munition 1864

85 Rangsteuer: Erlass für Kriegsrat Harboe in Woldenhorn und Agent Meyer Hertz in Altona 1864

86 Haussteuer: Aufnahme eines Rundschreibens an die Gutsobrigkeiten in das Gesetz- und Verordnungsblatt 1864

87 Halbprozent-Auktionssteuer: Aufnahme eines Rundschreibens in das Gesetz- und Verordnungsblatt 1864

Zoll

88 Transitzollgemeinschaft der Herzogtümer Holstein und Lauenburg 1864

Darin: „Kieler Zeitung" vom 12. August 1864; „Altonaer Mercur" vom 12. August 1864

89 Zollverhältnisse des Herzogtums Holstein zum Herzogtum Schleswig und zu Dänemark 1863-1864

Darin: Beilage zu den „Hamburger Nachrichten" vom 11. Mai 1864

90 Errichtung eines Oberzolldirektorats in Kiel 1863

101 Zollbeamte: Anstellungen und Entlassungen sowie Bekanntmachungen von Veränderungen im Zolletat 1863-1864

102 Zollbeamte: Urlaubsgesuche 1864

103 Zollbeamte: Personal 1864

100 Zollbeamte: Besoldungsverhältnisse 1864

99 Grenzzollbewachung und Grenzzollgendarmerie 1864

91 Zollkreuzer und Seezollbewachung 1864

98 Zollbegünstigung für die Schiffswerft in Oevelgönne 1864

93 Zollfreie Einfuhr von Kriegsmaterial für das Bundesexekutionskorps sowie für die österreichischen und preußischen Truppen 1864

94 Zollfreie Durchfuhr der Sachen der österreichischen und preußischen Gesandten sowie durchreisender fürstlicher Personen 1864

95 Zoll- und Portofreiheit für Lazarettbedürfnisse 1864

96 Zollbefreiung verschiedener Waren im Handel mit Dänemark 1864

97 Erlass oder Ermäßigung von Zollabgaben 1863-1864

92 Zollvergehen 1864

POLITISCHE ANGELEGENHEITEN

Allgemeines

106 Allgemeine politische Angelegenheiten im Herzogtum Holstein 1863-1864

Enthält vor allem: Berichte aus den Städten und Landdistrikten über die öffentlichen Verhältnisse

107 Allgemeine politische Angelegenheiten im Herzogtum Holstein 1864-1865

Enthält vor allem: Berichte aus den Städten und Landdistrikten über die öffentlichen Verhältnisse
Darin: „Norddeutsche Zeitung“ vom 26. August 1864; „Altonaer Nachrichten“ vom 25. August 1864; „Schleswig-Holsteinische Zeitung und Altonaer Tageblatt“ vom 28. September 1864

Gesetzgebung

104 Allgemeine Verordnungen und Bekanntmachungen für das Gesetz- und Verordnungsblatt (1.-47. Stück) 1863-1864

105 Gesetz- und Verordnungsblatt (47.-69. Stück) 1864

147 Anträge auf Einberufung der holsteinischen Stände 1864
Darin: „Dithmarscher Blätter" vom 30. April 1864

Polizei

126 Polizei im Herzogtum Holstein 1864

117 Presse 1864
Darin: „Das neue Hamburg" vom 22. April 1864; „Die Zeit" vom 2. Januar 1864; „Hamburger Zeitung" vom 7. und 8. Januar 1864; „Die Nessel" vom 24. Februar und 9. Juli 1864

122 Schleswig-holsteinische Vereine 1864

118 Wehr- und Schützenvereine im Herzogtum Holstein 1864

139 Volkszählung im Dezember 1864 im Herzogtum Holstein (1855-) 1864

138 Heimatrecht und Armenversorgung 1864

149 Ausschreibung eines außerordentlichen Beitrags für die allgemeine Brandkasse der Städte in den Herzogtümern Schleswig und Holstein 1864

144 Asyl für entlassene Strafgefangene in der Blomeschen Wildnis 1864

133 Strafanstalten in Glückstadt 1863-1865
Enthält u. a.: Ergebnisse der Rechnungsführung 1863

131 Medizinalangelegenheiten im Herzogtum Holstein 1864
Enthält: Apotheken in Wesselburen, Itzehoe, Kellinghusen und Kiel; Verbot des Verkaufs von gewissen Arzneien; Sanitätskollegium

Verwaltung und Personal

115 Holsteinische Landesregierung in Kiel und deren Personal
1863-1864

116 Holsteinische Landesregierung in Kiel und deren Personal
1864-1865

109 Verwaltungsbehörden und deren Personal im Herzogtum Holstein
1863-1864

110 Verwaltungsbehörden und deren Personal im Herzogtum Holstein
1863-1865

111 Städtische Behörden und deren Personal im Herzogtum Holstein
1863-1864
Darin: „Itzehoer Nachrichten“ vom 23. Juni 1864; „Rendsburger Wochenblatt“ vom 3. August 1864

135 Verwaltung der obrigkeitlichen und polizeilichen Befugnisse der Gutsherrschaften im Herzogtum Holstein 1864

132 Holstein-lauenburgische Chaussee- und Wegebaudirektion 1864

125 Kommunalangelegenheiten im Herzogtum Holstein 1864
Enthält u. a.: Bürgereid; Fleckensordnung; Gesuche

148 Anstellungsgesuche (1861-) 1863-1865
Darin: gedruckte Preisschrift des P. J. Lichtwerk, Landmesser in Pinneberg, zu einer Wasserlösungsfrage, 1861

145 Beamte mit Treueid an den dänischen König 1864 (1875)

143 Landmesser im Herzogtum Holstein 1864

Handel und Gewerbe, Schifffahrt, Deiche und Wege

141 Errichtung einer schleswig-holsteinischen Landesbank 1864

142 Einführung des allgemeinen deutschen Handelsgesetzbuchs
Darin: Handelsgesetzbuch, 1861 (1861) 1864

129 Handel und Gewerbe im Herzogtum Holstein 1864
Enthält u. a.: Weberamt in Preetz; Handelsreisende; Tuchmacheramt in Neumünster; Ledermesse in Glückstadt; Förderung der Fischerei

146 Einfuhrverbot für Hornvieh wegen der Lungenseuche 1864

121 Schifffahrt 1864
Darin: gedruckte Statistiken zur Hamburger Schifffahrt 1863

140 Flagge und Messzeichen der holsteinischen Handelsschiffe 1864

136 Anlage eines Kanals zur Verbindung der Nord- und Ostsee 1864

137 Eiderkanal 1864

124 Strom-, Hafen- und Deichangelegenheiten im Herzogtum Holstein 1864

130 Chaussee- und Wegebau im Herzogtum Holstein 1864

Militär

119 Einrichtung eines Landes-Marsch- und Verpflegungskommissariats 1863-1864

112 Militärangelegenheiten 1863-1864

120 Festung Rendsburg 1864

123 Anträge auf Bildung eines holsteinischen Bundeskontingents 1864

108 Allgemeine Angelegenheiten der Bundesexekutionstruppen 1863-1864

128 Anwendung des Bundesheer-Verpflegungsreglements auf die Exekutionstruppen im Herzogtum Holstein 1864
Darin: gedrucktes Verpflegungsreglement

127 Durchmarsch und Verpflegung der österreichischen und preußischen Truppen im Herzogtum Holstein 1864

177 Durchmarsch und Einquartierung von Bundestruppen im Herzogtum Lauenburg 1864-1865

134 Einquartierungen im Herzogtum Holstein 1864

113 Entlassungen aus dem Untertanen- und Militärverband des Herzogtums Holstein 1863-1864

114 Entlassungen aus dem Untertanen- und Militärverband des Herzogtums Holstein 1864-1865

JUSTIZ UND KIRCHE

Justiz

150 Justizangelegenheiten im Herzogtum Holstein 1864

151 Justizbehörden und deren Personal im Herzogtum Holstein 1863-1864
Enthält u. a.: Bewerberverzeichnisse um die Stellen eines Amtsdieners im Amt Reinfeld und eines Amtspförtners im Amt Rethwisch

152 Justizbehörden und deren Personal im Herzogtum Holstein 1864-1865
Enthält u. a.: Bewerberverzeichnisse für die Stellen eines Gerichtsdieners für die adligen Güter Wandsbek und Wellingsbüttel und eines Amtsdieners im Amt Traventhal

153 Holstein-Lauenburgisches Oberappellationsgericht 1863-1865

154 Oberdikasterien im Herzogtum Holstein 1864-1865

162 Adlige Klöster im Herzogtum Holstein 1863-1864
Enthält vor allem: Kloster Uetersen

164 Fideikommisse und Stiftungen 1864

155 Begnadigungen im Herzogtum Holstein 1864-1865

156 Adoptionen und Arrogationen im Herzogtum Holstein 1864-1865

157 Advokatur- und Notariatangelegenheiten im Herzogtum Holstein 1864-1865

Kirche

165 Theologisches Amtsexamen 1864

158 Kirchen- und Eheangelegenheiten 1864-1865

159 Geistlichkeit im Herzogtum Holstein 1864-1865

Unterrichtswesen

161 Gelehrtenschulen im Herzogtum Holstein 1864 (1897)
Darin: Postkarte an Staatsarchivdirektor Dr. Hille in Schleswig aus dem Staatsarchiv Magdeburg 1897

178 Gelehrtenschule in Kiel: Besetzung der zehnten Lehrerstelle durch den Kandidaten der Theologie Otto Lühr aus Heide 1864

163 Errichtung von Schulkollegien, Gehalt der Lehrerstellen sowie Wahl der Lehrer an den Flecken- und Landschulen im Herzogtum Holstein 1864

160 Volksschullehrer im Herzogtum Holstein 1864-1865

173 Universität in Kiel 1864

174 Universität in Kiel 1864
Darin: Chronik der Universität 1863; Verzeichnis der Behörden, Kommissionen, Beamten, Institute, Lehrer und Studierenden Wintersemester 1864/65

176 Zulassung des Professors Baumgarten zu Vorlesungen an der Universität in Kiel 1864
Darin: „Itzehoer Nachrichten" vom 22. September 1864; „Schleswig-Holsteinische Zeitung und Altonaer Tageblatt" vom 8. Oktober 1864

175 Gehaltserhöhung für den Direktor der Sternwarte in Altona 1864

BUNDES- UND AUSWÄRTIGE ANGELEGENHEITEN

167 Beschlagnahmungen von Schiffen und Ladungen sowie Ausfuhrverbot für Pulver und Munition 1864

168	Erlaubnis zum Tragen ausländischer Orden	1864
169	Irrenanstalt und Taubstummeninstitut in Schleswig	1864
170	Hoheits- und Eigentumsverhältnisse über die Elbaufwürfe „Schweinesand"	1864
171	Ersatz der Kriegsschäden auf Alsen und im Sundewitt	1864
172	Gesuch des Pächters Peters in Groß Rolübbe um Übernahme der Patenschaft bei seinem siebten Sohn durch die Königin von Sachsen und Hannover	1864
166	Konsulate Darin: Beilage zu den „Itzehoer Nachrichten" vom 2. Juli 1864	1864-1865

JOURNALE

1	Journal A: Finanzangelegenheiten	1863-1864
4	Journal B: Politische Angelegenheiten, mit Ortsregister	1863-1864
5	Journal C: Justiz- und Konsistorialangelegenheiten, mit Ortsregister	1863-1864
6	Journal D: Bundes- und auswärtige Angelegenheiten, mit Register	1863-1864

Findbuch des Bestandes Abt. 58.1

Österreichisch-preußische Oberste Zivilbehörde für das Herzogtum Schleswig 1864

ALLGEMEINE ABTEILUNG

Landeshoheit und Grenzen

79 Landeshoheit 1863-1864, 1866

43 Rückgabe der sogenannten Schleswiger Dörfer bei Rendsburg an das Amt Rendsburg sowie Unterhaltung einer Grenzscheide in Süderland bei Sillerup 1864

Verwaltung

20 Armeebefehle zu militärischen Maßnahmen und zur Verwaltung des Herzogtums Schleswig 1864-1865

21 Einsetzung der Obersten Zivilbehörde und Bemühung der Stadt Schleswig um Verlegung der Landesbehörde nach Schleswig 1864-1865

58 Verwaltung von Jütland und der dänischen Enklaven 1864

60 Petitionen aus Alsen, Nordschleswig und Sundewitt um Beibehaltung der Verbindung mit Dänemark 1864

54 Petitionen zur künftigen Gestaltung des Landes 1864

55 Petitionen und politische Erklärungen über die Neugestaltung des Landes anlässlich der Londoner Konferenz 1864

40 Herausgabe von Archivalien an den Herzog von Schleswig-Holstein-Sonderburg-Augustenburg 1864

59 Irrenanstalten in Kiel und Sonderburg (1862) 1864
Darin: Jahresbericht und Statuten der Irrenanstalt in Sonderburg für 1862

62 Miszellen mit Inhaltsverzeichnis 1864-1865
Darin: Fahrplan der Eisenbahnen im Herzogtum Schleswig ab dem 20. August 1865

Justiz

66 Strafanstalten in Glückstadt: Jahresliste der Sträflinge aus dem Herzogtum Schleswig 1864

85 Mögliche Verlegung des Appellationsgerichts von Flensburg nach Schleswig 1864

Beamte

23 Erklärungen von Beamten des Herzogtums Holstein über ihre Unterordnung unter die Oberste Zivilbehörde 1864

22 Beamte: Unterwerfungserklärungen und Lossagung vom Treueid an König Christian IX. 1864

71 Beamte: Entlassungen und Unterwerfungserklärungen im Amt Flensburg 1864

84 Unterwerfungserklärungen der Mitglieder und Beamten des Appellationsgerichts in Flensburg 1864

70 Weltliche Beamte 1864
Enthält u. a.: Verzeichnis der bis Ende Juli 1864 im Chausseewesen angestellten Beamten

41 Adressen einiger Beamter an den Erbprinzen von Schleswig-Holstein-Sonderburg-Augustenburg 1864

68 Beamte: Entlassungen, Amtsenthebungen und Einsetzungen 1864
Enthält: Städte Apenrade, Tönning, Hadersleben, Schleswig, Flensburg und Husum sowie die Ämter Tondern und Flensburg

24 Geeignete Personen zur Anstellung im Herzogtum Schleswig sowie Anstellungsgesuche, Band 1 Februar 1864
Bemerkung: mit Namensverzeichnis

25 Anstellungsgesuche, Band 2 Februar-März 1864
Bemerkung: mit Namensverzeichnis

26 Anstellungsgesuche, Band 3 (1851-) März 1864
Bemerkung: mit Namensverzeichnis

27 Anstellungsgesuche, Band 4 (1863) März-April 1864
Bemerkung: mit Namensverzeichnis
Darin: Druckschrift „Bedenken über die projectierte selbständige kirchliche Verfassung der evangelisch-lutherischen Gemeinden in Holstein" 1863

28 Anstellungsgesuche, Band 5 (1861-) April-Juli 1864
Bemerkung: mit Namensverzeichnis
Enthält u. a.: Bittschrift von Gemeinden in Angeln für Andreas Hansen, Grumby, als Amtsverwalter in den Ämtern Gottorf und Hütten
Darin: verschiedene Druckschriften zur Verwaltung im Königreich Sachsen, besonders in der Stadt Meerane

29 Anstellungsgesuche, Band 6 Mai-August 1864
Bemerkung: mit Namensverzeichnis

30 Anstellungsgesuche, Band 7 Juli-August 1864

31 Anstellungsgesuche, Band 8 Februar-August 1864

32 Anstellungsgesuche, Band 9 (1858-) Juni-September 1864

33 Anstellungsgesuche, Band 10 April-Oktober 1864
Enthält u. a.: Schullehrer

34 Anstellungsgesuche, Band 11 März-November 1864, 1869

35 Anstellungsgesuche, Band 12 September-November 1864

36 Anstellungsgesuche, Band 13 Juni-Dezember 1864

37 Anstellungsgesuche, Band 14 Juli 1864-Januar 1865
Enthält u. a.: Verzeichnis der Gesuche um Anstellung unter der Holsteinischen Landesregierung, Februar 1864-Juli 1865

38 Anstellungsgesuche, Band 15 Dezember 1864-Januar 1865

73 Forstbeamte 1864

65 Anstellungsgesuche im Forstwesen 1864

72 Personal im Medizinalwesen 1864

Presse

49 Presse 1864
Darin: zahlreiche Zeitungen

Landwesen

80 Landverkauf und Landtrennung (1863-) 1864

82 Landwesen 1864-1865

81 Landwesen 1864-1867

Kommunalwesen

74 Landschaft Eiderstedt: Personal 1864
Darin: „Eiderstedter und Stapelholmer Wochenblatt" vom 27. Februar 1864

75 Amt Husum mit Pellworm: Personal 1864

Bürgerliches Gewerbe, Handwerk, Handel und Schifffahrt

63 Errichtung einer Schleswig-Holsteinischen Landesbank 1864
Darin: Bericht der Direktion der Preußischen Hypotheken-Versicherungsaktiengesellschaft auf der ersten ordentlichen Generalversammlung am 9. April 1864

78 Gewerbestatistik 1864-1865

67 Verzeichnisse der Handwerker und Gewerbetreibenden 1864

69 Gewerbekonzessionen 1864

83 Konzessionsgesuche in der Landschaft Stapelholm (1829-) 1864

Polizei

45 Öffentliche Sicherheit, Spione und verdächtige Personen 1864

39 Spionageverdacht gegen den Hardesvogt Blaunfeldt in Fleckeby 1864

44 Beschlagnahmung von Briefen (1861-) 1864
Darin: Druckschriften der Gesellschaft „De danske Vaabenbrødre“

57 Verkauf der in Jütland beschlagnahmten Waren 1864

50 Beschlagnahmung von Schiffen und Gebäuden 1864-1865

46 Landesverweisung für dänisch gesinnte Beamte 1864

53 Fremdenverzeichnisse aus Flensburg 1864

Militär

51 Freiwillige Gaben für die Armee 1864-1865

56 Schleifung der Schanzen in Düppeln und auf Alsen 1864

47 Schleifung der dänischen Befestigungen am Danewerk 1864

52 Sicherung der Westküste 1864

Krieg mit Dänemark

61 Friedensratifikation und Friedensfeier 1864
Darin: „Berlingske politiske og Avertissements-Tidende“ vom 5. November 1864

KIRCHEN- UND UNTERRICHTSABTEILUNG

64 Universität in Kiel 1864
Enthält u. a.: Personal
Darin: „Altonaer Mercur“ vom 22. Mai und 8. Juni 1864; Druckschrift „Zur Verwahrung. Einige Worte von Chr. K. F. Molblech“, Kiel 1864

FINANZABTEILUNG

Finanzen

76 Rechnungsabschlüsse der schleswigschen Hebungsbehörden für Februar bis April 1864 1864

77 Errichtung einer Nationaldank-Lotterie zugunsten von Witwen und Waisen der gefallenen Soldaten 1864

Domänen

48 Schloss Glücksburg 1864
Enthält u. a.: Bauarbeiten; Einrichtung eines Feldlazaretts

JOURNALE UND PROTOKOLLE

1 Journal Februar-März 1864

2 Journal März-Mai 1864

3 Journal A April-Juli 1864

4 Journal A Juli-August 1864

5 Journal A August-Oktober 1864

6 Journal A Oktober-Dezember 1864

14 Journal B April-Juli 1864

15	Journal B	Juli-Dezember 1864
16	Journal B	Januar 1865
13	Journal	Januar-Oktober 1865
8	Ausgangsjournal A	Februar-März 1864
9	Ausgangsjournal A	März-Juni 1864
10	Ausgangsjournal A	Juni-August 1864
11	Ausgangsjournal A	August-November 1864
12	Ausgangsjournal A	November 1864-Januar 1865
18	Ausgangsjournal	Februar-August 1865
19	Ausgangsjournal	August-November 1865
7	Sach-, Personen- und Ortsregister zum Journal A und zum Ausgangsjournal	1864
17	Sach-, Personen- und Ortsregister zu den Journalen	1864-1865

ALTE FINDMITTEL

2	Aktenverzeichnis der Gruppe A (Finanzangelegenheiten)	1863-1864
3	Orts-, Personen- und Sachregister den Akten der Gruppe A (Finanzangelegenheiten)	1863-1864

Findbuch des Bestandes Abt. 58.2

Österreichisch-preußische Oberste Zivilbehörde für die Herzogtümer Schleswig, Holstein und Lauenburg 1864-1865

ALLGEMEINE ABTEILUNG

Rang, Titel, Orden

2 Erlaubnisse zum Tragen österreichischer, preußischer, hannoverscher und belgischer Orden 1865
Enthält: Senator Vogler, Altona; Konsul Scheibel, Kiel; Bahnhofsverwalter Fitzler, Altona; Etatsrat von Thaden, Altona; Konsul Zerssen, Rendsburg

161 Tragen fremder Orden und Ehrenzeichen 1865

Stände

138 Wahlen zu den Ständeversammlungen 1865

Landeshoheit und Grenzen

118 Landeshoheit 1865
Enthält: Jurisdiktionsänderungen; Behördenbezeichnung; Privilegienbestätigung für den Herausgeber der Zeitung „Dannevirke" H. G. B. Nielsen; Stiftung des Schullehrers Bahr in Wrohe

6 Grenzregulierung zwischen Hamburg und dem Herzogtum Holstein bei der Wandsbeker Feldstraße 1865

7 Erteilung des Indigenatsrechts an Eduard Ludwig Theodor Francke aus Schwerin 1865

Verwaltung

209 Herausgabe eines Gesetz- und Verordnungsblatts 1863-1865

154 Übernahme der Verwaltung der Herzogtümer Holstein und Lauenburg durch die Oberste Zivilbehörde und Anerkennungserklärungen der Beamten 1864

157 Errichtung einer Schleswig-Holsteinischen Landesregierung und deren Geschäftseinteilung 1864-1865

152 Geschäftstätigkeit der Obersten Zivilbehörde 1864-1865

153 Verlegung der Obersten Zivilbehörde von Flensburg nach Schleswig 1864-1865

155 Beamte der Obersten Zivilbehörde 1864-1868

156 Trennung der Verwaltung nach der Konvention von Gastein 1865

162 Amtsverkehr mit den dänischen Behörden 1865

158 Kompetenz und Mitglieder der Schleswig-Holsteinischen Landesregierung und Verhältnis zu den Zivilkommissaren 1865

165 Petitionen um Aufhebung des provisorischen Zustandes in den Herzogtümern 1865

166 Lieferung der Protokolle des deutschen Bundestages 1865

167 Sendung des Prinzen zu Hohenlohe-Ingelfingen nach Nordschleswig durch Preußen 1865

169 Verhaftung des Redakteurs Dr. Martin May in Altona durch preußisches Militär und Ausweisung des preußischen Abgeordneten Dr. Freese durch den preußischen Zivilkommissar 1865

171 Für das Verordnungsblatt bestimmte Verordnungen der Obersten Zivilbehörde 1865

212 Systematik des Archivs der Schleswig-Holsteinischen Regierung [1865]

Justiz

3 Oberappellationsgericht in Kiel: Beiträge des Herzogtums Lauenburg 1865

Enthält u. a.: Verzeichnis der seit dem 1. Januar 1864 anhängigen Fälle, die entweder das Herzogtum Lauenburg oder beide Herzogtümer gemeinschaftlich betreffen

105 Appellationsgericht für das Herzogtum Schleswig 1865

4 Personal der holsteinischen Oberdikasterien in Glückstadt 1865

109 Änderungen bei Jurisdiktionsbezirken 1865

Enthält: Besitzungen des Jörgen H. Lorenzen, Apenrade, in der Ries- und Süderrangstrupharde; Kätner Asmus Tollgaard, Mariengaarde; Ländereien des Hofbesitzers Peter Andersen, Abel

104 Justizangelegenheiten 1865

13 Justizangelegenheiten und Justizbeamte 1864-1865

12 Honorar für den Obersachwalter 1865

15 Gnadenangelegenheiten 1864-1865

42 Eheangelegenheiten 1864-1865

43 Adoptionen, Arrogationen, Namensänderungen, Mündigkeitserklärungen 1865

106 Beglaubigungen von Urkunden 1865

119 Aufhebung eines Rundschreibens zur Oberaufsicht der Amtmänner über die Städte im Herzogtum Schleswig 1865

8 Erbschaften 1864-1865

Enthält auch: Beglaubigungen von Urkunden

9 Gräflich Rantzau-Oppendorfer Fideikommiss 1864-1865

10 Verwaltung des vom verstorbenen Grafen von Blücher-Altona gestifteten Fideikommisses 1865

11 Ernennung des Kammerherrn von Levetzow zu Ehlersdorf zum Mitexekutor des Fürstlich Hessensteinschen Fideikommisses 1865

179 Gesuch des Hufners Franz Meyer in Mühlenrade um Erteilung eines Trauscheins 1865

180 Gesuche des Gastwirts Müller, des Ackerbürgers Langhans und des Kaufmanns Stapelfeld in Ratzeburg um Erlass einer Gefängnisstrafe wegen Ungebührlichkeiten gegen eine Schildwache 1865

181 Begnadigungsgesuch des wegen Schlägerei verurteilten Arbeitsmannes H. Kröger in Mölln 1865

182 Begnadigungsgesuche des Bauervogts Scharffenberg und des Hufners Martens in Labenz wegen Jagdvergehen 1865

183 Bestrafung des Schiffers Bars aus Wittenberg wegen Zollvergehen 1865

14 Strafanstalten in Glückstadt 1864-1865

Beamte

159 Urlaubsgesuche von Beamten für Auslandsreisen 1864-1865

168 Beschwerden von dänisch gesinnten Bewohnern in Nordschleswig gegen verschiedene Beamte (1862) 1865
Darin: „Den danske Slesviger“ vom 5. Juli 1862

5 Urlaubsgesuche von Beamten und Lehrern 1865

113 Festlegung der Beamtengehälter (1862-) 1865
Darin: Kircheninventar der Gemeinde Düppel, 1862

Presse

115 Beschlagnahmung von Büchern 1865

137 Verbot der Zeitungsblätter „Danmark“ und „Dagbladet“ (1864) 1865
Darin: „Danmark“ vom 8. und 21. Dezember 1864

85 Presse und Flugschriften 1865
Enthält: Berichtigung eines Artikels der „Kieler Zeitung"; Verbreitung gedruckter Briefe an Prinz Friedrich von Schleswig-Holstein-Sonderburg-Augustenburg in Kiel durch Maueranschlag
Darin: „Kieler Zeitung" vom 9. April 1865; „Ein dritter offener Brief an den Prinzen Friedrich von Augustenburg"

Armenwesen

108 Armenangelegenheiten 1864-1865

39 Einzelne Heimatrechte und Armenunterstützungen 1864-1865

107 Niederlassungen und Heimatrechte (1864) 1865
Darin: Gesetz über Staatsangehörigkeit und Bürgerrecht in Hamburg 1864

40 Verkauf des alten Armenhauses in Kaltenkirchen 1865

41 Verkauf des von Matthias Graff in Wöhrden gestifteten Armenhauses 1865

Forst- und Jagdwesen

173 Verpachtung der Mangjagd im Herzogtum Schleswig 1865

174 Jagd in den landesherrlichen Forsten durch Militärpersonen 1865

172 Forst- und Jagdwesen: Personal 1865
Enthält vor allem: Forstbeamte im Herzogtum Schleswig

196 Förster in Koberg 1864-1866

197 Förster in Mühlenrade 1865

63 Forstdistrikt Bordesholm und Ahrensbök sowie Gehege Fiefharrie, Klövensteen, Düvelsbek und Düsternbrook 1865

64 Torfdeputat für den Landdrosten der Herrschaft Pinneberg 1865

65 Wildschäden in Hartenholm und Latendorf 1865

Kommunalwesen

69 Altona: Kreditverein 1865
Enthält: Gewährung der Rechte einer juristischen Person und Stempelpapierfreiheit

117 Apenrade: Personal 1864-1865

127 Burg auf Fehmarn: Verfassungsänderung zur Bestallung von Mitgliedern des Magistrats und des Deputiertenkollegiums 1865

136 Eckernförde: Entlassung des Polizeimeisters Rathlev 1864-1865

128 Flensburg: Bestimmungen zur Verteilung der städischen Abgaben 1865

129 Friedrichstadt: Festlegung von Steuern (Martinischatzung) 1865

135 Hadersleben: Anstellung eines Stadtsekretärs und ersten gelehrten Ratsverwandten 1865

70 Heide: Regulativ für Straßenpflasterung 1865

71 Heiligenhafen: Ernennung des Bürgerworthalters Tielmann zum Ratsverwandten 1865

72 Itzehoe: Genehmigung des Statuts der Gasanstalt sowie Gesuch des Fotografen Mencke um Befreiung vom Bürgerrecht 1865

73 Kiel: Besetzung des Syndikats und der zweiten gelehrten Ratsverwandtenstelle (1856-) 1865
Darin: Lokalstatut der Stadt Kiel von 1856 und Anhang 1863

74 Rendsburg: Zinserlass für eine Kriegsanleihe 1865

130 Schleswig: Bestimmung für die Straßenpflasterung 1865

134 Sonderburg: Wahl von Mitgliedern des Rates und des Deputiertenkollegiums 1865

132 Tondern: Anleihe 1865

131 Tönning: Änderung der Verfassung 1865

133 Wyk auf Föhr: Wahl von Fleckenrepräsentanten durch die Bürgerschaft 1865

16 Amt Hadersleben: Entlassung des Hardesvogts Rumohr und Anstellung des Kandidaten der Rechte A. Selig als Hardesvogt 1864

123 Landschaft Pellworm: Gehalt für den Landschreiber 1865

68 Amtmänner in Segeberg und Plön sowie Kirchspielvögte in Nordhastedt und Büsum 1865

17 Amt Sonderburg: Entlassung des Gerichtsdieners der Nübelharde Hansen und Anstellung des Advokaten C. L. A. Claudius aus Altona zum Gerichtsdiener 1864

116 Amt Sonderburg und Amt Norburg: Personal 1865

194 Anstellungsgesuch des Amtsauditors Heinrich Carl Georg von Hollen in Sankt Georgsberg zum dritten Beamten im Amt Ratzeburg 1865

192 Straßenbeleuchtung in Ratzeburg 1865

204 Schießplatz am Ratzeburger See (Rensemoor) 1865

Bürgerliches Gewerbe, Handwerk, Handel und Schifffahrt

75 Handwerks- und Gewerbekonzessionen im Herzogtum Holstein 1859-1865

Enthält auch: Klage des Erbpachtsmüllers Kruse, Elmshorn, wegen Aufhebung des Mühlenzwangs

190 Gesuch des Heinrich Ferdinand Wilhelm Wensel um eine Konzession als Schornsteinfeger in Mölln 1865

191 Handwerk auf dem Lande im Herzogtum Lauenburg 1865

Enthält: Fein- und Weißbrotbäckerei des Bauervogts Meyer, Klein Berkenthin, und der Witwe Willers, Mustin

121 Wochen- und Jahrmärkte in Wyk auf Föhr 1865

76 Beglaubigung des Kaufmanns Johann Gottfried Hollesen in Rendsburg als niederländischer Konsul 1865

77 Schifffahrt auf der Elbe (1864) 1865
Darin: Denkschrift über die Fahrwassermängel von Melnik bis Hamburg; Übersicht über Hamburgs Seeschifffahrt und Reederei 1864; Übersicht über Hamburgs und Altonas Schiffsverkehr auf der Oberelbe 1864

78 Schiffbauaktiengesellschaft in Kiel 1865

79 Hafengeld in Rendsburg 1865

80 Schiffergilde „Einigkeit" in Elmshorn 1865

81 Schiffspapiere und Strandungen 1865
Enthält: Seepatent für den Seemann Johann Velt, Horst; Übersendung eines Teleskops an den Schiffer H. Kock, Heiligenhafen; Übersendung der Schiffspapiere des in Valparaiso verkauften Schiffs „Neptun" des Kapitäns Wortmann, Altona; Gesuch des Konsuls Heymann, Wyk auf Föhr, wegen des Bergelohns für das bei Röm gestrandete französische Schiff „Pietre Armel"

111 Konzessionen für Buchdrucker 1865

Post und Telegrafen

82 Telegrafenwesen und Telegrafenbeamte im Herzogtum Holstein 1864-1865

178 Postangelegenheiten 1864-1865

Polizei und Gesundheitswesen

114 Polizeiangelegenheiten 1865
Enthält u. a.: Auszug aus dem Generalbericht des Kommandos der schleswigschen Gendarmerie

83 Polizeibeamte 1865
Enthält: Polizeimeister von Gusmann, Kiel; Polizeireiterstelle im Amt Traventhal; Polizeidiener in Wewelsfleth; Polizeireiter Stieper, Segeberg; Polizeireiter Bode, Pinneberg

142 Volkszählung vom Dezember 1864 im Herzogtum Schleswig
Enthält: statistisches Tabellenwerk aus den einzelnen Gebieten 1864-1865

141 Volkszählung vom Dezember 1864 im Herzogtum Schleswig
1864-1868

140 Volkszählung vom Dezember 1864 im Herzogtum Schleswig
1865-1868

110 Passangelegenheiten 1865
Darin: „Nordschleswigs Tidende“ vom 25. Juli 1865

120 Erteilung von Auslandspässen 1865
Enthält: Buchhalter August Friedrich Kersten, Schleswig; Tischlermeister Heinrich Buerck, Flensburg

189 Gesuche um Heimatscheine und um Erlaubnis zur Niederlassung
1865
Enthält: Johann Stüve, Breitenfelde; Johann H. Bleuss, Giesensdorf; Johann Christian Braunberg, Mühlenrade; Franz Heinrich Friedrich Fickbohm, Sandesneben; Franz Heinrich Nicolaus Ehlers, Steinhorst

86 Auslieferung des Literaten Julius Lang 1864-1865

122 Bekanntmachung zur Aufnahme der im Herzogtum Schleswig oder in den Städten Hamburg und Lübeck geborenen unehelichen Kinder und deren Mütter 1865

84 Ausschreitungen und politische Demonstrationen in Altona, Glückstadt, Kiel, Hadersleben, Oldenburg und Pinneberg 1865
Darin: „Itzehoer Nachrichten“ vom 4. April 1865; Sonderdruck der „Deutschen Reichszeitung“ vom 2. bis 4. April 1865 mit dem Titel „Die preußischen Forderungen in Betreff der Herzogthümer Schlewig-Holstein“

164 Untersuchung wegen einer Adresse aus Nordschleswig an den französischen Kaiser zur Wiedervereinigung mit Dänemark 1865

207 Demonstrationen für den Herzog von Schleswig-Holstein-Sonderburg-Augustenburg bei öffentlichen Festmahlen sowie Ausschreitungen zwischen Militär und Zivilpersonen in Mögeltondern 1865

170 Ausschreitungen während einer Schlittenfahrt in Augustenburg 1865

87 Brandversicherung 1865
Enthält: Branddirektorat der Ämter Reinbek, Trittau und Tremsbüttel; Versicherung von Eisenbahngebäuden vor Rendsburg; Brand in Bahrenfeld

103 Brand in Bredstedt 1865

139 Medizinalwesen im Herzogtum Schleswig 1856-1864
Darin: Apothekergebühren, 1859

89 Medizinalwesen 1864-1865
Enthält: Hebammenwesen in Rendsburg; Gesuch des Dr. Binder, Trittau, um Erlaubnis zur Annahme eines im Ausland promovierten Arztes als Assistenzarzt

163 Medizinalwesen 1865
Enthält u. a.: Gesuche; Apotheke in Friedrichstadt; Krankheiten in den russischen Ostseehäfen

90 Übertragung des Apothekenprivilegs in Krempe auf Julius Conrad Bargum 1865

Deiche und Wasserlösung

88 Wasserbau, Deiche und Entwässerung 1865
Enthält: Beiträge des Herzogtums Lauenburg zu den Gehältern der Deich- und Wasserbaubeamten; Sommerkoog auf den Ketelsbüller Außendeichsländereien; Entwässerungskommüne Aebtissinwisch

Eisenbahn und Wege

92 Eisenbahn Altona–Kiel 1865

93 Eisenbahn Hamburg–Lübeck 1865

94 Eisenbahn Kiel–Plön 1865

202 Plan einer Eisenbahn Schwerin–Büchen 1865

203 Eisenbahn Berlin-Hamburg: 85.-87. Plenarversammlung der Eisenbahngesellschaft (1864) 1865
Darin: Geschäftsberichte der Eisenbahngesellschaft, 1864; Protokoll der 21. Generalversammlung, 1865

91 Chausseen und Wege im Herzogtum Holstein 1864-1865

201 Wiederherstellung des Fürstendamms im Amt Lauenburg 1865
Enthält nur Deckblatt

198 Befreiung vom Wegegeld für den Postwagen zwischen Bergedorf und Geesthacht 1865

Militär

95 Militärangelegenheiten 1864-1865

96 Einquartierungen 1865

97 Entlassungen aus dem Untertanen- und Militärverband 1865

205 Kosten der Besatzungstruppen im Herzogtum Lauenburg 1865

206 Militärschwimmfloß in Ratzeburg 1865

Krieg mit Dänemark

160 Beschlagnahmung von Zollkreuzfahrzeugen durch das alliierte Geschwader 1864-1865

98 Ausführung der Konvention von Gastein 1865
Enthält u. a.: Finanzforderungen der Herzogtümer an Dänemark; Übernahme der Dienstkautionen und Pensionen; Rechnungsabschlussbuch der Obertelegrafen-Inspektionskasse in Flensburg von Januar bis August 1865; Personalverzeichnis der Zolldirektion

99 Bundesexekutionskosten für die Herzogtümer Holstein und Lauenburg 1865

100 Finanzielle Regulierung nach dem Friedensvertrag durch die Internationale Kommission 1865

KIRCHEN- UND UNTERRICHTSABTEILUNG

Kirche

18 Gehorsamserklärungen der Geistlichkeit im Herzogtum Holstein gegenüber der Obersten Zivilbehörde 1864

20 Ernennung des Pastors Bünz in Glückstadt zum Mitglied im holsteinischen Oberkonsistorium und Landoberkonsistorium 1865

22 Verkauf von Parzellen des Kirchhofs in Altona 1865

19 Besetzung von Pfarrstellen: Brunsbüttel, Eddelak, Heide, Hohenwestedt, Horst, Jevenstedt, Kiel, Krempe, Krummendiek, Lütjenburg, Neuendorf, Neuenkirchen, Nortorf, Oldenburg, Plön, Sankt Margarethen, Schönberg, Stellau, Wilster 1864-1865

24 Verwendung von Kapital der Kirche in Eichede zum Bau einer Konfirmandenstube im Pastorat 1865

184 Pastorate in Hamwarde und Worth 1865

25 Regulierung des Geschäftskreises und des Gehalts der Prediger in Lütjenburg 1865

32 Legat der Anna Elisabeth Schlichting in Meldorf zugunsten der äußeren Mission 1865

26 Gesuch des Papierfabrikanten Möller und des Schmiedemeisters Piepgras in Neumünster um Genehmigung einer Landübertragung aus der Pastoratswiese in Neumünster 1865

27 Erhöhung der Kosten für die Spezialkirchenvisitation des Kirchspiels Nienstedten 1865

21 Ernennung des Pastors Thomsen in Neuenkirchen zum Kirchenpropst der Propstei Norderdithmarschen 1865

28 Verkauf von Kirchenländereien in Nordhastedt 1865

185 Erlass einer Kirchenordnung für Schlutup, Genin, Nusse und Behlendorf 1865

29 Beihilfe aus der Landeskasse für den Neubau der Kirche in Segeberg 1865

23 Kollekten in der Kirche in Sankt Annen für die Schullehrerwitwenkasse 1865

30 Überlassung des Kirchenstiegs in Wandsbek an die Fleckenskommune 1865

31 Feuerungsdeputat des Pastors in Klein Wesenberg 1865

208 Mennoniten, Katholiken und Juden 1864-1865

Unterricht

38 Gelehrtenschulen in den Herzogtümern Schleswig und Holstein 1848-1866

Enthält: Domschule in Schleswig; Gesuch von Seminaristen in Segeberg um Befreiung vom Militärdienst im Herzogtum Schleswig; Haushalt der Gelehrtenschulen im Herzogtum Schleswig 1865/66

34 Personalangelegenheiten des Inspektors und der Lehrer an den Gelehrtenschulen im Herzogtum Holstein 1865

36 Besetzung der Rektoratsstellen in Oldenburg und Wilster 1864-1865

186 Schule in Duchow 1865

35 Schullehrerseminar in Segeberg: Ernennung eines geistlichen Mitglieds für die Prüfungskomission 1865

33 Universität in Kiel 1865

Enthält u. a.: Besetzungen von Professuren; Promotionen; Bau von Dienstwohnungen

Darin: Vorlesungsverzeichnis Winterhalbjahr 1865/66

37 Philologisches Stipendium in Kiel und die Bahrsche Stiftung für die Schule in Wrohe 1865

FINANZABTEILUNG

Finanzen

210 Staatseinnahmen aus dem Herzogtum Schleswig 1864-1865

101 Staatsguthaben der augustenburgischen Güter 1864-1865
Enthält u. a.: früherer Verkauf von Gütern und Besitzungen

44 Haushalt für 1864/65 1865

193 Haushalt für das Herzogtum Lauenburg für 1865/66 1864-1865
Enthält auch: Zustand der Amtsregistratur im Amt Lauenburg; Urlaubsgesuch des Amtsauditors Nicolaus von Holstein in Ratzeburg; Bauten auf den Vorwerken Woltersorf und Marienwohlde

45 Matrikularbeiträge der Herzogtümer Holstein und Lauenburg an den Deutschen Bund 1865

46 Nachträgliche Umwechslung holsteinischer Kassenanweisungen 1865

48 Einzelne Unterstützungen und Gratifikationen 1865
Enthält u. a.: Asyl für entlassene weibliche Sträflinge und verwahrloste Mädchen in der Blomeschen Wildnis

47 Einzelne Pensionen 1865

102 Einzelne Pensionen 1865

187 Pensionsgesuch der Witwe des Registrators Schadenberg 1865

188 Pensionsgesuch der Krahmeisterwitwe Johanne Marie Hennies in Lauenburg 1865

199 Unterstützung und Pension für den Chausseeaufseher Schultze in Ratzeburg 1865

Steuern

49 Hebungsbeamte: Amt Cismar, Pensionierung des Amtsverwalters der Ämter Plön und Ahrensbök 1865

52 Kontrolle der Kollateralerbschaftssteuer in den adligen Gütern und Klöstern im Herzogtum Holstein durch die Obergerichtsräte Jensen und Mohrdiek 1865

150 Anträge auf Steuer- und Abgabenerlasse (1848) 1865

50 Gesuch mehrerer Anbauer in Prehnsfelde um Ermäßigung ihrer Abgaben 1865

51 Gesuch des Eingesessenen Neel Greve in Elmshorn um Erteilung von fünfzehn Baufreijahren auf sein dort errichtetes Wohnhaus 1865

Domänen

124 Domänen im Herzogtum Schleswig 1865
Enthält: Staatsgrundstücke in Flensburg; Anschaffungen für das Schloss in Kiel; Landschaft Stapelholm; Verpachtung der Möweninsel in der Schlei; Verpachtung von Vorländereien; Übergabe von Räumen im Ständehaus in Flensburg an die Ober-Telegrafeninspektion

58 Verkauf und Verpachtung von Domanialgrundstücken im Herzogtum Holstein 1865

56 Schloss in Kiel und herrschaftliches Gebäude in Düsternbrook 1864-1865

57 Schloss in Plön 1865

61 Oberinspektor der Saline Travensalze 1865

125 Bauinspektor Holm in Flensburg 1865

112 Bestallungen von Landmessern 1865

66 Bestallungen von Landmessern: Wilhelm Friedrich Edlef Kaulbach aus Rixdorf und Peter Wilhelm Hamel aus Altona 1865

60 Mühlen in Plön, Neumünster und Wittorf 1865

59 Bestätigungen von Hufenprivilegien, Hausbriefen, Erbzinsbriefen und Verträgen im Herzogtum Holstein 1865

67 Teilung einer Erbpachtstelle in Selent 1865

126 Verkauf des Bischofssitzes in Ketting auf Alsen 1865

200 Einfriedung des zum Amtshaus in Sankt Georgsberg gehörigen Seegartens 1865

195 Herstellungskosten eines Eisbrechers bei der Mühle in Grande 1865

62 Forst- und Jagdwesen: Personal 1865
Darin: Plan zur Lage der Forsten im Forstdistrikt Trittau

ZOLLABTEILUNG

144 Ältere Zollangelegenheiten 1831-1839
Enthält u. a.: Zollstatistiken; Zollbeamte
Bemerkung: Materialien zur Untersuchung der Zollverhältnisse (siehe Abt. 58.2 Nr. 143); Akten aus dem Besitz des Justizrats Francke

147 Vorträge des Konferenzrats Höpp im Staatsrat und in den Ständeversammlungen zur Zollordnung (Konzepte und Notizen) 1830-1838
Bemerkung: Materialien für Abt. 58.2 Nr. 143

143 Zollverhältnisse (1848) 1864-1865
Enthält u. a.: Wareneinfuhr in die Herzogtümer 1864
Darin: Denkschrift von Lorenz Stein zu den Zollverhältnissen der Herzogtümer 1848

146 Bemerkungen über die Aufhebung der Zollfreiheiten und der Zollakzise 1837
Bemerkung: Materialien für Abt. 58.2 Nr. 143; Akten aus dem Besitz des Justizrats Francke

145 Zollfreiheit der Wilster- und Krempermarsch 1667, 1681
Bemerkung: Materialien für Abt. 58.2 Nr. 143; Akten aus dem Besitz des Justizrats Francke

53 Zollbeamte 1865

Enthält u. a.: Bewerberverzeichnisse für Zollstellen in Itzehoe, Altona, Schiffbek und Trittau

54 Gesuche um zollfreie Wareneinfuhr 1865

Enthält: Kaufmann Tiedemann, Kiel; Hofbesitzer Bassau, Wulfsdorf; Herr von Levetzow auf Ernsthausen; Weinhändler Petersen, Rendsburg

55 Zollstrafen 1865

JOURNALE UND PROTOKOLLE

1 Journal der Obersten Zivilbehörde für die Herzogtümer Schleswig, Holstein und Lauenburg (Abschrift) Januar-September 1865

211 Journal für Holstein und Lauenburg Januar 1865

Findbuch des Bestandes Abt. 59.1

Österreichischer Statthalter für das Herzogtum Holstein

ZIVILE ANGELEGENHEITEN

Rang, Titel und Orden

8	Verleihung von Rang, Titel und Orden	1865-1866

Stände

12	Ständeversammlung	1865-1866
157	Wahl des Grafen von Holstein auf Waterneverstorf zum Mitglied der Fortwährenden Deputation der Prälaten und Ritterschaft	1866

Verwaltung

9	Statthalterschaft	1865-1866
10	Geschäftsgang der Statthalterschaft	1865-1866
11	Archiv der Statthalterschaft	1865
13	Holsteinische Landesregierung: Personal	1865-1866
16	Lieferung der Protokolle der deutschen Bundesversammlung	1865-1866
159	Auslieferung von Archivalien an Dänemark	1866

Justiz

17 Allgemeine Landesgesetze und Gesetzessammlungen 1866
Enthält: Lieferung von Verordnungsblättern an die preußische Marinegarnisonsverwaltung und Marinelazarettkommission; Austausch der Verordnungsblätter mit Hamburg und Lübeck; Gesuch des Landschreibers von Fischer-Benzon in Krempe um Unterstützung für eine Darstellung des Land- und Marschrechts

18 Originale der für das Verordnungsblatt bestimmten Verordnungen des Statthalters von Gablenz 1865-1866

14 Holstein-Lauenburgisches Oberappellationsgericht 1865-1866

15 Holsteinische Oberdikasterien 1865-1866
Enthält vor allem: Anstellung von Assessoren beim Obergericht in Glückstadt

25 Justizbeamte und Polizeibeamte 1865-1866

26 Advokaten 1865-1866

27 Gerichtshalter adliger Güter 1865-1866

24 Justizangelegenheiten 1865-1866
Enthält u. a.: Einführung des deutschen Handelsgesetzbuchs; Aufhebung der Dinggerichte in den stormarnschen Ämtern; Delegierte für die Kommission zur Ausarbeitung einer allgemeinen deutschen Zivilprozessordnung; Verhaftung des Literaten Dr. Martin May in Altona und Transport nach Berlin; Gesuche in Justizangelegenheiten

21 Gesuch des Premierleutnants a. D. und Tierarztes Schellhorn aus Sommerfeld um Verleihung des Indigenatsrechts 1865

22 Arrogationen und Namensänderungen 1865-1866

23 Erbschaften 1865-1866

87 Eheangelegenheiten 1865-1866

28 Einzelne Verbrechen und ihre Bestrafung 1865-1866

29 Strafanstalten in Glückstadt 1865-1866
Enthält auch: Erhebung von Kostenbeiträgen zum Bau neuer Strafanstalten

Beamte

19 Allgemeine Vorschriften für die Beamten: Geschäftsverwaltung und Vakanzen 1865-1866
Enthält u. a.: Verzeichnis der freien Beamtenstellen

7 Amtsgelöbnisse der Beamten 1865-1866

Kirche

30 Rechtliche Wirkungen der in Hamburg eingeführten Zivilproklamationen auf die Trauungsbefugnisse der holsteinischen Prediger 1865

31 Kirche in Ahrensburg: ungesetzliches Kirchengebet des Pastors Hansen 1866

32 Kirche in Altona: Besetzung des Hauptpastorats und der Propstei sowie Regelung der kirchlichen Verhältnisse 1864-1866

34 Kirche in Barlt: Besetzung des Pastorats 1866

35 Kirche in Barmstedt: Kompastorat 1865

36 Kirche in Beidenfleth: Landüberlassung an die Schul- und Armenkommüne 1865-1866

37 Kirche in Bergstedt: Kirchenlasten der Eingesessenen des Gutes Hoisbüttel 1865-1866

38 Kirche in Bordesholm: Gehilfe des Pastors Hinrichsen und Anlage eines Kirchhofs 1865

39 Kirche in Bramstedt: Vergütung des Vorsängeramts 1866

40 Kirche in Brügge: Austausch von Pastoratsland 1865

41 Kirche in Brunsbüttel: Besetzung des Pastorats und Diakonats 1865-1866

42 Kirche in Eddelak: Wahl des Kandidaten der Theologie Hans Heinrich Petersen aus Kummerfeld zum Diakon 1865

43 Kirche in Elmshorn: Besetzung der Hospitalpredigerstelle sowie Kirchengeld des Einwohners H. Witt 1865

44 Kirche in Glückstadt: Gehaltszulage für den Kompastor und Kollekten für die Armen 1865-1866

45 Kirche in Hademarschen: Unterhaltung der Kirchengebäude 1866

46 Kirche in Heiligenhafen: Pensionierung des Pastors Burchardi und Anlage eines Kirchhofs 1865

47 Kirche in Hemme: Kirchenkapitalien 1865

48 Kirche in Hohenwestedt: Besetzung des Hauptpastorats 1866
Enthält u. a.: Bewerberverzeichnis

49 Kirche in Horst: Kirchenanlagegelder 1865-1866

50 Kirche in Itzehoe: Konfirmation des Johann Geske, Vertretung im Konsistorium der Propstei Münsterdorf, Diakonat 1865-1866

51 Kirche in Jevenstedt: Besetzung des Pastorats 1865
Enthält u. a.: Bewerberverzeichnis

52 Kirche in Kiel: Pastoren der Sankt Nikolaikirche 1865-1866

53 Kirche in Kirchnüchel: Verwendung eines Kirchenkapitals für die Kirchenreparatur 1865

54 Kirche in Lütjenburg: Besetzung des Diakonats 1865-1866

55 Kirche in Meldorf: Besetzung des Kompastorats 1865

57 Kirche in Neuendorf: Besetzung des Diakonats 1866

58 Kirche in Neustadt: Konfirmationsstreit 1866

59 Kirche in Ottensen: Aufbringen der Kirchenlasten 1866

60 Kirche in Plön: Pastoren und Kirchenbedienstete, Wiederaufbau der Altstädter Kirche 1865-1866

61 Kirche in Pronstorf: Pastor und Kirchhof 1865-1866

62 Kirche in Quickborn: Gehilfe für den Pastor Nissen 1865

63 Kirche in Rellingen: Eier- und Geldabgaben an Prediger und Organisten 1866

64 Kirche in Rendsburg: Prediger an der Christ- und Garnisonskirche und der Sankt Marienkirche 1865-1866

65 Kirche in Segeberg: Kompastorat 1865-1866

33 Kirche in Sankt Annen: Verkauf des Fährgrundstücks in Bosbüttel 1866

56 Kirche in Sankt Michaelisdonn: Entlassung des Pastors Hans Hinrich Biesterfeld 1866

66 Kirche in Steinbek: Verkauf des Predigerwitwenhauses 1866

67 Kirche in Wandsbek: Anstellung eines Pfarrgehilfen 1866

68 Kirche in Warder: Gräflich Rantzauisches Familienbegräbnis auf einer Insel im Wardersee sowie Proklamationsgebühr für die Prediger 1865-1866

69 Kirche in Wedel: Untersuchung gegen Pastor Volquarts 1864-1865
Darin: Schrift Volquarts' „Der Bauern-Kampf in Wedel gegen das Pastorat daselbst von 1732-1864", Altona 1864

70 Kirche in Wesselburen: Verhältnis des Wesselburener Koogs zur Kirchenkommüne und Erhöhung der Einkünfte der Kirchenbediensteten 1865-1866

Unterrichtswesen, Kunst und Wissenschaft

73 Erhöhung der Einkünfte der Lehrerstellen 1865-1866

71 Gelehrtenschulen 1865-1866
Enthält vor allem: Personal

74 Errichtung von Realschulen und Unterstützungen aus Staatsmitteln zu diesem Zweck 1866

75 Reorganisation des Volksschulwesens in Altona 1864-1865
Darin: „Altonaer Nachrichten“ vom 19. April 1864

76 Bürgerschulen und Landschulen 1865-1866

72 Ernennung eines Oberschuldirektors für das Volksschulwesen 1865-1866

77 Schullehrerseminar in Segeberg 1865-1866

79 Amtsexamen 1865-1866

78 Universität in Kiel 1865-1866

83 Verleihung des Helmschen Stipendiums für Studierende 1865

80 Irrenanstalt und Blindenanstalt in Kiel 1865-1866
Enthält: Antrag der Stiftsdame Louise von Warnstedt, Itzehoe, um Aufnahme von Catharina Suckau in die Irrenanstalt; Unterstützung für die Blindenanstalt

81 Kunst und Wissenschaft 1865-1866
Enthält u. a.: Unterstützungsgesuche; Fernleihverkehr

82 Reklamierung des Museums nordischer Altertümer in Flensburg durch die dänische Regierung 1865-1866

Presse

85 Verhandlungen mit dem Gouverneur von Manteuffel über strafrechtliche Verfolgungen von Presseartikeln 1865

84 Vorschriften über Druckwesen und Presse 1865-1866

160 Zeitungsprivilegien 1865-1866

Armenwesen

86 Armen- und Heimatangelegenheiten (1837-) 1865-1866
Enthält u. a.: Einteilung des Amtes Trittau in Armendistrikte; Gesuche um Erteilung von Heimat- und Niederlassungsrechten; Beziehungen zum Ausland
Darin: Wanderbücher des Sattlergesellen Carl August Nikolaus Schröder, Segeberg, 1837, 1840

144 Verwendung des Legats der Ehefrau Frauen zum Bau einer Armenarbeitsanstalt in Beidenfleth 1866

145 Stiftung des Hofbesitzers Johann Hellmannn und seiner Ehefrau zugunsten des Armenwesens in Borsfleth 1866

Finanzen, Steuern und Zoll

98 Staatshaushalt und Staatsrechnungen 1865-1866

97 Finanzielle Auseinandersetzung mit Dänemark 1865-1866

88 Hebungsbeamte 1865-1866
Enthält: Amtsverwalter der Ämter Plön und Ahrensbök sowie der Grafschaft Rantzau; Amtsschreiber der Ämter Bordesholm, Reinbek und Kiel; Kirchspielvogtei Raumort-Jevenstedt; Kassenkontrolleur Martens an der Hauptkasse
Enthält u. a.: Bewerberverzeichnisse

89 Einzelne Steuern und Abgaben 1865-1866
Enthält u. a.: Gesuche um Steuer- und Abgabenerlass

90 Stempelpapierabgaben 1865-1866

96 Münzwesen 1865-1866
Darin: „Kieler Zeitung“ vom 18. und 19. März sowie vom 12. bis 15. Dezember 1865

91 Zollwesen und Zollbeamte 1865-1866

99 Pensions- und Unterstützungssachen der von der dänischen Regierung entlassenen Beamten und ihrer Hinterbliebenen 1865-1866

100 Pensionen und Unterstützungen 1865-1866

101 Pensionen und Unterstützungen für Angehörige der ehemaligen Schleswig-Holsteinischen Armee 1865-1866

Domänen, Forst- und Jagdwesen

93 Domänen 1865-1866
Enthält u. a.: Landverkäufe und Landüberlassungen; Erbpacht; Bergung des bei Hetlinger Schanzsand gesunkenen Dampfschiffs „Chevy Chase“; Saline Travensalze; Mühlen

94 Forst- und Jagdwesen 1865-1866
Enthält u. a.: Personal; Revision der Forstpläne; Jagdbrüche; Jagdkonzession

92 Dienstleistungen und Lieferungen der Untertanen 1865-1866

Landwesen

95 Landwirtschaft und Landwesen 1865-1866
Enthält u. a.: Landwirtschafts- und Industrieausstellung in Altona; Landmesser; Landverteilungen; Entwässerung

Kommunalwesen

111 Lokalstatute für Elmshorn, Kellinghusen, Nortorf, Pinneberg, Preetz und Wandsbek 1865-1866

102 Altona: Lokalstatut, Anlage von Sielen, Ratsverwandte und Steuereinsammler 1865-1866

103 Heiligenhafen: Bürgermeister und Stadtsekretär 1865-1866

112 Kellinghusen: Gesuch des Eingesessenen Ralf in Overndorf um Aufnahme seines Hauses in den Kommunalverband 1865

104 Kiel: Vereinigung mit der Brunswik, Stadtrechnungen, Ratsverwandte 1865-1866
Enthält u. a.: Bewerberverzeichnis für die zweite gelehrte Senatorenstelle

105 Lütjenburg: Bürgermeister 1865-1866

113 Neumünster: Eigentumsrecht am Gemeinheitsland 1866

106 Neustadt: Bürgermeister 1866
Enthält u. a.: Bewerberverzeichnis

107 Oldesloe: Ernennung des Landbürgers Friedrich Ludwig Gaden zum Ratsverwandten 1865

108 Rendsburg: Ratsverwandte und polizeiliche Anordnungen 1865-1866

114 Wöhrden: Wochenmarktordnung 1865

110 Amtmannsbedienungen verschiedener Ämter, Inspektor der Köge in der Landschaft Süderdithmarschen, Kirchspielsvögte in Barlt, Eddelak, Marne und Meldorf 1865-1866
Darin: Anweisung für die Briefsammelstelle im Barlter Altendeich

117 Herrschaft Pinneberg: Errichtung eines Krankenhauses, Straßenpflasterung in Uetersen, Beschlagnahmung einer Waagschale des Hökers Ehlers in Eidelstedt 1865-1866

118 Grafschaft Rantzau: Wegelasten 1865

119 Amt Reinfeld: Aufnahme eines von Lübeck abgetretenen Landstücks in den Kommunalverband von Wesenberg 1866

120 Amt Rendsburg: Beschwerde der Kätner von Besdorf über den Bauervogt wegen Nichterfüllung seiner Dienstpflichten 1866

121 Amt Segeberg: Gesuche der Dorfschaften Hamdorf und Wahlstedt um Herabsetzung der Pflugzahl 1866

116 Landschaft Süderdithmarschen: Antrag auf Reform der Verfassung 1866

122 Amt Trittau: Abtrennung der Dörfer Nahe, Stuvenborn, Sievershütten und Bredenbekshorst und Verbindung mit dem Amt Tremsbüttel 1865-1866

123 Streitigkeiten der Untergehörigen des Guts Mehlbek mit der Gutsobrigkeit wegen Steuerzahlungen 1865-1866

115 Kommunale Zugehörigkeit des Karolinenkoogs-Mitteldeichs 1865-1866

161 Trennung der Kirchspielvogtei Norderwöhrden von der Kirchspielvogtei Süderwöhrden 1865-1866

109 Aufhebung der Revision der Kriminalkostenrechnungen 1865

20 Bestätigung von Privilegien, Hausbriefen und Kontrakten 1865-1866

Bürgerliches Gewerbe, Handwerk, Handel und Schifffahrt

126 Weltausstellung in Paris 1867 1865-1866

124 Bürgerliches Gewerbe, Handwerker und Fabriken 1865-1866
Enthält vor allem: Konzessions- und Patentgesuche
Darin: Beschreibungen von Ringöfen

125 Grundsätze bei der Verleihung von Mühlenkonzessionen 1865-1866

128 Märkte in Schlamersdorf, Bahrenfeld, Eichede und Reinfeld 1865-1866

127 Handel und Schifffahrt 1865-1866
Enthält u. a.: Unterstützung für Navigationslehrer; Statutenänderung der Schiffergilde in Glückstadt; Desertionen

129 Konsuln 1866
Enthält: Kaufmann G. Brieger, Kiel; Hoflieferant Johann Hoff, Berlin; Kaufmann Sartori, Kiel

130 Schiffsflaggen, konsularische Vertretung und Küstenschifffahrt 1865

131 Schifffahrt auf der Elbe 1865-1866

132 Anschaffung und Stationierung eines zweiten Feuerschiffs vor der Eidermündung 1866

Post und Telegrafen

152 Telegrafenwesen 1865-1866
Enthält u. a.: Personalangelegenheiten; Errichtungen von Telegrafenstationen

Polizei

134 Polizei und Polizeibeamte 1865-1866
Enthält u. a.: Lotterie und Verlosungen; Konzessionsgesuche; verschiedene Polizeireiter; Gesuche um Brücheerlass

135 Polizei und Polizeibeamte: Altona, Blankenese, Itzehoe, Kiel, Neumünster, Oldenburg, Oldesloe, Plön und Rendsburg 1865-1866

133 Anschluss der Herzogtümer Schleswig und Holstein an die deutsche Passkartenkonvention 1865-1866

136 Konflikte zwischen Zivilpersonen und Militär in Plön und Neumünster 1865-1866

137 Versammlungen der schleswig-holsteinischen Vereine in Lunden und Altona 1866

138 Benutzung des Reithauses in Itzehoe für ein Sängerfest 1866

143 Brandversicherung 1865-1866
Enthält u. a.: Personalangelegenheiten zu den Branddirektoren

139 Haupteichamt: Vergütung des Personals 1865

146 Julienstift in Itzehoe 1865-1866

148 Stiftung des Schleswig-Holsteinischen Hilfskomitees in Flensburg für die Hinterbliebenen eines 1864 gefallenen österreichischen Soldaten 1865-1866

149 Witwen- und Waisenkassen 1865-1866

147 Landabtretung des Hopitals in Neustadt an die Kommune 1866

140 Medizinalwesen 1865-1866
Enthält u. a.: Apotheken in Altona, Kiel, Barmstedt, Cismar, Neustadt und Heiligenhafen; Personal; Vorbeugung der Trichinenkrankheit; Impfanstalt in Altona; Hebammen

141 Irrenanstalt in Schleswig 1865-1866

142 Veterinärwesen 1865-1866
Enthält u. a.: Ernennung eines Veterinärarztes; Einfuhrverbot für Rinder

Deiche und Wasserlösung

158 Hafen und Deiche 1865-1866
Enthält u. a.: Verstärkung der Hafendeiche in Glückstadt

Eisenbahn und Wege

151 Eisenbahnen (1863) 1864-1866
Darin: Protokoll der außerordentlichen 31. Generalversammlung der Aktionäre der Kiel-Altonaer-Eisenbahngesellschaft, 1863; „Schleswig-Holsteinische Blätter“ vom 11. März 1864

150 Wege 1865-1866
Enthält u. a.: Personal; Bau von Chausseen

MILITÄRISCHE ANGELEGENHEITEN

153 Militär 1865-1866
Enthält: Militärpflicht; Eintritt in fremde Armeen

154 Einquartierung und Verpflegung von Truppen 1865-1866

155 Entlassung aus dem Untertanen- und Militärverband 1865-1866
Enthält u. a.: Namenslisten

156 Festung Rendsburg 1866

JOURNALE UND PROTOKOLLE

1 Eingangsjournal September-Dezember 1865

5 Eingangsjournal: alphabetischer Index 1865

2 Eingangsjournal Januar-Juni 1866

6 Eingangsjournal: alphabetischer Index 1866

3 Ausgangsjournal: Zivilangelegenheiten September-Dezember 1865

4 Ausgangsjournal Abteilung C: Zivilangelegenheiten
Dezember 1865-Juni 1866

Findbuch des Bestandes Abt. 59.2

Preußischer Gouverneur für das Herzogtum Schleswig

KÖNIG VON PREUßEN, EINVERLEIBUNG SCHLESWIG-HOLSTEINS, ORDEN UND TITEL

91 Personalunion der Herzogtümer mit Preußen 1866

129 Förmliche Besitznahme der Herzogtümer Schleswig und Holstein durch den preußischen König (1866) 1867
Enthält u. a.: Bericht der 13. Kommission des Abgeordnetenhauses zur Vereinigung der Herzogtümer mit Preußen, 1866
Bemerkung: Akte des Zivilkommissars und Regierungspräsidenten von Zedlitz

97 Feier zum Geburtstag des preußischen Königs 1866-1868

114 Reise des preußischen Königs nach Schwerin, Holstein und Schleswig 1868

94 Provisorische Verordnung zur Bestrafung von Handlungen gegen die souveräne Gewalt in den Herzogtümern 1866

100 Adressen an den König von Preußen 1866-1867

84 Adresse dänischsprachiger Mitglieder der Ständeversammlung in Schleswig an den preußischen König zur Wiedervereinigung Nordschleswigs mit Dänemark 1865

103 Eventuelle Abstimmung in Nordschleswig über die Abtretung an Dänemark 1866

104 Ausführung des Artikels V des Prager Friedens (mögliche Abtretung Nordschleswigs an Dänemark) 1866-1868

44 Verleihung preußischer Orden und Ehrenzeichen 1864-1868
Bemerkung: Akte des Zivilkommissars und Regierungspräsidenten von Zedlitz

45 Verleihung preußischer Orden und Ehrenzeichen 1865-1866
Enthält u. a.: Namensliste
Bemerkung: Akte des Gouverneurs von Manteuffel

48 Verleihung von Orden und Ehrenzeichen an Personen aus dem Herzogtum Schleswig bei der Anwesenheit des preußischen Königs 1868

47 Verleihung österreichischer Orden 1866

46 Annahme dänischer und anderer auswärtiger Orden, Ehrenzeichen und Titel 1865-1867

108 Beisetzung der in Ballenstedt verstorbenen Herzogin Luise Caroline von Schleswig-Holstein-Sonderburg-Glücksburg 1867

113 Anerkennung des Adels der Familie von Graffen 1867-1868

BEZIEHUNGEN ZUM AUSLAND, LANDESHOHEIT UND GRENZEN

122 Denkschrift über die den neutralen Mächten mitgeteilten Beschwerden der dänischen Regierung über das Auftreten der alliierten Armee und der Obersten Zivilbehörde im Herzogtum Schleswig 1864
Bemerkung: Akte des Zivilkommissars und Regierungspräsidenten von Zedlitz

85 Ansprüche des Grafen von Rantzau auf die Grafschaft Rantzau 1865-1866

90 Erwerb der Gravensteiner Güter durch die Augustenburger Familie 1866

203 Dänische Verträge mit anderen Staaten 1867

LANDESVERTRETUNG UND STÄNDEVERSAMMLUNG

62 Ergänzungswahlen für die Ständeversammlungen 1865

107 Ergebnis der Reichstagswahl hinsichtlich deutscher und dänischer Nationalität 1867

111 Berufung von Mitgliedern der Ritterschaft in das preußische Herrenhaus 1867

GESETZESSAMMLUNG UND VERORDNUNGSBLATT

121 Originale der für das Verordnungsblatt bestimmten Verordnungen des Gouverneurs von Manteuffel 1865-1866

196 Abonnement von Gesetzessammlungen und des Ministerialblatts 1866-1867

ALLGEMEINE VERWALTUNG, BEHÖRDEN UND BEAMTE

124 Verwendung des Landrats von Lavergne-Peguilhen sowie seine politischen Berichte 1864-1865
Bemerkung: Akte des Zivilkommissars und Regierungspräsidenten von Zedlitz

127 Regierungsbeamte: Personalangelegenheiten 1865-1866
Bemerkung: Akte des Zivilkommissars und Regierungspräsidenten von Zedlitz

82 Kabinettsorder und Ministerialreskripte zur allgemeinen Ermächtigung des Gouverneurs von Manteuffel 1865-1866

123 Denkschrift des Professors Junghans in Kiel zu den Landesarchiven in Schleswig und Holstein 1864
Bemerkung: Akte des Zivilkommissars und Regierungspräsidenten von Zedlitz
Gedruckt in: Jahrbücher für die Landeskunde der Herzogtümer Schleswig, Holstein und Lauenburg Band 8 (1866), 1-23.

55 Sendung des Regierungsrats Boekh wegen der Volkszählung 1864

56 Verwendung des Regierungsassessors Reinick zur Untersuchung der dänischen Maßnahmen im Herzogtum Schleswig in den 1850er-Jahren 1864

57 Zivilverwaltung in Jütland 1864

59 Verpflichtung Dänemarks zur Auslieferung von Archivalien 1864-1865

60 Abordnung des Prinzen Carl zu Hohenlohe-Ingelfingen und sein Auftrag zur Untersuchung der in der Kirche in Rellingen aufbewahrten Akten 1864-1865

19 Sammlungen und Korrespondenzen des Landrats von Lavergne-Peguilhen 1864-1866

Enthält: Bodenverbesserung; Handel und Gewerbe; Medizinalwesen; Wasserlösung; Kirche; Küstenschutz; Kommunalangelegeheiten; Beamte; Brandverordnungen; Armenpflege; landwirtschaftliches Vereinswesen; Agrarwesen; Kieler Biennium

1 Von der Schleswig-Holsteinischen Landesregierung und dem österreichischen Zivilkommissar nicht erwünschte Teilnahme des preußischen Zivilkommissars von Zedlitz an den Plenarsitzungen der Landesregierung 1865

70 Ausführung des Vertrags von Gastein 1865

71 Übernahme der Regierung im Herzogtum Lauenburg 1865

63 Differenzen zwischen den Zivilkommissaren von Zedlitz und von Halbhuber wegen Behandlung der an einen Zivilkommissar gerichten Eingaben und Beschwerden 1865

64 Sendung des Prinzen Carl zu Hohenlohe-Ingelfingen nach Nordschleswig zur Untersuchung von Beschwerden 1865

76 Allgemeine Reformvorschläge für das Herzogtum Schleswig (mit Bemerkungen des Barons von Scheel-Plessen) 1865

212 Sendung des Prinzen Carl zu Hohenlohe-Ingelfingen nach Nordschleswig zur Untersuchung von Beschwerden 1865

2 Behandlung der Verwaltungsgeschäfte unter dem Gouverneur von Manteuffel 1865-1866

4 Organisation der Verwaltung 1865-1866
Darin: Denkschriften des Landrats von Lavergne-Peguilhen

5 Organisation der Schleswigschen Regierung auf Schloss Gottorf und ihrer Beamten 1865-1868
Enthält u. a.: Liste der Beamten

6 Geschäftsgang der Regierung in Schleswig 1865-1868

3 Ankauf des Bielckschen Palais in Schleswig für die Verwaltung 1865-1868

69 Bibliothek der Obersten Zivilbehörde und dänischerseits in Flensburg zurückgelassene Bücher 1865-1868

88 Audienzlisten des Gouverneurs von Manteuffel 1866
Enthält auch: Verzeichnis der Einnahmen der Hardesvögte und Aktuare

105 Herausgabe des Gouvernementsarchivs an den Oberpräsidenten von Scheel-Plessen 1866

7 Verwaltungsorganisation der Herzogtümer nach Aufhebung des Vertrags von Gastein 1866

8 Differenzen zwischen dem Oberpräsidenten von Scheel-Plessen und dem Regierungspräsidenten von Zedlitz über Ressort- und Kompetenzverhältnisse 1866

101 An den Regierungspräsidenten von Zedlitz ausgehändigter Chiffreschlüssel 1866-1867

130 Auswahl von Vertrauensmännern zur Beratung über die künftige Verwaltungsorganisation 1867
Bemerkung: Akte des Zivilkommissars und Regierungspräsidenten von Zedlitz

9 Verwaltungsorganisation nach der Kabinettsorder vom 2. Februar 1867 1867

10 Einrichtung von zwei Regierungshauptkassen in Kiel und Schleswig und deren Personal 1867

207 Bildung von Landkreisen im Herzogtum Schleswig 1867

13 Oberbeamte: Personalangelegenheiten und Anstellungen 1865-1866

30 Anstellungsgesuche für den Staatsdienst 1864-1866

35 Anstellungsgesuche für den Staatsdienst 1865

31 Anstellungsgesuche für den Staatsdienst 1865-1866

34 Anstellungsgesuche für den Staatsdienst (mit Index) 1865-1867

36 Anstellungsgesuche für den Staatsdienst (1847-) 1866-1868

32 Anstellungsgesuche: Revisor, Kopist und ähnliche Stellen (mit Index) 1865-1866

33 Anstellungsgesuche: Justiz (mit Index) 1865-1866

24 Anstellungsgesuche des Postexpediteurs Leutnant a. D. Julius Hell 1866

37 Anstellungsgesuche von Versorgungsberechtigten 1866-1868

144 Allgemeine Bestimmung zur Bestallung von Beamten 1866

176 Anstellungen und Bestallungen von Beamten 1866

12 Beschwerden gegen Beamte in Nordschleswig 1866-1867

112 Beabsichtigte Anstellung eines gebürtigen Dänen als Gevollmächtigter beim Amtsverwalter Gähler, Norburg 1867

131 Vereidigung der Beamten der königlichen Regierung in Schleswig 1867

132 Verhältnisse der Staatsbeamten im Herzogtum Schleswig 1867
Enthält u. a.: Denkschrift des Regierungspräsidenten von Zedlitz

11 Abrechnung der Tagesgelder und Reisekosten von Beamten des preußischen Ministeriums des Innern 1864-1867

15 Hilfeleistung von preußischen Beamten bei Steuererhebungen
Enthält u. a.: Namensliste 1867-1868

38 Ableistung des Diensteids Februar-März 1867

39 Ableistung des Diensteids März-April 1867

40 Ableistung des Diensteids März-Mai 1867

41 Ableistung des Diensteids Mai-September 1867

42 Vereidigung der zum preußischen Innen- und Finanzministerium gehörenden Beamten auf die Verfassung 1867-1868

43 Vereidigung der zum preußischen Landwirtschaftsministerium gehörenden Beamten auf die Verfassung 1867-1868

14 Ausbildung schleswig-holsteinischer Beamter für den höheren Verwaltungsdienst und deren Übernahme in eine Rats- oder ähnliche Stelle 1867
Enthält u. a.: Namensliste

17 Regierungsreferendar von Zedlitz, Sohn des preußischen Zivilkommissars 1864-1865

16 Verwendung des Grafen Adalbert von Baudissin, besonders sein Auftrag zum Schutz der Dünen auf Sylt 1864-1866

20 Polizeiwachtmeister Horn, Berlin 1864-1867

22 Leutnant a. D. Baron von Künßberg 1865-1866

21 Polizeiwachtmeister Aretz, Berlin 1865-1868

23 Hilfsarbeiter bei der Landesregierung für Pressearbeit Dr. phil. Julius Baerens, Flensburg 1865-1870

26 Verwendung des preußischen Polizeirats Goldheim 1866

27 Vergütung des Regierungspräsidenten von Zedlitz, des Landrats von Zastrow, des Polizeisekretärs Pinkow und des Polizeiwachtmeisters Aretz 1866-1867

25 Gewährung eines Wartegeldes für den ehemaligen Zollverwalter in Husum Casten und daraus entstehende Differenz zwischen Oberpräsident und Regierungspräsident 1866-1867

18 Sammlung statistischer und politischer Nachrichten sowie Denkschriften des Landrats von Lavergne-Peguilhen (1863) 1864-1866
Enthält u. a.: Denkschrift zu Lebensbedarf und Teuerung
Darin: Entwurf einer Verordnung für das Herzogtum Schleswig zum Hypotheken-und Protokollationswesen, 1863; „Aufgaben und Methoden der landwirtschaftlichen Statistik", 1865

211 Sammlungen und Korrespondenzen des Landrats von Lavergne-Peguilhen (1799-) 1864-1866
Enthält: Münz-, Maß- und Gewichtswesen; Militär; Seefahrt und Häfen; Schule; Staatshaushalt; Privilegien; Prälaten, Ritterschaft und adlige Güter; Steuerwesen; Staatsrecht; Kriminalrecht; Verfassung; Privatrecht; Strandrecht; Hypothekenwesen; Reorganisationen; Banken und Kredit; Landwirtschaft; Unterstützungsverein in Altona; Verfassung von Fehmarn
Darin: verschiedene Verordnungen; Gründungsakte des Unterstützungsvereins in Altona, 1799; Revidierte Geschäftsordnung des Unterstützungsvereins 1852

JUSTIZ

133 Justizverwaltung 1867-1868

195 Appellationsgericht in Flensburg 1865-1866

134 Beschaffung von Amtsgebäuden für die Justizverwaltung in der Stadt Schleswig 1867
Bemerkung: Akte des Zivilkommissars und Regierungspräsidenten von Zedlitz

204 Grenzen der richterlichen und administrativen Strafgewalt im Herzogtum Schleswig, Behandlung von Erbschaften in den ausgetauschten schleswigschen und jütischen Landesteilen 1865
Bemerkung: Akte des Zivilkommissars und Regierungspräsidenten von Zedlitz

125 Lage der schleswig-holsteinischen Gesetzgebung zum Vereinswesen 1865
Bemerkung: Akte des Zivilkommissars und Regierungspräsidenten von Zedlitz

193 Appellationsgerichtsrat Jacobsen (früher Landvogt auf Sylt) 1866-1868

194 Appellationsgerichtsrat Jürgensen (früher Amtmann) 1867

199 Jurisdiktionsumlegungen 1865-1866

205 Adoptionen und Annahme fremder Namen 1866
Bemerkung: Akte des Zivilkommissars und Regierungspräsidenten von Zedlitz

206 Nachlass des Bauervogts Peter Theysen, Sandacker 1864
Bemerkung: Akte des Zivilkommissars und Regierungspräsidenten von Zedlitz

191 Strafanstalten in Glückstadt: Personal 1865-1866

KIRCHE

214 Baptistengemeinde in Tangstedt 1865-1866

213 Religionsausübung der nicht zur evangelischen Landeskirche gehördenden christlichen Glaubensgenossen 1866

UNTERRICHTSWESEN, KUNST UND WISSENSCHAFT

79 Verkauf von Land der ehemaligen Dannewerk-Stellung und Erhalt des Margarethenwalls als Denkmal 1865

58 Universität in Kiel 1864-1866
Darin: Personalverzeichnisse Wintersemester 1865/66

89 Zustimmung des Gouverneurs von Manteuffel zu Urlaubsgesuchen von Professoren der Universität 1866

93 Übergriffe des österreichischen Statthalters von Gablenz in Angelegenheiten der Universität in Kiel und des Museums in Flensburg 1866

PRESSE

54 Pressebüros und Zeitungskorrespondenten 1864

155 Presse 1864-1866
Enthält u. a.: Verbreitung von Flugschriften; Zeitungsverbote

152 Verhalten der Presse 1865
Darin: „Hamburger Nachrichten“ vom 11. Dezember 1865

146 Verhalten der Presse im Herzogtum Holstein 1865
Enthält u. a.: Verbote für „Kieler Nachrichten“, „Itzehoer Nachrichten“ und „Schleswig-Holsteinische Zeitung und Altonaer Tageblatt“; Liste über die im Herzogtum Schleswig verteilten Exemplare der „Hamburger Nachrichten“ und der „Hamburger Börsenhalle“
Darin: „Schleswig-Holsteinische Zeitung und Altonaer Tageblatt“ vom 14. November 1865; „Altonaer Nachrichten“ vom 17. November 1865

158 Privilegien zur Herausgabe von Zeitungen und Tageblättern 1866

87 Unterstützung der „Norddeutschen Zeitung“ in Flensburg 1865-1868

157 Unterstützungen von Zeitungen und Tageblättern 1867

109 Reise französischer Jounalisten nach Kopenhagen zur Ermittlung der Sprachgrenze in Nordschleswig 1867

49 Besuch des Kriegsschauplatzes durch den Korrespondenten der „Times“ Hardman 1864

159 Beschlagnahme von Broschüren und Druckschriften 1865

51 Ausweisung des französischen Literaten und Korrespondenten E. d’Arnoult 1864

86 Untersuchung gegen den Gastwirt Pfretzschner in Schleswig wegen Kolportierens von Flugblättern und Zeitungen 1865-1866

UNTERSTÜTZUNGEN

95 Gnadengeschenk an die Mutter des Gymnasialdirektors Dr. Keck in Schleswig 1866

STEUERN UND FINANZEN

75 Vorschuss von 100.000 Reichstalern aus dem preußischen Staatsfonds 1865-1867

150 Finanzielle Auseinandersetzung mit Dänemark und dem Herzogtum Lauenburg 1865-1868
Enthält auch: allgemeine Finanzverwaltung

148 Finanzielle Auseinandersetzung der Herzogtümer Schleswig und Holstein 1866

149 Finanzielle Abrechnung zwischen Dänemark und den Herzogtümern 1866

143 Finanzverhältnisse des Herzogtums Schleswig 1866
Enthält auch: Verzeichnis der veranschlagten Einnahmen im Herzogtum Holstein
Darin: „Schleswiger Nachrichten" vom 23. Mai 1866; „Altonaer Mercur" vom 14. vom 29. April 1866

151 Pensionen aus der Staatskasse 1865-1867
Enthält u. a.: Verzeichnis der mittleren Lebenserwartung bei Männern

98 Antrag des Kaufmanns Bleicken in Tönning auf Gewährung eines Darlehens aus der königlichen Kasse 1866

106 Bitte des Hofbesitzers Petersen in Wittkiel um Gewährung eines Darlehens aus einem Fonds zur Förderung der Landwirtschaft 1867

28 Auftrag des Steuerempfängers Duddenhausen in Warendorf zur Unterweisung der Steuerempfänger bei Errichtung der Steuerkassen und Ausführung der Hebungen 1868

198 Konzessionen für Einnehmer der preußischen Staatslotterie 1865-1867

DOMÄNEN, FORST UND JAGDWESEN

145 Domänen 1866-1868

181 Sonderburg: Entschädigung für die Aufhebung der Zollfreiheit für Kalk 1867

186 Verwendung des Schlosses Glücksburg als Militärerziehungsanstalt 1866

147 Festeablösungen 1866

135 Forst- und Jagdangelegenheiten 1865-1867
Bemerkung: Akte des Zivilkommissars und Regierungspräsidenten von Zedlitz

136 Moor- und Heidekultivierung 1865-1867
Darin: Druckschrift des Geheimen Oberhofkammerrats Schmidt zur Schädlingsbekämpfung, 1865
Bemerkung: Akte des Zivilkommissars und Regierungspräsidenten von Zedlitz

96 Protest des früheren Landkommissars Hagemann in Ohrfeld gegen die Anbringung einer Gedenktafel für die Gefallenen der Jahre 1848-1850 in der Kirche in Esgrus 1866

KOMMUNALWESEN

178 Altona: Feuerversicherungsverein 1830-1866
Darin: gedruckte Statuten

165 Apenrade: Ratsdiener und Polizeidiener sowie Gefängniswärter
Enthält u. a.: Bewerberverzeichnis 1865

182 Apenrade: Schützengilde 1867

163 Burg auf Fehmarn: Entlassung des Ratsverwandten Joachim Tadel 1865

162 Eckernförde: Bürgermeister und Polizeimeister, Entlassung des Senators Dehn 1865-1866

183 Eckernförde: Entschädigung für die Aufhebung der Zollfreiheit für Kalk 1867

169 Flensburg: Bürgermeister, Polizeimeister, Aktuar, Finanzen 1865-1866

174 Friedrichstadt: Verwaltung der Stadtpräsidentur durch den Hardesvogt Erich Johann Albrecht von Bertouch 1866

188 Friedrichstadt: Erhebung zur Kreisstadt, Bestätigung der Privilegien der Schiffergilde 1866

167 Garding: Lebens- und Amtsverhältnisse des Bürgermeisters Hieronymus Müller Hinrichsen 1867

166 Hadersleben: Bürgermeister und Stadtsekretär 1866

187 Hadersleben: Unterstützung zur Aufrechterhaltung der öffentlichen Ordnung 1866

29 Anstellung des Stadtrats Madlung, Nordhausen, als Kirchspielvogt in Heide 1868-1869

164 Husum: Bürgermeister, Polizeimeister und Stadtsekretär 1865-1867

185 Husum: Instruktion für den Stadtsekretär, Entlassung des Deputierten Bürgers Emanuel Gurlitt, Einweihung des Gymnasiums
Darin: Druckschrift Gurlitts über seine Entlassung, 1865 (1865) 1866-1867

168 Schleswig: Bürgermeister, Polizeimeister und Stadtsekretär 1865-1866

170 Sonderburg: Bürgermeister, Stadtvogt und Stadtsekretär 1865

173 Tondern: Bürgermeister Andreas Larsen Jissen 1866

171 Tönning: Entlassung des Bürgermeisters O. Becker 1865

172 Tönning: Bürgermeister Carl Wilhelm Cartheuser (1864) 1865-1866

184 Tönning: Verwaltung und Polizei 1865-1866

154 Landschaft Eiderstedt: Verfassung 1867

177 Landschaft Fehmarn: Gehälter der Beamten 1864-1866

190 Ämter Husum und Bredstedt: Landschreiber Chemnitz auf Pellworm 1866

153 Landschaft Nordstrand: Befreiung von der Militärpflicht 1867

175 Amt Tondern und Lügumkloster: Bitte von dänischen Bewohnern um Einsetzung landes- und sprachkundiger Beamter sowie Steuerermäßigung in der Landschaft Sylt 1866-1867

189 Friesische Uthlande: Geschäftsordnung für die Kommunalverwaltung, Kirchen- und Schulregulativ 1866
Bemerkung: Es handelt sich um Beilagen zu einer Denkschrift von Johannsen und von Bertouch über die Uthlande

192 Bestätigung von Privilegien (1854) 1865-1866
Enthält u. a.: Verzeichnis der unerledigten Gesuche um Privilegienbestätigung anlässlich des Thronwechsels

POST UND TELEGRAFEN

210 Postabkommen mit Dänemark 1865
Darin: gedrucktes Reglement zur Ausführung des Postvertrages zwischen Preußen und Dänemark, 1865

74 Telegrafen- und Postverbindungen durch das Herzogtum Holstein 1865

209 Einleitung zur Aufnahme der Elbherzogtümer in den Deutschen Postverein 1865

61 Telegrafenwesen 1864-1865

80 Beitritt der Herzogtümer zum Pariser Telegrafenvertrag 1865-1866

POLIZEI

53 Mitteilung von Notizen über dänische Sympathien im Herzogtum Schleswig 1864

66 Politische Stimmung in den Herzogtümern 1865

67 Berichte eines Dr. Hoffmann über allgemeine politische Zustände in den Herzogtümern 1865

215 Vorfälle in Eckernförde bei der Durchreise Herzog Friedrichs von Schleswig-Holstein-Sonderburg-Augustenburg 1865

68 Beschwerden über „augustenburgischen Terrorismus" 1865-1866

78 Allgemeine politische Zustände 1865-1866
Enthält u. a.: Reise von Nordschleswigern nach Kopenhagen; Stimmungsberichte; Proklamation der Universität in Kiel; Versammlung von Ständeabgeordneten aus dem Herzogtum Schleswig

200 Politische Polizei 1865-1867

216 Polizeiliche Maßnahmen bei der Beisetzung des Fürsten von Noer in Krusendorf 1866

217 Vorgänge in Noer und Krusendorf bei der Beisetzung des Fürsten von Noer 1866

102 Beschlagnahmung von Adressen an das preußische Abgeordnetenhaus 1866

197 Entwurf eines Reglements zur Polizeiverwaltung im Polizeibezirk der Stadt Flensburg 1867
Enthält auch: Schreiben über einen Bericht zu den an der Ostküste ausgelegten Seezeichen

50 Ausweisung des Dr. Templetey aus den Herzogtümern 1864

52 Verhaftung und Tätigkeit des Dr. jur. Gustav Rasch, Berlin 1864-1865

65 Verhaftung des Redakteurs Dr. Martin May in Altona und Ausweisung des preußischen Abgeordneten Dr. Freese 1865-1866

72 Vereinswesen 1865

83 Absendung von Gratulationsdepeschen durch schleswig-holsteinische Vereine an den Prinzen Christian von Schleswig-Holstein-Sonderburg-Augustenburg in Windsor Castle 1865

179 Vereine 1865
Darin: gedruckte Vereinsstatuten

180 Anschluss der Herzogtümer an die Passkarten-Konvention von 1850 1866

156 Ausspielung in Potsdam zugunsten der Armen-Schwestern-des-Heiligen-Franziskus in Flensburg 1865

81 Aufhebung der Lohnfuhrordnung 1865

73 Untersuchung gegen den ehemaligen Hardesvogt Blaunfeldt in Fleckeby und dessen Forderungen an seinen Amtsnachfolger Lübbes 1865-1866

110 Tätlichkeiten zwischen Amtmann Graf Reventlow und Amtsrichter Rheeder, Preetz, bei der Einweihung des Gymnasiums in Husum 1867

160 Vermeintliche Pferdeaufkäufe auf französische Rechnung 1867

DEICHE UND WASSERLÖSUNG

161 Reise des Vorsitzenden der Kommission für schleswig-holsteinische Wasserbauangelegenheiten Graf von Reventlow an die Westküste und nach Sylt im Auftrag des preußischen Landwirtschaftsministeriums 1867

POLIZEI

201 Physikate 1865-1866

202 Apotheken in Flensburg, Gramm und Kappeln 1865-1866

MILITÄR

126 Mögliche Errichtung einer schleswig-holsteinischen Armee 1865
Bemerkung: Akte des Zivilkommissars und Regierungspräsidenten von Zedlitz

77 Auflösung der Beförderungsposten für die preußische Feldpost 1865-1866

208 Auflösung der Beförderungsposten für die preußische Feldpost 1866-1867

92 Differenzen zwischen der Bürgerschaft in Tönning und preußischem Militär 1866

99 Einrücken der schleswig-holsteinischen Besatzungstruppen in Holstein und Hannover 1866

128 Verleihung der Kriegsdenkmünze für Nichtkombattanten an Untertanen der Elbherzogtümer 1866
Enthält u. a.: ablehnendes, anti-preußisches Schreiben der Mathilde Arnemann, Berchtesgaden, 15. Mai 1866
Darin: Münze mit Band (Dr. Asmussen, Flensburg)
Bemerkung: Akte des Zivilkommissars und Regierungspräsidenten von Zedlitz

KORRESPONDENZ UND MISZELLEN DES GOUVERNEURS VON MANTEUFFEL UND DES ZIVILKOMMISSARS VON ZEDLITZ

117 Schreiben an den Gouverneur von Manteuffel (mit Verzeichnis)
Enthält u. a.: Gesuche; Übersendung von Schriften 1865-1866

18 Privatmiszellen des Gouverneurs von Manteuffel (1851-) 1865-1866
Enthält u. a.: Glückwünsche zum Jahreswechsel; drei Telegramme zum Attentat auf Bismarck
Darin: Werk des Professors P. Hjort, 1858; Druckschrift über Auffassungen von Staatsrechtlern, Historikern und Gelehrten über die Verbindung Schleswigs zu Dänemark; Bericht zur Tätigkeit des Kunstvereins in Kiel 1864-1865; Generalversammlung der Friedrich-Wilhelm-Viktoria-Landes- und Prinz-Carl-von Preußen-Jubiläums-Stiftung

119 Beim Gouverneur von Manteuffel und beim Regierungspräsidenten von Zedlitz erwachsene Miszellen (mit Verzeichnis) 1865-1866

120 Beim Gouverneur von Manteuffel und beim Regierungspräsidenten von Zedlitz erwachsene Miszellen 1866

115 Schreiben an den Regierungspräsidenten von Zedlitz (mit Verzeichnis) 1864-1865

Enthält u. a.: Unterstützung des Aushebungschefs von Zeska; Aufbringung des schwedischen Schiffs „Anna Wilhelmina"; Runenstein bei Hooslund (mit Zeichnung); Ausschreitungen von Militärs in Rendsburg; Freilassung von Kriegsgefangenen; Verwaltung von Staatsgrundstücken in Flensburg; Bitte des Schiffskapitäns Bartelsen um Nachrichten über Angehörige in Amerika; Geldsendungen des Pfarrers Jacobi für Kriegsbeschädigte in Sonderburg; Unterstützungen; Druckwesen; Universitätsbeamte; Badereise der Familie des Kronprinzen nach Föhr; Kirchenkonferenz in Eisenach

116 Schreiben an den Regierungspräsidenten von Zedlitz (mit Verzeichnis) 1865-1868

Enthält u. a.: Unterstützung des Andreas Jacob Brand durch die preußische Gesandtschaft in Turin; Zeitungsangelegenheiten; Personalangelegenheiten; verwundete preußische Offiziere des 11. und 25. Infanterie-Regiments in Langensalza; anonymer Bericht über die politische Stimmung in den Gütern Gramm und Nübel

JOURNALE

137 Sekretenjournal des preußischen Zivilkommissars 1864-1865

138 Journal des preußischen Zivilkommissars 1865

142 Index zu den Journalen 1865

139 Journal des preußischen Zivilkommissars 1866

141 Journal der vertraulichen Gouvernementssachen 1866-1867

140 Journal des preußischen Zivilkommissars 1867

Findbuch des Bestandes Abt. 59.3

Oberpräsident für die Herzogtümer Schleswig und Holstein (von Scheel-Plessen) in Kiel

KÖNIG VON PREUßEN, EINVERLEIBUNG SCHLESWIG-HOLSTEINS, ORDEN UND TITEL

6 Begrüßung des Königs als Landesherrn durch eine Deputation der Prälaten und Ritterschaft 1866

1 Glückwunsch-, Dank- und andere Adressen sowie Gesuche an den preußischen König 1866-1868

2 Einrichtung eines Quartiers für den preußischen König im Schloss in Kiel 1867

3 Begrüßung des preußischen Königs durch junge Mädchen während der Reise durch Holstein 1868

4 Feier des Geburtstags des preußischen Königs 1868

5 Hoflieferanten 1868
Enthält: Möbelfabrikant H. Caspersohn junior, Rendsburg; Gebrauch des königlichen Wappens durch die Hoflieferanten

7 Einverleibung der Herzogtümer Schleswig und Holsteins in die preußische Monarchie 1867

26 Bericht des Kommissars des Ministeriums für Landwirtschaft Geheimer Oberregierungsrat Schuhmann über die Verhältnisse der Herzogtümer 1867

478 Besuch des preußischen Königs in der Provinz Schleswig-Holstein 1868

309 Verhandlungen über Auslieferung der schleswig-holsteinischen Archive und einzelner Akten 1865-1866
Bemerkung: Akte aus dem Nachlass des Geheimen Regierungsrats Springer

20 Adressen an den preußischen König wegen einer eventuellen Abtretung von Teilen Nordschleswigs an Dänemark 1866

21 Eventuelle Abtretung von Teilen Nordschleswigs an Dänemark 1867

22 Berufung des Konrektors Jessen in Hadersleben nach Berlin zur Auskunfterteilung über das Schulwesen bei den Verhandlungen mit dänischen Gesandten über eine Abtretung von Teilen Nordschleswigs an Dänemark 1867

23 Beschaffung von Informationsschriften für die Besprechungen in der nordschleswigschen Angelegenheit 1867

24 Wahlrecht der Gemeinden hinsichtlich der Prediger, Lehrer, Küster und Organisten im Amt Hadersleben 1868

8 Gehorsamkeitsgelöbnisse der Beamten und Angestellten 1866
Enthält u. a.: Verzeichnis der Beamten und Angetellten im Herzogtum Holstein, die ihr Gelöbnis eingesandt haben

9 Gehorsamkeitsgelöbnisse der im und unter dem Oberpräsidium arbeitenden Beamten 1866
Enthält: Büros des Oberpräsidiums; Postwesen; Zollwesen

11 Gehorsamkeitsgelöbnisse der Beamten in den Ämtern des Herzogtums Holstein 1866

12 Gehorsamkeitsgelöbnisse der Beamten in den Städten des Herzogtums Holstein 1866

13 Gehorsamkeitsgelöbnisse der Geistlichkeit im Herzogtum Holstein 1866

10 Gehorsamkeitsgelöbnisse der Justizbeamten und Advokaten im Herzogtum Holstein 1866

14 Gehorsamkeitsgelöbnisse der Beamten und Angestellten der Universität, der Gelehrtenschulen und des Schullehrerseminars im Herzogtum Holstein 1866

15 Gehorsamkeitsgelöbnisse der Forstbeamten im Herzogtum Holstein 1866

16 Gehorsamkeitsgelöbnisse der Zollbeamten im Herzogtum Holstein 1866

17 Gehorsamkeitsgelöbnisse der Post- und Telegrafenbeamten im Herzogtum Holstein 1866

18 Gehorsamkeitsgelöbnisse der Medizinalbeamten, Kassenbeamten, Wege- und Chausseebeamten, Deichbeamten, Aushebungsbeamten, Landmesser, Stempelpapierverwalter, Beamten des Eichamts und Beamten der Schlösser im Herzogtum Holstein 1866

19 Verleihung von Orden und Titeln (1809-1838) 1866-1868

LANDESHOHEIT UND GRENZEN SOWIE BEZIEHUNGEN ZUM AUSLAND

341 Landeshoheit und Grenzen 1863-1867
Enthält u. a.: Grenzregulierungen; feierliche Besitzergreifung der Herzogtümer

27 Beziehungen zum Ausland 1866-1868
Enthält u. a.: Verkehr der höheren Verwaltungsbehörden mit den Gesandten in Den Haag und Brüssel; Ausfertigung und Beglaubigung von Dokumenten für einzelne Personen; Warenschutzbestimmungen

28 Übermittlung von Dokumenten aus dem Ausland 1866-1868

31 Gebühren-, Stempel- und Portofreiheit für durch auswärtige Gesandtschaften angeforderte Atteste 1855-1867

29 Zustellung von zwei Dekreten gegen den Prinzen Christian von Schleswig-Holstein-Sonderburg-Augustenburg wegen der Klage des Grafen von Moltke-Hoitfeld zu Moltkenburg im Zusammenhang mit dem Verkauf der Gravensteiner Güter 1866

30 Gesuch von Eingesessenen in Elmshorn um Entschädigung für Lieferungen an österreichische Truppen 1867

32 Eine von den österreichischen Truppen aus Mexiko nach Wien mitgebrachte Kiste des Leutnants Baron Heinrich Franz Alexander von Eggers, Tondern 1867-1868

435 Abtretung des Amtes Ahrensbök und anderer holsteinischer Gebiete an den Großherzog von Oldenburg (1732) 1866-1868
Enthält u. a.: Abschrift des Testaments des Kammerherrn Johann von Wickede auf Steinrade von 1732

25 Abtretung des Amtes Ahrensbök an den Großherzog von Oldenburg (1866) 1867

STATISTIK

458 Statistisches Tabellenwerk der Volkszählung 1864 1867

33 Statistische Nachrichten, Volkszählungen 1864 und 1867 1867-1868

LANDESVERTRETUNG UND STÄNDEVERSAMMLUNG

432 Wahlen zum Reichstag des Norddeutschen Bundes 1866-1867

338 Berichte über die Wahlpropaganda der Parteien zur Wahl des Reichstags des Norddeutschen Bundes 1866-1867
Darin: „Fehmarnsches Wochenblatt“ vom 9. Februar 1867; gedruckte Aufrufe; Propagandakarte mit Porträts Kaiser Napoleons III.

340 Wahl zum Reichstag des Norddeutschen Bundes 1867
Enthält u. a.: Beschwerden gegen Wahlhandlungen; abgegebene Stimmzettel in Brokdorf; Kosten; Statistik
Darin: „Hamburger Nachrichten“ vom 9. März 1867; „Altonaer Mercur“ vom 3. Februar 1867; „Flensburger Norddeutsche Zeitung“ vom 2. und 6. Februar 1867; „Nordschleswigs tidende“ vom 31. Januar bis 11. Februar 1867; „Schleswig-Holsteinische Anzeigen“ vom 4. Februar 1867

344 Wahlen in Holstein zum Reichstag des Norddeutschen Bundes 1867

343 Wahlen in Holstein zum Abgeordnetenhaus 1867

475 Nachwahlen zum Abgeordnetenhaus 1867-1868

34 Landesvertretung, Ständeversammlung, Berichte über Landesvertretungen in anderen Provinzen 1867-1868
Darin: gedruckte Verhandlungsprotokolle von Provinziallandtagen

PRÄLATEN UND RITTERSCHAFT, ADLIGE PERSONEN

37 Beschwerden des Propstes des Sankt Johannisklosters bei Schleswig 1866-1867

Enthält u. a.: Verzeichnis von zum Kloster gehörigen Stellen und Grundstücken

35 Schleswig-holsteinischer Adel im Allgemeinen und einzelne adlige Personen 1867-1868

433 Adel 1867-1868

Enthält u. a.: Adelsverhältnisse in Schleswig-Holstein; Bestätigung der Privilegien der Ritterschaft; Verleihung und Erneuerung des Adels

36 Gesuch der Ritterschaft um Bewilligung der korporativen Vertretung im preußischen Herrenhaus wegen der vier Klöster 1868

38 Gesuch des Grafen Blome auf Salzau um Entschädigung für die Aufhebung der ihm als Mitglied der Ritterschaft zustehenden Stempelfreiheit 1868

Darin: Druckschrift zum Gesetz über den Gebrauch von Stempelpapier

GESETZESSAMMLUNGEN UND VERORDNUNGSBLÄTTER

43 Verteilung des Verordnungsblatts für das Herzogtum Schleswig 1865-1866

44 Verteilung des Verordnungsblatts für das Herzogtum Holstein 1865-1866

45 Herausgabe eines gemeinsamen Verordnungsblatts für beide Herzogtümer 1866

46 Originalverfügungen des Oberpräsidenten von Scheel-Plessen zu den Publikationen im Verordnungsblatt 1866

47 Originalverfügungen des Oberpräsidenten von Scheel-Plessen zu den Publikationen im Verordnungsblatt 1866-1867

48 Originalverfügungen des Oberpräsidenten von Scheel-Plessen zu den Publikationen im Verordnungsblatt 1867

39 Verteilung von Gesetzessammlungen, Gesetzespublikationen und Verordnungsblättern 1867-1868

49 Originalverfügungen des Oberpräsidenten von Scheel-Plessen zu den Publikationen im Verordnungsblatt 1868

ALLGEMEINE VERWALTUNG, BEHÖRDEN UND BEAMTE

457 Verhältnis des Oberpräsidiums zur Herzoglichen Landesregierung und zur Regierung für Holstein 1864-1867

69 Übertragung der Oberverwaltung der Herzogtümer auf den Baron von Scheel-Plessen und seine Ernennung zum Oberpräsidenten
Darin: Statut der Schleswig-Holsteinischen Kampfgenossenschaft, 1864 1866

65 Übertragung bisher landesherrlicher Entscheidung unterliegender Angelegenheiten an königliche Behörden 1867

73 Geschäftsgang beim Oberpräsidium und einzelne Dienstkorrespondenzen 1866-1868
Enthält u. a.: Einladung zur Einweihung des Gymnasiums in Husum; Beisetzung der Herzogin Louise Caroline von Schleswig-Holstein-Sonderburg-Glücksburg in Schleswig; Grundsteinlegung für die Domschule in Schleswig; Einladung zum Kirchentag in Kiel; Auslieferung der Depositen

68 Archiv und Bibliothek des Oberpräsidiums 1866-1868
Enthält u. a.: Auslieferung von Archivalien aus Dänemark; Ernennung des Geheimen Regierungsrats Dr. Duncker zum Direktor des Staatsarchivs

76 Unwahre Zeitungsmeldung über den Oberpräsidenten im Zusammenhang mit Ausweisungen aus Nordschleswig 1867

81 Ressort- und Kompetenzverhältnisse des Regierungspräsidenten von Zedlitz 1866-1867

72 Differenzen zwischen dem Oberpräsidenten von Scheel-Plessen und dem Regierungspräsidenten von Zedlitz über Ressortverhältnisse 1867

83 Errichtung einer gemeinsamen Regierung für Schleswig und Holstein 1864-1868
Enthält u. a.: Personal, darunter Personalakte des Gevollmächtigten Hans Jacob Eduard Schlichting 1864-1868

70 Verhandlungen über die Errichtung einer gemeinsamen Regierung für Schleswig und Holstein 1866

71 Errichtung von zwei Regierungen in den Herzogtümern 1867

78 Regierung für Holstein 1866-1868
Enthält u. a.: Personal; Geschäftsbereiche

79 Regierung für Schleswig 1866-1868
Enthält u. a.: Personal; Geschäftsbereiche

84 Gesuche der Städte Kiel und Schleswig wegen Bestimmung des Regierungssitzes 1866, 1868

82 Übernahme der Präsidialgeschäfte bei der Regierung für Schleswig durch den Regierungspräsidenten Elwanger 1868

85 Provinzial-Steuerdirektion für Schleswig-Holstein 1867-1868

86 Errichtung des evangelisch-lutherischen Konsistoriums für Schleswig-Holstein 1867-1868

455 Ausgesonderte Akten zum Staatsschuldenwesen (1745-) 1864-1867 (1869)
Enthält u. a.: Zinszahlungen für dänische Staatsobligationen
Darin: Plan zur Errichtung einer allgemeinen Versorgungsanstalt in Kopenhagen, 1796

87 Zahlungen an Dr. Erich in Berlin wegen Übermittlung von Informationsschreiben an den Oberpräsidenten 1866

91 Geplante Vereinigung der Birkvogtei für Westerland-Föhr und Amrum mit der Landvogtei für Osterland-Föhr 1866

77 Kassenwesen 1866-1868
Enthält u. a.: Verfahren der Bewilligung von Unterstützungen; Personal; Verwendung von Stempelmarken

60 Verwaltungsorganisation: Personal, Gesuche von Stadt- und Landgemeinden, Anstellungsgesuche (1844) 1866-1868
Enthält u. a.: Zusammenstellung von Anstellungsgesuchen

62 Allgemeine Behörden- und Beamtenangelegenheiten und einzelne Personalangelegenheiten 1866-1868

61 Zeitungs- und Verwaltungsberichte 1866-1868, 1870

55 Berufung von Vertrauensmännern für die Beratungen über die Verwaltungsorganisation Schleswig-Holsteins 1867

53 Berufung des Etatsrats Springer nach Berlin zur Teilnahme an Vorverhandlungen zur Kreis- und Kommunallandtagsordnung für Schleswig-Holstein 1867

59 Übertragung des Gesetzes von 1847 zum Verfahren bei Kompetenzkonflikten auf Schleswig-Holstein 1867

67 Trennung der Justiz von der Verwaltung 1867

50 Bildung von Landkreisen und Diensteinkommensverhältnisse der Landräte 1867-1868
Enthält u. a.: Denkschrift zur Organisation der Herzogtümer Schleswig und Holstein

51 Eventuelle Vereinigung der Ortschaften Pöschendorf, Hadenfeld, Christinenthal, Looft, Kaisborstel und Reher mit dem Kreis Pinneberg 1867-1868

75 Informationsreisen des preußischen Handels- und Wirtschaftsministers 1867-1868

57 Änderung der Vorschläge zur Bildung der Kirchspielvogteidistrikte in Holstein 1868

58 Ausführung der Verordnung von 1867 zur Landgemeindeverfassung 1868

422 Teuerungs- und Gagenzulagen für Wege- und Deichbeamte 1853-1866

431 Beamte im Herzogtum Holstein 1863-1867

456 Gesuche um Anstellung im Staatsdienst und um Unterstützungen (1837-) 1865-1867

80 Personal: Regierungspräsident von Zedlitz, Landrat von Zastrow, Polizeisekretär Pinkow und Polizeiwachtmeister Aretz 1866-1868

74 Einzelne Beamten des Oberpräsidiums und der Regierung für Holstein 1867-1868
Enthält u. a.: Verzeichnis der Beamten und ihrer Gehälter für die Ansetzung zur Armensteuer

434 Anstellung von Beamten in den Ämtern Hadersleben, Sonderburg und Norburg (1853-) 1866

88 Ober- und Lokalbeamte in den Ämtern und Städten in Schleswig 1866-1868
Enthält u. a.: Bewerberverzeichnisse für die Polizei- und Gerichtsdienerstellen der Husby- und Nieharde sowie in den Städten Hadersleben und Husum

54 Ernennung von Kirchspiel- und Hardesvögten 1867-1868

52 Stellung des Oberinspektorats der Großherzoglich Oldenburgischen Güteradministration zum Landrat 1867

429 Einsendung von Vereidigungsprotokollen der Beamten an das Ministerium für die geistlichen, Unterrichts- und Medizinalangelegenheiten in Berlin 1867

430 Vereidigung der Beamten 1867

474 Vereidigung der Beamten 1867
Enthält: Landesteil Holstein

63 Vereidigung der Beamten 1867-1868

56 Entschädigung der Verwaltungsbeamten für die entfallenden Justizsporteln 1867-1868

64 Übertragung der den Beamten nach preußischer Gesetzgebung zustehenden Vergünstigungen bei der Kommunalbesteuerung auf Schleswig-Holstein 1867-1868

66 Wegfall von Sporteln und Gebühren in Verwaltungsangelegenheiten als Folge der eingeführten direkten Steuern 1867-1868

453 Entschädigung der Verwaltungsbeamten für die entfallenden Justizsporteln 1867-1869

90 Vereinbarung mit der Landschaft Fehmarn über Vergütung des Landschreibers für verschiedene Geschäfte 1866

92 Untersuchung wegen Beschwerden über das Verhalten von Beamten in Nordschleswig 1867

89 Gesuch des Hardesvogt Lübbes in Fleckeby um Bestätigung im Amt und Beschwerden seines Amtsvorgängers Blaunfeldt 1866

428 Untersuchung gegen den Amtmann von Neumünster von Stemann wegen Vernachlässigung seiner Dienstgeschäfte 1865-1866

JUSTIZ

346 Oberappellationsgericht: Kopisten 1848-1866

111 Appellationsgericht in Kiel: Konstituierung 1867

110 Appellationsgericht in Flensburg: Personal 1866-1867

347 Holsteinische Oberdikasterien: Auskultanten (Hilfsbeamte) 1848-1866

Enthält: von Levetzow, Friederici, Harms, von Heintze, von Blohme, Dohrn, von Rosen, Viktor und Christian Eckard, Wittmaak und Hanssen

454 Holsteinische Oberdikasterien: Sportelrechnungen 1865/66 1866-1867

99 Verzeichnis der neuen Gerichtsbehörden und der Richter 1867

112 Entlassung des Obergerichtsrats Friedrich Heinrich Otto Jensen in Glückstadt und seine Gesuche um Zahlung seines früheren Diensteinkommens (1846-1848) 1866-1871

Enthält auch: Entlassung des Amtmanns von Neumünster Graf von Brockdorf 1846-1848

101 Advokaten und Notare 1867

98 Staatsanwälte bei den Kreisgerichten 1867

113 Suspendierung des Amtsrichters Forchhammer in Wyk auf Föhr 1868

357 Akten aus dem Archiv des Reichskammergerichts über Fischerei und Schifffahrt auf der Trave 1825-1854, 1866
Enthält u. a.: Prozessverzeichnisse

106 Justiz 1867-1868
Enthält u. a.: Anstellungsgesuche; Personal; Verwaltung des Stadtsekretariats in Tönning; Überlassung der Gefängnisse an die Justiz; Polizeiaufsicht über entlassene Gefangene

[illegible]39 Verleihung des Indigenatsrechts 1861-1867
Enthält auch: Gesuch des Landschreibers von Fischer-Benzon, Krempe, um Unterstützung seiner Herausgabe eines Werks zum Land- und Marschenrecht; Zahlung der Gebühren für die Schleswig-Holsteinischen Anzeigen durch die Erben des Justizrats Rötger, Glückstadt

107 Verleihung des Indigenatsrechts 1866-1868
Enthält: Dr. Johannes Joachim Ulrich Schmiedekam, Boizenburg; Subrektor Dr. phil. Ludwig Matthiessen, Husum; Rektor Peters, Eckernförde

95 Bestätigung von Testamenten 1866-1867
Enthält: Hans Thomsen, Sterdebüll; Rahn; Hans Christiansen, Stubbek; Kätner H. M[illegible]lsen, Sterup

96 Abzahlung des auf das von Gersdorf-Fahrenstedter Fideikommiss geliehenen Kapitals 1866

94 Wiederherstellung der bürgerlichen Ehre des 1854 wegen Majestätsbeleidigung verurteilten Hufners Gondesen, Ausacker, und Erlass seiner Straf- und Untersuchungskosten 1866

355 Eheprozesse und Ehescheidungen 1848-1886

354 Befreiung vom Verbot einer Ehe zwischen Ehebrecher und Ehebrecherin 1848-1866

109 Adoptionen, A[illegible]gationen, Namensänderungen 1866-1867

97 Gesuch des L. [illegible] Lützen, Christian-Albrechts-Koog, um Bestätigung einer fideikommissarischen Verfügung 1867-1868

108 Vormundschaft und Volljährigkeit 1866-1868

93 Einzelne Begnadigungsgesuche 1866-1867

353 Gnadengesuch des Pastors Volquarts in Wedel um Aufhebung der Amtsenthebung (1864) 1866-1867
Darin: Volquart's Werk „Der Bauern-Kampf in Wedel gegen das Pastorat daselbst von 1732-1864", Altona 1864

100 Vergütung an die Kirchspiel- und Hardesvögte für die Verwaltung der Polizeianwaltschaften 1868

105 Jurisdiktionsumlegungen in Südervollum, Amt Tondern, sowie in Steinberg und Grünholz, Amt Flensburg 1866

447 Kriminalkosten des Amtes Ahrensbök 1865-1866

103 Deutsche Gerichts- und Geschäftssprache für das Birk Westerland-Föhr und Amrum 1867

350 Amt Steinburg: Landschreiber und Kirchspielvogt der Krempermarsch 1852-1866

349 Amt Plön: Aktuar 1863-1867

348 Landschaft Süderdithmarschen: Justizbeamte, Holzschulen, Vereinung der Dorfschaft Fedderingen mit der Landschaft Norderdithmarschen 1850-1867

104 Landschaft Sylt: Anstellung von Landvogt, Hausvogt und Hebungsbeamten 1867

351 Amt Trittau: Justizverwaltung und Justizbeamte 1848-1866

102 Trennung des Stadtsekretariats vom Bürgermeisteramt in Tönning 1866-1867

352 Güter Wandsbek und Wellingsbüttel: Justizverwaltung und Justizbeamte 1848-1866
Enthält auch: Marienthal

KIRCHE

137 Kirche 1866-1868

Enthält u. a.: Personal; Begräbnisse; Bettag; Examen; Kirchengebet; Kirchenkollekten

439 Theologische Amtsexamen 1863-1868

144 Eheangelegenheiten 1866-1868

145 Entlassungen von Predigern in Nordschleswig 1867-1868

146 Ernennung oder Bestätigung von Pastoren in Bröns, Wanderup, Sonderburg, Braderup, Niebüll und Kahleby-Moldenit 1866

159 Predigerzehnt von Döstrup 1866

160 Kirche in Ketting, Besoldung der Kirchenvisitatoren auf Alsen 1866

161 Entlassung des Archidiakons Ludwig Christian Schrader in Kiel 1866

Darin: „Staats- und Gelehrte Zeitung des Hamburgischen unpartheiischen Correspondenten" vom 13. Juni 1866

163 Bitte um Beihilfe für den Wiederaufbau des Kirchturms in Haselau 1866

156 Gebührenordnung für das lutherische Pastorat in Friedrichstadt 1866

162 Unterstützung für die Predigerwitwe Goos in Bramstedt 1867-1868

148 Propstei Apenrade: Versetzung des Propstes Göttig sowie Kirchen in Bjolderup, Loit, Rinkenis und Uck 1866-1867

153 Propstei Eiderstedt: Kirchen in Kating, Oldenswort, Osterhever, Poppenbüll, Uelvesbüll und Westerhever 1866-1868

157 Propstei Fehmarn: Kirchen in Burg auf Fehmarn und Landkirchen 1866-1867

151 Propstei Flensburg: Ernennung des Propstes Peters sowie Kirchen in Flensburg, Esgrus, Gelting und Husby 1866-1868

154 Propstei Gottorf: Kirchen in Kappeln, Norderbrarup, Schleswig und Thumby 1866-1868

Enthält u. a.: Bewerberverzeichnis für das Pastorat in Norderbrarup

147 Propstei Hadersleben: Kirchen in Aastrup, Fjeldstrup, Hadersleben, Hoptrup und Jägerup 1866-1868

152 Propstei Husum und Bredstedt: Ablösung des Beichtgelds für Propst und Kompastor in Husum sowie Kirchen in Bredstedt, Gröde, Langenhorn, Simonsberg und auf der Hallig Hooge 1866-1868

155 Propstei Hütten: Kirchen in Eckernförde, Friedrichsort, Gettorf und Waabs 1866-1867

150 Propstei Sonderburg: Kirchen in Sonderburg, Satrup und Schnabek 1866-1867

Enthält u. a.: Verzeichnis über den dänischen Sprachunterricht in den Bürgerschulen in Sonderburg

149 Propstei Tondern: Kirchspiel Hoyer und Kirchen in Hoist, Neukirchen, Hostrup, Klanxbüll, Leck, Lügumkloster, Raepstedt, Föhr und Westerland 1866-1867

158 Propstei Törninglehn: Kirchen in Bröns, Spandet und Toftlund 1866-1868

140 Katholiken 1866-1868

141 Mennoniten (1657-) 1866-1867

143 Juden 1865-1867

UNTERRICHTSWESEN

164 Universität 1867-1868

Enthält u. a.: Revision der Quästurkasse; Laboratorium; Personal
Darin: Vorlesungsverzeichnis der Universität Halle-Wittenberg, 1868

165 Universitätsverfassung (1864) 1865-1868

Darin: Amtliches Verzeichnis des Personals und der Studierenden der Friedrich-Wilhelms-Universität in Berlin, Sommerhalbjahr 1864; Amtliches Verzeichnis des Personals und der Studierenden der Rheinischen Friedrich-Wilhelms-Universität in Bonn, Winterhalbjahr 1864/65

166 Universität: Wissenschaftliche Organisation und Verwaltung (1855) 1865-1867

Enthält u. a.: Errichtung einer höheren landwirtschaftlichen Lehranstalt; Errichtung von neuen Professuren; Personal; Tierarzneischule

Darin: dänische Druckschrift zur Ausweitung einer Veterinärschule zu einer Lehranstalt, 1855

170 Universitätskuratorium 1865-1868

171 Akademisches Konsistorium 1867

188 Einsendung von Extrakten aus dem Expeditionsprotokoll des Spruchkollegiums der Universität 1865-1869

169 Universitätsangehörige 1865-1868

Enthält: Verteilung von Personalverzeichnissen; Befreiung der Universitätsangehörigen von der städtischen Schulsteuer

181 Universitätsangehörige 1867-1868

Enthält: Unterstützung für die Witwe des Karzerwärters Dose; Pedelle Biel und Jäger; Übertragung des Privilegs einer Universitätsbuchhandlung von dem Buchhändler von Maack, Kiel, auf den Hofbuchhändler Mittler, Berlin

173 Universitätslehrer 1864-1868

Enthält u. a.: Diensteinnahmen; Urlaub; Entschädigungen für Einquartierung; Auszeichnungen bei Jubiläumsfeier

176 Universitätslehrer: Professoren der Medizin Bartels, Behn, Bockendahl, Collberg, Esmarch, Himly, Kirchner, Kupffer, Litzmann, W. Müller, Völkers und Wiedemann 1864-1868

177 Universitätslehrer: Professoren der Philosophie Dilthey, Forchhammer, Gutschmidt, Harms, Junghans, Karsten, Möbius, Nöldeke, Nolte, Ravit, Ribbeck, Scherk, Seelig, Thaulow, Treitschke und Weinhold 1864-1868

174 Universitätslehrer: Professoren der Theologie Lipsius, Thomsen und Weiß 1865-1868

175 Universitätslehrer: Professoren der Rechtswissenschaft Bechmann, Christiansen, Dove, Friedlieb, Hänel, Hinschius, John, Neuner und Planck 1865-1868

Darin: Personalverzeichnis Winterhalbjahr 1865/66

178 Universitätslehrer: Privatdozenten Baumgarten, Dähnhardt, Edlefsen, Groth, Handelmann, Henrici, Jürgensen, Kupffer, Pansch, Schütze und Zerssen 1864-1868

179 Universitätslehrer: Exerzitienmeister 1865-1868

180 Universitätslehrer: Unterstützungen für Witwen und Kinder 1865-1868

172 Syndikus, Quästor und Ädil der Universität 1866-1867

182 Studierende 1865-1868

Enthält u. a.: Gesuche um Befreiung von der vorgeschriebenen zweijährigen Aufenthaltsdauer an der Universität (Biennium); Aufhebung des Bienniums; Übersichten über Anzahl und Herkunft der Studierenden; Disziplinarverfahren und Schuldanklagen

167 Universität: Rechnungs- und Haushaltsangelegenheiten 1864-1868

168 Gebühren an die Universitätskasse für Erteilung und Übertragung von Apothekerprivilegien 1865-1868

186 Akademische Benefizien: Konvikt, Schassianum und Richardisches Stipendium 1862-1868

192 Akademische Anstalten: Universitätsbibliothek, Sammlung vaterländischer Altertümer, Philologisches Seminar, Universitätsapotheke, Landwirtschaftliche Lehranstalt, Kunstverein, Kunsthalle, Hansensche Münzsammlung 1865-1868

Enthält u. a.: Überweisung von Manuskripten aus dem Archiv des Amtsschreibers von Reinbek an die Universitätsbibliothek; Schriftenaustausch mit anderen Universitäten und Behörden

Darin: Tätigkeitsbericht des Kunstvereins für den Zeitraum 1864/65, 1865; Jahresbericht der Gesellschaft für die Sammlung und Erhaltung vaterländischer Altertümer, 1868

191 Naturwissenschaftliche Anstalten: Botanischer Garten und Mineralogisches Museum 1867

189 Medizinische Anstalten 1863-1866

190 Medizinische Anstalten 1866-1869

187 Besichtigung der Universitätsinstitute durch den Oberpräsidenten 1867

183 Vorlesungen 1865-1868

Enthält u. a.: Verzeichnisse der Seminar- und Vorlesungsbesucher

Darin: Vorlesungsverzeichnisse Sommerhalbjahr 1867 und Winterhalbjahre 1867/68 und 1868/69

184 Akademische Feierlichkeiten 1865-1868

Darin: gedruckte Rede des Prof. Thaulow zur Feier des 600. Geburtages von Dante Alighieri, 1865; gedruckte Reden des Prof. Ribbeck zum Geburtstag des preußischen Königs, 1867; Druckschrift des Prof. Bechmann „Zur Lehre vom Eigentumserwerb durch Accession“ anlässlich des Geburtstages des preußischen Königs, 1867

185 Promotionen 1865-1868

198 Tätigkeit des Hochschulvereins in Rödding 1866

193 Gelehrtenschulen 1866-1868

Enthält u. a.: Gelehrtenschulen in Hadersleben, Flensburg, Schleswig, Husum, Meldorf und Plön

Darin: Programm der Gelehrtenschule in Flensburg, Ostern 1868

195 Bürger- und Landschulen 1866-1868

Darin: Jahresbericht des Friedrich-Wilhelms-Stifts in Hamm für den Zeitraum 1865 bis 1866, 1866

194 Schullehrerseminare in Eckernförde, Tondern und Droyßig bei Zeitz 1866-1868

197 Inspektion über die dänischen Schulen in Nordschleswig 1867

Enthält u. a.: Verzeichnis der Schulen mit dänischer Unterrichtssprache

196 Taubstummeninstitut in Schleswig 1866-1868

KUNST UND WISSENSCHAFT

199 Kunst und Wissenschaft 1866-1868

Enthält u. a.: Unterstützungen; Karte über die neuerworbenen Landesteile; Geschenk eines Kupferstichs an den Kunstverein; Naturhistorisches Museum in Altona; Erfindung des Apothekers Dreger, Tondern; Kunstakademien und höhere wissenschaftliche Bildungsanstalten; Vermessung

200 Überführung des Löwendenkmals von Flensburg nach Berlin 1867

201 Überlassung mehrerer Familienporträts des Gottorfischen Hauses aus der früheren Plönischen Sammlung an den Großherzog von Oldenburg 1868

PRESSE

452 Presse und Druckwesen 1865-1868
Enthält u. a.: Zeitungsverbot; Übersendung von Drucksachen; Konzessionen für Buchhändler
Darin: zahlreiche Zeitungen

125 Presse und Druckwesen (1865) 1866-1868
Darin: „Middelfart Avis“ vom 19. und 23. November 1866

116 Reise französischer Journalisten und des ehemaligen französischen Handelsministers Behic nach Kopenhagen und Stockholm 1867

ARMENWESEN

204 Armen- und Heimatangelegenheiten 1867-1868

STEUERN, FINANZEN UND KASSENWESEN

414 Steuer- und Abgabenverhältnisse 1866-1867
Enthält u. a.: Behörden und Beamte zur Erhebung und Verwaltung der direkten Steuer in Holstein

416 Nachrichten über das Steuerwesen in den Herzogtümern
1866-1867 (1892)

441 Landsteuerregister der adligen Güterdistrikte, Klöster, Köge, Kanzlei- und lübschen Güter im Herzogtum Holstein 1813, 1866-1867

211 Direkte Steuern 1867-1868
Enthält u. a.: Personal
Darin: Vorschriften für die Klassen- und Grundsteuer; Muster von Katasterblättern zur Grundsteuerveranlagung

212 Indirekte Steuern 1866-1868
Enthält u. a.: Verhältnis Altonas zum Zollverein; Personal, darunter Ernennung von Zollbeamten
Enthält auch: Rangsteuer

461 Rangsteuerlisten für 1866: Städte im Herzogtum Holstein 1866-1867

418 Ständesteuer 1849-1866

417 Einquartierungssteuer 1850-1866

413 Einführung des preußischen Steuersystems 1867

345 Erhebung von Einzugsgeld für Neuzuziehende 1866-1867

443 Anfrage der Obrigkeit des lübschen Guts Stockelsdorf über die Haftung eines Grundstückseigentümers für rückständige Realabgaben 1867

460 Erlass von Abgaben 1842-1869

446 Gesuche um Abgabenerlass 1856-1867

415 Hebungsbeamte: Kirchspielvogtei in Elmshorn 1848-1867

459 Ablieferung und Kontrolle der Kautionen von Hebungsbeamten aus dem Landesteil Schleswig, von Zeitungsverlegern und von verschiedenen Personen 1868

436 Staatsrechnung des Herzogtums Holstein 1864-1865

437 Staatsrechnung des Herzogtums Holstein 1865-1866

438 Staatsrechnung des Herzogtums Holstein 1866

471 Staatshaushalt und Staatsrechnungen für 1867 1866-1868

209 Haushalts- und Rechnungsangelegenheiten 1866-1868
Darin: gedruckter Haushaltsplan des Herzogtums Lauenburg für 1868/69, 1868

330 Staatsschatz 1866-1868

472 Staatsbuchhaltung für das Rechnungsjahr 1867 1868
Enthält vor allem: Verzeichnis der Ausgabenrestanten

335 Schuldforderungen des Staates (Staatsaktiva) in Holstein 1864-1868

332 Schuldforderungen der dänischen Staatskasse (1846) 1865-1868
Darin: Einladung zur Aktienzeichnung für eine Dampfschifffahrtsverbindung zwischen Glückstadt und Hull, 1846; Geschäftsbericht der Glückstadt-Elmshorner-Eisenbahngesellschaft für 1844-1846

207 Ordnung der Bankhaftverhältnisse der früher zu Dänemark gehörigen Gebiete 1866

205 Finanzen 1864-1868
Enthält u. a.: Annahme von Kassenscheinen; Ausgabe von Banknoten; Pensionen und Unterstützungen; Buchhaltung

329 Beiträge zur früheren deutschen Bundeskasse 1864-1867

337 Finanzielle Auseinandersetzung mit Dänemark: Pensionen 1865
Enthält u. a.: Pensionsverzeichnisse

310 Verhandlungen über finanzielle Abrechnung mit Dänemark und über zu zahlende Pensionen 1865-1866
Bemerkung: Akte aus dem Nachlass des Geheimen Regierungsrats Springer

206 Schlussprotokoll der internationalen Finanzkommission in Kopenhagen und finanzielle Abrechnung mit Dänemark 1866-1868 (1877)
Darin: Verzeichnisse der besonderen Pensionen Dänemarks, Holsteins und Schleswigs an Militärpersonen sowie deren Hinterbliebene

311 Pensionsverzeichnisse für das Schlussprotokoll der internationalen Finanzkommission in Kopenhagen 1866
Bemerkung: Akte aus dem Nachlass des Geheimen Regierungsrats Springer

210 Unterstützungen und Pensionen 1866-1868

331 Gehälter der Beamten und Angestellten, Reise- und Tagegelder sowie Miete für Diensträume (Oberste Zivilbehörde, Holsteinische Landesregierung und Oberpräsidium) 1864-1868

336 Gehälter und Gebühren von Beamten in Holstein, Büromiete und sonstige Kassenangelegenheiten 1864-1868

208 Zurückerstattung eines dem Gouverneur von Manteuffel aus der Generalstabskasse überwiesenen Betrages 1866-1867

ZOLL

312 Zollbehandlung fremder Diplomaten 1866

313 Berichte der Zollämter über die für die alliierten Truppen eingeführten Gegenstände 1865

314 Berichte der Zollämter über die für die alliierten Truppen eingeführten Gegenstände 1865-1866

315 Berichte der Zollämter über die für die alliierten Truppen eingeführten Gegenstände 1866

316 Berichte der Zollämter über die für die alliierten Truppen eingeführten Gegenstände 1866-1867

317 Berichte der Zollämter über die für die alliierten Truppen eingeführten Gegenstände 1867

318 Erteilung von Messbriefen an schleswig-holsteinische Schiffe aufgrund veralteter Messungen (1856) 1864-1867

319 Häfen und Brücken 1859-1866

320 Transitzollerleichterungen für den Handel über Altona–Kiel, Flensburg und Glückstadt 1864-1867

321 Wegfall des Transitzolls beim Zollamt in Sande 1864-1867

322 Beteiligung von auswärtigen Schiffen an der Binnenfrachtschifffahrt 1864-1867

323 Beschreibung der Lösch- und Ladeplätze 1867

324 Zollfreiheit für die Marketender im Lager bei Lokstedt 1864-1866

325 Zollfreiheit des preußischen Militärs 1866-1867

326 Geplante Einführung des Zollvereinstarifs 1866-1867

327 Anschluss an den Zollverein 1866-1867

328 Abtretung von Gebietsteilen in Holstein an den Großherzog von Oldenburg 1866-1867

469 Einnahmen und Ausgaben des Zollwesens im Herzogtum Schleswig 1865-1866

466 Einnahmen, Ausgaben und Vergütungen des Zollwesens in den Herzogtümern Schleswig und Holstein 1865-1866

470 Einnahmen und Ausgaben des Zollwesens im Herzogtum Schleswig 1866-1867

463 Einnahmen, Ausgaben und Vergütungen des Zollwesens im Herzogtum Holstein 1866-1867

464 Einnahmen, Ausgaben und Vergütungen des Zollwesens in Schleswig-Holstein 1867

DOMÄNEN

372 Domänen im Herzogtum Holstein (1775, 1778, 1825-) 1850-1868
Enthält u. a.: Nachrichten über herrschaftliche Erbpachten; Abschriften von Privilegien des 18. Jahrhunderts

213 Domänen 1866-1868
Enthält u. a.: Personalangelegenheiten; Einreichung von Nachweisungen der Domänenvorwerke und ihrer Pachtverhältnisse; Kompetenz der Provinzialverwaltungsbehörden bei Ablösungen von Domaniallasten

358 Amt Cismar: Hausvogt 1813-1867

359 Amt Plön: Landkommissar 1802-1866

427 Ämter Plön und Ahrensbök: Amtmann 1808-1867

360 Amt Reinbek: Amtsbote 1851-1866

361 Schloss in Reinbek 1848-1866

214 Schlösser in Glücksburg, Augustenburg, Gottorf und Kiel sowie andere Domanialgebäude 1867-1868

363 Amt Kiel: Seebadeanstalt in Düsternbrook 1820-1866
Darin: Tafeln mit Eintrittspreisen und Baderegeln

369 Saline Travensalze: Personal 1844-1867

362 Amt Cismar: Sandgrube in Grömitz 1846-1867

366 Inspektorat der vereinigten Köge in Süderdithmarschen 1859-1868

367 Realprivilegien im Amt Trittau: Bauervogtei in Mollhagen, Oderfelde und Trittau (1640-) 1791-1866
Enthält u. a.: Abschriften von Privilegien des 17. und 18. Jahrhunderts

364 Überlassung von Festungsländereien in Glückstadt in Erbpacht
Enthält u. a.: Bau eines Armenarbeitshauses 1846-1866

222 Überlassung von Domanialland zur Verlängerung der Allee auf dem Michaelisfeld bei Schleswig 1866

220 Privilegierte Höfe und Ländereien im Landesteil Schleswig 1866-1868

215 Erbpacht und Erbpachtkontrakte 1866-1868

216 Haus-, Kauf- und Erbfestebriefe im Landesteil Schleswig 1866-1868

373 Herrschaftliche Außendeichsländereien auf Nordgroven 1848-1867

368 Arbeiten an den Elbsanden 1857-1867

226 Vermessung und Vererbpachtung des in der Elbe gelegenen sogenannten Laak mit dem Kahlsand 1866

217 Seen, Fisch- und andere Teiche, Heringszäune, Fischerei 1866-1868

218 Lieferung von achtzig Tonnen Austern an die königliche Hofhaltung durch die Pächter der Austernbänke im Landesteil Schleswig (1852, 1859) 1868

Enthält auch: Übersendung einer Schrift zur Anlage von Austernbänken im ostfriesischen Wattenmeer

Darin: gedruckte Berichte der Visitation der Austernbänke 1852 und Vergleich mit den Ergebnissen von 1839

221 Vogelkojen auf den Nordseeinseln 1868

219 Bergwerk 1867-1868

MÜHLEN

224 Mühlen 1866-1868

380 Mühle in Dauenhof, Herrschaft Breitenburg 1818-1867

377 Christiansche Ölmühle in Flensburg 1866-1868

376 Kornwindmühle in Frestedt 1861-1867

385 Mühle in Kaltenkirchen 1864-1867

386 Mühle in Kasenort 1798-1866

Enthält u. a.: Abschrift einer Konzession für eine Graupen- und Grützmühle von 1734

374 Mühle in Klein Kollmar 1859-1866

382 Wasserschrotmühle in Mühlenbek 1859-1867

379 Grützquere des Insten Heinrich Kuhl in Ostenfeld 1863-1866

383 Erbpachtmühle in Pinneberg 1823-1866

384 Erbpachtmühle von Pein in Pinneberg: Beschränkung des Staurechts 1852-1867

381 Mühle in Sarlhusen (1781) 1866

Enthält u. a.: Abschrift eines Vertrags von 1781

378 Grützqueren im Amt Trittau 1845-1867

375 Mühle in Wellingsbüttel 1865-1866

FORST- UND JAGDWESEN

387 Forstwesen 1848-1866

Enthält u. a.: Auswahl von Eichen für den Schiffbau durch Marinebeamte; Versteigerungen; Torf

Darin: Bericht über die Torfkonzentrationenmethode des Herrn Challeton zu Montanger bei Corbeil von E. Lütkens, Bundhorst, und Dr. Ludwig Meyn, Uetersen, 1856

225 Forst- und Jagdangelegenheiten 1867-1868

Enthält u. a.: Jagdpolizeigesetz; Personal; Uniformreglement für Forstbeamte

397 Holzdeputate, Lieferungen und Bauten im Herzogtum Holstein 1851-1866

388 Nutz- und Radeholz 1796-1867

Enthält u. a.: ältere Akten zum Amt Rendsburg

394 Forstaufseher zu Fohlenkoppel 1834-1867

392 Holzwärter in Friedrichswalde (1755-) 1843-1867

391 Holzvogt in Bahrendorf 1848-1867

449 Forstaufseher der Hahnenkoppel 1864-1866

390 Unterstützungen von Forstbeamten und deren Hinterbliebenen 1853-1868

223 Ansprüche der dänischen Staatskasse an eine vom Hofbesitzer Siemsen ausgestellte hypothekarische Obligation für seinen Anteil an der Karolinenhölzung bei Flensburg 1867

398 Gehege im Amt Bordesholm 1848-1866

399 Gehege im Amt Neumünster 1848-1866

395 Moore im Amt Bordesholm 1844-1867

393 Moore im Amt Bordesholm 1848-1866

396 Moorvogt auf dem Himmelmoor 1855-1866

389 Jagdangelegenheiten 1851-1866

400 Jagdablösung in Brammer, Luhnstedt, Holdorf, Neversdorf, Rethwischfeld und Schmalensee 1854-1866

476 Ausdehnung von Bestimmungen der Jagdverordnung von 1784 auf die Guts- und Klosterdistrikte 1866-1867

LANDWESEN

227 Landwesen und Landwirtschaft 1866-1868
Enthält u. a.: Landumsätze im Landesteil Schleswig; Uniformierung der Landwirtschaftsbeamten; Gestüte; Tierschau; Förderung von Land- und Obstkulturen

370 Landüberlassungen im Herzogtum Holstein 1849-1866
Enthält u. a.: Seefort Delius in Düsternbrook 1849-1850

406 Landaufteilungen: Herrschaft Pinneberg 1865-1866

411 Landaufteilungen: Amt Plön 1852-1866

404 Landaufteilungen: Amt Reinbek (1806-) 1849-1866

405 Landaufteilungen: Amt Reinfeld (1846-) 1852-1866

402 Landumsätze: Amt Neumünster 1865-1867

403 Landumsätze: Herrschaft Pinneberg 1865-1867

401 Landumsätze: Amt Reinbek 1863-1866

409 Landumsätze: Amt Segeberg (1845, 1864) 1865-1868

408 Landumsätze: Amt Trittau 1857-1866

410 Landumsätze: Amt Trittau 1864-1867

407 Landumsätze: Gut Wandsbek 1864-1866

259 Gesetzentwurf über Entziehung und Beschränkung des unbeweglichen Eigentumsrechts (Expropriationsgesetz) 1867

260 Enteignung von Grundstücken zur Errichtung der Marineanlagen bei Ellerbek 1867-1868

KOMMUNALWESEN

232 Kommunalangelegenheiten 1866-1868
Enthält u. a.: Erlass einer Kommunalordnung für das Amt Hadersleben; Besetzung kommunaler Ämter; Personalangelegenheiten; Kommunallasten; Gebietssänderungen

BÜRGERLICHES GEWERBE, HANDWERK, HANDEL UND SCHIFFFAHRT

240 Gesetz zur Errichtung von Handelskammern 1867

243 Einführung des Genossenschaftsgesetzes 1867

238 Gesetzentwurf zur Verabredung von Arbeitsniederlegungen 1868

250 Statistik über Handel und Industrie 1867-1868
Enthält u. a.: Verzeichnisse von Handelskammern und Aktiengesellschaften
Darin: Produktionsübersicht der Bergwerke, Salinen und Hütten in Preußen 1866; Statistische Mitteilungen zur schleswig-holsteinischen Schifffahrt und Reederei 1866; Übersicht über den Handel mit ausländischen Waren während der Messen 1866; Übersicht des Zustands der laufenden Conti der Großhandlungen in Braunschweig, Leipzig und Frankfurt am Main 1866

237 Gewerbeangelegenheiten 1866-1868
Enthält u. a.: Konfirmationen zur Gewerbeausübung

448 Kassation der Konzession für die Witwe Anna Catharina Schacht in Tankenrade zum Betreiben einer Ziegelbrennerei, Mälzerei und Brennerei (1837-1856) 1866

236 Märkte 1866-1868
Enthält u. a.: Wochenmarktordnung für die Stadt Schleswig

235 Konsulate 1866-1868

239 Handel und Schifffahrt 1866-1868
Darin: Zweites Heft der Deutschen Gesellschaft zur Rettung Schiffbrüchiger, 1868

244 Ausdehnung der für Pommern und Preußen entworfenen Strandungsordnung auf Schleswig-Holstein 1867

241 Übernahme der Schleimünder Werke auf die Staatskasse und Ermäßigung der Schifffahrtsabgaben auf der Schlei 1867

242 Reformen im Navigationsschulwesen sowie Prüfungen für Steuerleute und Seeschiffer 1867

479 Übertragung der Verwaltung des Schleswig-Holsteinischen Kanals an die Regierung für Holstein 1867
Enthält u. a.: Übersicht über die Kanaleinnahmen von April bis Dezember 1866

247 Antrag der Schleswigschen Regierung zu Schleswig zur künftigen Organisation des Leuchtfeuer-, Tonnen- und Bakenwesens 1867-1868

245 Schifffahrt auf der Unterelbe von Altona bis zur Grenze des hamburgischen Amtes Ritzebüttel 1867-1868

249 Einführung des Gesetzes über die Rechtsverhältnisse der Schiffsmannschaften auf den Seeschiffen und Bildung von Musterungsbehörden 1867-1868

246 Eigentumsrechte an der Kieler Bucht und Klagen Kiels über den Zustand der Hafenpolizei 1868

248 Einziehung des Vermögens der Schleswig-Holsteinischen Kanalkasse zur Staatskasse 1868

POST UND TELEGRAFEN

261 Post 1866-1868
Enthält u. a.: Personalangelegenheiten; Zirkulare

465 Einnahmen und Ausgaben des Postwesens in den Herzogtümern Schleswig und Holstein 1865-1866

467 Einnahmen und Ausgaben des Postwesens im Herzogtum Schleswig 1865-1866

468 Einnahmen und Ausgaben des Postwesens im Herzogtum Schleswig 1866-1867

462 Einnahmen des Postwesens im Herzogtum Holstein 1866-1867

262 Telegrafen 1866-1868
Enthält u. a.: Personalangelegenheiten; Errichtung von Telegrafenstationen

POLIZEI

124 Politische Polizei 1866-1868
Enthält u. a.: Zeitung; politisches Verhalten der Erbprinzessin Adelheid von Schleswig-Holstein-Sonderburg-Augustenburg und des Staatsrats Francke, Kiel; Agitationen; Verbreitung von Flugblättern

115 Abordnung des Polizeirats Goldheim zur Erforschung der öffentlichen Stimmung in den Herzogtümern und zur Untersuchung der Polizeiverwaltung 1866

118 Einführung der Gesetze über die Polizeiverwaltung und über die Zulässigkeit des Rechtsweges bei polizeilichen Verfügungen 1867

123 Gendarmerie 1866-1868

114 Polizei 1866-1868
Enthält u. a.: Belohnungen für Lebensrettungen; Vorsichtsmaßnahmen beim Transport von Sprengmitteln; Polizeiverwaltung; Engagierung von Dienstboten und Tagelöhnern in Hessen durch den Landwirtschaftlichen Verein in Hohenwestedt; Gefängniswesen; Ausweisungen; einzelne Gesuche

128 Konzessionen für Theatervorstellungen 1855-1867
Darin: Aufführungsankündigungen der Theater in Segeberg und Ahrensbök, 1856

342 Auktionen (1819-1821) 1863-1867
Enthält: Amt Kiel und Wandsbek

334 Münzwesen 1864-1867

442 Gewichtswesen 1865-1868
Enthält u. a.: Inventar des Haupteichamts in Kiel

117 Beschwerde des französischen Konsuls de Valois in Kiel über den Polizeianwalt Dr. Donner in Schleswig und den Künstler Robert Böhncke in Kiel 1866-1868

127 Lotterie und Haussammlungen 1866-1868

126 Pass- und Fremdenpolizei 1867-1868
Darin: Muster eine Dienstbuchs

122 Überlassung von Gewehren an den ehemaligen bayerischen Offizier und Kammerjunker Freiherr von Künßberg aufgrund gefälschter Dokumente 1867-1868

119 Verwaltung der Badepolizei in den Seebädern 1868

120 Antrag des Generalkommandos auf Abschaffung der Bordelle in Rendsburg und an anderen Garnisonsorten 1868

121 Einführung einer Hundesteuer 1868

BRANDWESEN

233 Brandwesen 1866-1868 (-1871)
Darin: Verzeichnisse der Brandschäden 1867-1870

451 Branddirektorat im Amt Segeberg 1834-1867

473 Brandwesen: Dampfölmühle in Klein Kollmar 1866-1867

480 Portokosten und Botenlohn aus der Brandkasse der Ämter Plön und Ahrensbök 1858, 1865-1867

234 Versicherungsgesellschaften 1867-1868

MEDIZINALWESEN

129 Medizinalwesen 1866-1868
Enthält u. a.: Personal; Tierärzte; Entsorgung menschlicher Exkremente; Epidemien; Gebrauch gesundheitsschädlicher Substanzen in den Fabriken; Heranziehung von Ärzten im Kriegsfall

133 Apotheken 1866-1868

134 Apotheken in Quern, Loit, Husum und Langetved 1865-1867

444 Privilegien für Apotheken in Husum, Gramm, Glückstadt und Plön 1866-1868

130 Irrenanstalten und einzelne Geisteskranke 1867
Darin: „Privilegierter schleswig-holsteinischer gemeinnütziger Almanach", 1865

131 Bau von Schlachthäusern 1867

132 Rinderpest und Lungenseuche 1867-1868

DEICHE UND WASSERLÖSUNG

423 Sammeln von Sand, Steinen und Seetang am Strand 1836-1866

228 Ent- und Bewässerung, Landmeliorationen 1866-1868
Darin: zwei Druckschriften zur Melioration des Unstruttals (Provinz Sachsen) und zur Regulierung von zwei Zuflüssen der Bartsch (Provinzen Posen und Schlesien)

425 Entwässerung des Mieletals 1851-1867
Darin: gedrucktes Regulativ zur Ent- und Bewässerung des Mieletals, 1867

477 Regulierung der Entwässerung in Glückstadt 1859-1866

229 Wasserbau, Deiche, Köge, Dünen und Strandbefestigungen
Darin: Druckschrift zur Loire und ihrer Wasserverhältnisse, 1867 1866-1868

230 Akten der Kommission für Wasserbauangelegenheiten (mit zahlreichen älteren Akten) (1778-) 1866-1868
Enthält u. a.: Entwurf einer Deich- und Entwässerungsordnung
Darin: zahlreiche Druckschriften

231 Kommission für Wasserbauangelegenheiten 1867-1869 (1874)

EISENBAHN, WEGE, HAFEN UND FÄHRE

253 Eisenbahnen 1866-1868
Enthält u. a.: Betriebseinnahmen der preußischen Eisenbahnen; Personal; Bahnprojekte
Darin: 18. Jahresbericht der Lübeck-Büchener-Eisenbahngesellschaft für 1867; Fahrpläne der Eisenbahn Lübeck–Büchen und Lübeck–Hamburg, 1868; Geschäftsbericht der Altona-Kieler-Eisenbahngesellschaft für 1867

255 Nordschleswigsche und Südschleswigsche Eisenbahnen (1863) 1866-1868
Darin: Geschäftsbericht der Schleswigschen Eisenbahnaktiengesellschaft für 1866; Fahrplan der schleswigschen Bahnen, 1867; Statuten der Nordschleswigschen Eisenbahngesellschaft, 1863

256 Eisenbahn Klosterkrug-Schleswig-Eggebek 1866-1868
Darin: Geschäftsbericht für 1867

257 Zweigbahn Tinglev-Tondern 1867

258 Zweigbahn Rotenkrug-Apenrade 1867-1868
Darin: Fahrplan, 1868

254 Eisenbahn Glückstadt-Elmshorn 1867-1868

251 Wege 1866-1868

421 Wegebau im Amt Cismar 1849-1866

412 Wegebau im Amt Rethwisch 1849-1866

420 Wege im Gut Wulksfelde 1840-1866

419 Nebenlandstraße Nr. 24: Segeberg-Lübeck 1830-1867

424 Wegezoll und Schlagbäume 1803, 1823-1868
Enthält u. a.: Erhebung und Ablösung des Wegezolls im Gut Hanerau

365 Hafen im Christianskoog 1856-1867

426 Hafen im Christianskoog 1865-1866

252 Fähren in Friedrichstadt, Großenbrode und Schwabstedt 1866-1867

450 Beförderung von Auswanderern 1867-1868
Enthält u. a.: Kopien älterer preußischer Verordnungen

WITWENKASSEN, STIFTUNGEN UND VERSICHERUNGEN

202 Allgemeine Witwenkassen in Berlin und Kopenhagen sowie Schullehrerwitwenkasse 1866-1868

203 Stiftungen 1866-1868

333 Leibrenten- und Versorgungsanstalt sowie Lebensversicherungsanstalt in Kopenhagen 1866-1868

MILITÄR UND KRIEG

267 Einführung der preußischen Kriegsleistungsgesetze (1815) 1867
Darin: verschiedene gedruckte Gesetze, darunter die Landwehrordnung von 1815

290 Einführung des preußischen Wehrpflichtgesetzes sowie Errichtung der Landwehrbezirkskommandos und der Aushebungsbezirke 1866-1868

285 Militärpflicht 1867-1868

286 Militärpflicht der Mennoniten 1867-1868

287 Militärpflicht der Lehrer, Schulamtskandidaten und Seminaristen 1867-1868

288 Erteilung von Pässen für Seereisen an Militärpflichtige 1867-1868

294 Einjährig freiwilliger Dienst 1866-1868

295 Dreijährig freiwilliger Dienst 1866-1867

296 Freiwilliger Dienst in der Marine 1866-1867

289 Gesuche der Landschaften Sylt, Nordstrand, Pellworm und der Hallig Hooge um Befreiung von der Militärpflicht 1867

279 Beibringung von Ausweispapieren über das Militärdienstverhältnis 1867

277 Amnestieorder für Deserteure 1867

272 Militärersatzinstruktion 1868

291 Militärersatzgeschäft, Geburtsrollen und Stammlisten 1867-1868

292 Militärersatzbehörden 1867-1868

293 Rekrutenverteilung 1867-1868

284 Beurlaubte Mannschaften 1867-1868

270 Begnadigung des wegen aufrüherischer Reden bei der Kontrollversammlung zu Festungsstrafe verurteilten Wehrpflichtigen Christian Schmidt aus Kollund (1862-) 1868

445 Auswanderung nach Dänemark aufgrund des Artikels 19 des Wiener Friedens und Bitten um Erlaubnis zur Rückkehr 1866-1868

283 Auswanderung nach Dänemark aufgrund des Artikels 19 des Wiener Friedens und Bitten um Erlaubnis zur Rückkehr 1866-1868
Darin: „Staats und Gelehrte Zeitung des hamburgischen unpartheiiischen Correspondenten“ von 19. Juni 1867

269 Auswanderung militärpflichtiger Personen nach Amerika 1868
Enthält u. a.: Liste der 1868 aus dem Kreis Süderdithmarschen ohne Erlaubnis ausgewanderten oder zur Seefahrt angemusterten Personen

263 Militärbildungsanstalten 1866-1868

276 Militärpensionsgesetz der Statthalterschaft von 1850 und einzelne Pensionsgesuche 1868

280 Gesuch des Ratsmanns Stamm in Witzwort um Überlassung des Areals der dänischen Schanzen bei Friedrichstadt 1866

282 Marine und Festung Friedrichsort 1866-1867

274 Kriegsschäden 1863 bis 1864 und Schäden durch spätere Befestigungsarbeiten 1866-1869

281 Einführung des Regulativs von 1828 über bauliche Anlagen bei Festungen (1828) 1867

273 Kriegsschäden 1848 bis 1851 (1851) 1867-1869

278 Lazarettwesen 1866-1867
Darin: Instruktion für die Feldlazarette, 1866

271 Auslieferung der Akten des früheren schleswig-holsteinischen Militärmedizinalwesens aus Kopenhagen 1868

268 Rechenschaftsberichte der Vereine zur Verpflegung verwundeter und kranker Soldaten 1866 (1866-) 1868
Darin: zahlreiche Zeitungen

265 Garnisons-, Servis- und Einquartierungsangelegenheiten 1865-1868
Enthält u. a.: Gesuch der früheren Hotelbesitzerin in Flensburg, Frau Rasch, um Vergütung der Quartierleistungen für den preußischen Kronprinzen 1864

264 Nationalpferde (1864-) 1866-1867
Enthält vor allem: Erstattung des Werts der von den Bewohnern des Herzogtums Schleswig 1863/64 an die dänische Armee gelieferten Trainpferde

275 Truppenmärsche und Truppenverteilungen (Dislozierungen) 1866-1867
Enthält auch: Forderung des Hoftapeziers Hiltl, Berlin, für die Einrichtung des Gouvernementshauses in Schleswig

266 Mobilmachung 1867
Darin: Mobilmachungsbestimmungen

STRAFANSTALTEN

303 Rechnungen über den schleswigschen Zuchthausfonds für 1828 und 1838 sowie Ablösung der Erbpachtsqualität der auf dem Domziegelhof bei Schleswig belegenen sogenannten Zuchthauskoppel
1829-1840, 1869-1871

300 Veränderung der Beiträge zu den Unterhaltungskosten der Strafanstalten 1838-1839, 1859-1870

304 Rechnungen über den Tilgungsfonds der Kapitalschulden der Strafanstalten in Glückstadt für 1839, 1849 und 1859 sowie Schlussrechnung für 1870/71 1839-1872

298 Gagensteuer zugunsten der Strafanstalten 1846-1868

440 Jahreslisten über die holsteinischen Gefangenen in den Strafanstalten in Glückstadt 1861-1867

306 Fonds bei der Nationalbank in Kopenhagen zum Bau neuer Strafanstalten und einstweilige Aufhebung der Beitragserhebung 1864-1866

301 Patent zur Erhöhung der Beiträge zu den Unterhaltskosten der Strafanstalten 1865-1866
Enthält u. a.: Verzeichnisse über die Ausgaben der Strafanstalten und über Ertrag der Fabrikarbeiten

297 Sanitätspolizeiliche Differenzen der Strafanstalten in Glückstadt mit den städtischen Behörden 1866
Enthält u. a.: Maßnahmen zur Verhütung der Cholera

302 Wegfall der Beiträge der Kommunen zu den Unterhaltungskosten der Strafanstalten 1867-1868

305 Schuldentilgungsfonds und Neubaufonds der Strafanstalten
1868-1871

307 Bau eines neuen Zuchthauses bei Rendsburg (1848-) 1868-1874
Darin: Plan der Glashütte bei Nobiskrug

Findbuch des Bestandes Abt. 60

Holsteinische Landesregierung in Kiel 1864-1866

ERSTE SEKTION

Regierungsbehörden

644 Einsetzung und Errichtung der Herzoglichen Landesregierung 1864

1 Verteilung der Geschäfte und des Personals der Herzoglichen Landesregierung 1864

646 Bezeichnung der früher königlichen als herzogliche Behörden 1864

2 Form der ausgehenden Schreiben und Berichte 1864

652 Verwendung des ehemaligen akademischen Krankenhauses in Kiel zu Regierungszwecken 1864

653 Ausstehende Berichte an die Bundeskommission 1864

660 Herzog und Erbprinz von Schleswig-Holstein-Sonderburg-Augustenburg, augustenburgische Nebenregierung, Pläne zur Ausrüstung einer bewaffneten Macht 1864

645 Kompetenzverhältnisse der Landesregierung zur Obersten Zivilbehörde 1864-1865

647 Mitglieder der Herzoglichen und Holsteinischen Landesregierung 1864-1866

655 Archiv der Landesregierung und von Dänemark abzuliefernde Archivalien 1864-1866

710 Archivordnung der ehemaligen Schleswig-Holsteinischen Landesregierung und des Büros II B der Holsteinischen Landesregierung 1865

694 Druck und Mitteilung des Verordnungsblatts 1864-1866

656 Aufhebung der Herzoglichen Landesregierung und Errichtung der Schleswig-Holsteinischen Landesregierung 1865

657 Kosten der Verlegung der Zentralverwaltung nach Kiel 1865

658 Geschäftsgang der Holsteinischen Landesregierung und der Statthalterschaft von Gablenz 1865-1866
Enthält u. a.: Dankadresse der Bewohner Reinbeks

659 Verzeichnisse der in den gemeinschaftlichen Sitzungen der Holsteinischen Landesregierung vorgetragenen Angelegenheiten 1866

682 Bundestagsprotokolle 1866

3 Gemeinschaftliche Sitzungen der österreichischen Statthalterschaft mit der Holsteinischen Landesregierung 1866

Grenzen

5 Grenzregulierung zwischen Bramfeld und Farmsen (1846-) 1849-1865
Darin: Karte zur Regulierung des Grenzbachs zwischen Farmsen und Oldenfelde, 1849

6 Grenzregulierung zwischen den hamburgischen Geestlanden und der Herrschaft Pinneberg 1856-1864

4 Eingabe der sechs schleswigschen Dörfer bei Rendsburg um Wiedervereinigung mit dem Amt Rendsburg 1856-1864
Darin: „Altonaer Mercur“ vom 28. Januar 1864

Beamte

8 Beamte 1864-1866
Enthält: Amtsverwalter im Amt Steinburg; Aktuar im Amt Neumünster; Kirchspielvogt in Pinneberg; Inspektor der vereinigten Süderdithmarscher Köge; Amtsvogt in Uetersen

7 Rücknahme des von Beamten dem dänischen König geleisteten Treueeids 1864

648 Erklärung der Beamten und Behörden wegen ihrer Unterordnung unter die Oberste Zivilbehörde 1864-1865

708 Boten und Kopisten der Herzoglichen Landesregierung und der Schleswig-Holsteinischen Landesregierung 1864-1865

649 Künftige Anzeigen über die Anstellung von Beamten an die Bundeskommission 1864

695 Gehaltszulagen für 1864/65 an die Beamten 1864

650 Verzeichnis erledigter Amtsbedienungen 1865

651 Gesuche um Anstellung bei der Herzoglichen und Holsteinischen Landesregierung 1863-1866

Stände

588 Einberufung der Stände des Herzogtums Holstein 1864-1866

Kirche

Allgemeines

9 Einsendung von Listen über Geborene, Verheiratete und Verstorbene an das Statistische Büro 1841-1864

10 Äquivalentgelder für die Kirchenbediensteten im Amt Cismar und in Neustadt 1848-1864

12 Vergütungen für abgehandelte Holzdeputate 1853-1864

Kirchenvisitation

13 Generalkirchenvisitation in der Propstei Altona 1849-1864

14 Spezialkirchenvisitation in der Propstei Kiel 1851-1864

15 Tod des Kirchenpropstes Wolf in Itzehoe, Verwaltung der Propstei Münsterdorf und Besetzung der Propststelle durch Pastor Versmann 1857-1864

16 Entlassung des Kirchenpropstes der Propstei Norderdithmarschen Simon G. Simonsen 1864

17 Einsetzung des Pastors Carl August Thomsen in Neuenkirchen zur vorübergehenden Verwaltung der Propstei Norderdithmarschen 1864

18 Generalkirchenvisitation in der Propstei Oldenburg und in Neustadt 1849-1864

20 Generalkirchenvisitation in der Propstei Pinneberg 1849-1864

19 Spezialkirchenvisitation in der Propstei Pinneberg 1851-1865

22 Generalkirchenvisitation in der Propstei Plön 1849-1864

23 Spezialkirchen- und Schulvisitation in den Ämtern Plön und Ahrensbök 1856-1864

21 Differenz zwischen den Kirchenvisitatoren in Plön wegen Einrichtung eines Militärwachlokals im Kompastoratsgebäude 1864

24 Spezialkirchenvisitation der Kirchen des Klosters Preetz 1853-1864

25 Spezialkirchenvisitation in der Propstei Rendsburg 1851-1864

26 Spezialkirchenvisitation in der Propstei Stormarn 1851-1864
Darin: Kalender für 1865

669 Spezialkirchenvisitationen in Hemmingstedt, Windbergen, Süderhastedt, Sankt Michaelisdonn, Eddelak, Brunsbüttel und Marne 1863-1864

Besetzung der Predigerstellen

34 Gesuch um Aufhebung der Ernennung des Pastors Reepen aus Flemhude zum Pastor in Bornhöved aus politischen Gründen 1864

31 Besetzung des Pastorats in Hansühn durch den Archidiakon Luers aus Oldenburg 1864

32 Verwaltung des Hauptpastorats in Heiligenhafen während der Krankheit des Pastors Burchardi und Anstellung des Kandidaten der Theologie Haase als Adjunkt 1864

37 Bestätigung der Wahl des Pastors Hans Harder in Hemmingstedt
Enthält u. a.: Bewerberverzeichnis 1864

27 Besetzung des Pastorats in Krempe durch Pastor Hasselmann aus Krummendiek 1864
Enthält u. a.: Bewerberverzeichnis

35 Verwaltung des Pfarramts in Leezen durch Pastor Decker im Auftrag der Bundeskommissare 1864

28 Besetzung des Diakonats in Lunden durch den Kandidaten der Theologie Braasch aus Meldorf 1864
Enthält u. a.: Bewerberverzeichnis

29 Besetzung des Pastorats in Lunden durch den Pfarrer Hans Peter Petersen aus Schulitz bei Bromberg 1864

676 Wiederbesetzung des Diakonats in Neustadt 1859-1866

33 Bestätigung der Berufung des Kandidaten der Theologie Joh. Heinrich Hardt zum Diakon und Rektor in Oldenburg durch die Bundeskommissare 1864

36 Besetzung des Pastorats in Sarau durch Pastor Kedenburg aus Stellau 1864

55 Einsetzung des Kandidaten der Theologie Doose als Amtsgehilfe für den Kompastor in Segeberg 1863-1864

30 Besetzung des Pastorats in Tellingstedt durch den Adjunkt Carl Heinrich Georg Hempel aus Ottensen 1864

38 Besetzung der Predigerstellen in den exemten Kirchen: Klosterkirche in Preetz, Kirche der Strafanstalten in Glückstadt, Schloss- und Garnisonskirche in Glückstadt 1849-1864
Enthält u. a.: Bewerberverzeichnisse für die Stelle eines zweiten Geistlichen in den Strafanstalten, 1857

Prediger

49 Theologisches Amtsexamen und Verhältnisse der Kandidaten der Theologie 1848-1864

50 Gesuch von Theologiestudenten um ein außerordentliches Amtsexamen zu Ostern 1865 1864

39 Ordination des Rektors C. H. Jacobsen in Oldesloe als Pastor in Neukirchen im Herzogtum Schleswig 1864

40 Antrag des Bischofs Koopmann auf Erlaubnis der Ordination von Kandidaten der Theologie für ihre Anstellung als Hilfsgeistliche (1863) 1864

Darin: Protokoll der Versammlung holsteinischer Kirchenpröpste am 27. Mai 1863

41 Gesuch des Kandidaten der Theologie von Neergaard in Kiel um Ordination für seine Anstellung als Adjunkt 1864

42 Gesuch des Kandidaten der Theologie von Neergaard um Ordination 1864

43 Gesuch des Dr. phil. Steffens um Ordination als Prädikant am Invalidenhaus und Kramerschen Stift in Altona 1864

44 Quartalsberichte der Kirchenpröpste über unbesetzte Predigerstellen 1863-1864

46 Urlaubsbewilligungen für Prediger 1853-1864

48 Geldvergütung für entfallene Holzdeputate an die Predigerwitwen in Norderdithmarschen 1848-1864

54 Geldvergütung für entfallene Korndeputate an den Prediger und Organisten in Sarau 1848-1864

53 Gebühren an die Prediger, Organisten und Küster in Wacken und Todendorf für Ministerialhandlungen (1803, 1862) 1863-1864

Enthält u. a.: Inventar der Kirche in Schenefeld 1803

Gottesdienst

56 Druck- und Verlagsrecht einiger Stiftungen in Schleswig und Holstein für das allgemeine Gesangbuch und den Landeskatechismus 1853-1864

57 Frühgottesdienst in der Hauptkirche in Altona 1864

58 Außerordentlicher Gottesdienst zur Feier des Friedens mit Dänemark 1864

59 Außerordentlicher Gottesdienst anlässlich der verhängnisvollen Lage des Landes 1864

60 Vorstellung des Kirchenjuraten Stöcker in Boostedt wegen der Gebühren für das Glockengeläut bei Beerdigungen von Toten aus dem Landdistrikt 1864

Kirchengüter

90 Beteiligung der ehemaligen landesherrlichen Wandsbeker Gutsländereien zu den Kirchenanlagen für die Kirche in Altrahlstedt 1864

102 Neubau des Pastoratshauses in Barlt und Aufnahme einer Anleihe 1864

74 Bau eines Schieferdachs und eines Blitzableiters an der Kirche in Barmstedt 1864

91 Vergrößerung des Kirchhofs und mögliche Anlage eines neuen Begräbnisplatzes in Bergstedt 1856-1864

92 Gesuch des Dr. med. Clasen in Poppenbüttel wegen Beteiligung der Güter Tangstedt, Wulksfelde, Wohldorf, Hoisbüttel und Wellingsbüttel an den Kirchenanlagen für die Kirche in Bergstedt 1864

75 Anfertigung eines Kircheninventars für das Kirchspiel Bovenau 1851-1864

85 Abgrabungen auf dem alten Kirchhof in Bramstedt 1864

103 Umsetzung der Änderung des Regulativs für die Verteilung der Kirchenanlagen im Kirchspiel Brunsbüttel aus Reichsmünze in Kurant 1864

71 Bestreitung der Ausgaben für die Kapelle in Cismar aus der Staatskasse 1850-1864

69 Kirchenstuhlbuch für die Kirche in Großenbrode 1864

70 Anfertigung eines Kircheninventars in Großenbrode 1864

76 Anwachsen des Kirchenkapitals in Hademarschen durch Ablösung der Verpflichtung des Gutsbesitzers zu Lieferungen von Eichenholz für Bauten an der Kirche sowie am Prediger- und Schulhaus 1864

72 Regulativ für den Kirchhof in Hansühn 1864

64 Schuldenabtrag der Kirche in Heide in den Rechnungsjahren 1859/61 1864

65 Anschaffung einer neuen Kirchenturmuhr in Heide 1864

73 Aufnahme einer Anleihe für die Anlage eines neuen Kirchhofs in Heiligenhafen (1863) 1864

104 Landabtretung aus dem Pastoratsland in Hemmingstedt zur Vergrößerung des Kirchhofs 1864

66 Vermögen der Kirche in Hennstedt 1860-1864

86 Abtragung eines Grundstücks der Kirche in Oldesloe 1864

78 Schuld der Christ- und Garnisonskirche in Rendsburg 1862-1864

77 Zahlung des Priesteropfers und einer Abgabe an den Rektor, Organisten und Kirchenjuraten der Christ- und Garnisonskirche in Rendsburg 1863-1864

79 Verwertung einer Predigerhufe in Schenefeld zum Besten der neuen Gemeinden in Wacken und Todenbüttel 1862-1865

67 Schuld der Kirche in Schlichting, aufgenommen 1859/61 1864

61 Kapital der Kirche in Schönkirchen 1864

88 Restaurierung der Kirche in Segeberg 1860-1864
Darin: Beilage zum „Altonaer Mercur“ vom 22. Februar 1863

89 Vorstellung der Anbauer Böttcher, Diederich, Hinz, David, Seemann und Schmidt in Traventhal wegen ihrer Befreiung von den Kirchenanlagen für die Kirche in Segeberg 1863-1864

87 Vorstellung des Ziegeleibesitzers Meyer in Quaalerteich wegen der Befreiung von den Kirchenanlagen für die Kirche in Segeberg 1863-1864

93 Regulativ für die Kirchenanlagen in den Kirchspielen Siek und Altrahlstedt 1853-1864

63 Eintritt des Kirchspielvogts in Lunden als dirigierendes Mitglied in das Kirchenkollegium von Sankt Annen 1863-1864

94 Aufbringen der Kosten für das Trauergeläut für König Friedrich VII. im Kirchspiel Steinbek durch die Kirchenanlagen 1864

95 Gesuch des Kätners Heyden in Schleeme um Befreiung von den Kirchenhanddiensten 1864

105 Verteilung der Kirchenanlagen im Kirchspiel Süderhastedt 1863-1864

68 Schuldenabtrag der Kirche in Tellingstedt 1864

81 Einweihung der Kirchen in Todenbüttel und Wacken 1863-1864

82 Verteilung der Kirchenanlagen in den Kirchspielen Todenbüttel und Wacken 1864

83 Kirchenanlagen in den Kirchspielen Todenbüttel und Wacken 1864

84 Regulierung der Kirchenanlagen in den Kirchspielen Todenbüttel und Wacken 1862-1864

96 Außerordentliche Kirchenanlagen zur Anlegung eines neuen Begräbnisplatzes für die Kirchengemeinde in Trittau 1864

97 Verwendung eines Teils der Pastoratskoppel in Trittau zur Anlage eines neuen Begräbnisplatzes 1864

98 Herstellung eines Kapitalienbuchs der Kirche in Trittau 1864

99 Kapital der Kirche in Trittau aus dem Verkauf der ehemaligen Pastoratshölzung 1864

100 Kapital der Kirche in Wandsbek aus dem ehemaligen Meyerhoffschen Gewese 1864

62 Anleihe für die Anlage von Fußwegen im Kirchspiel Wilster auf Rechnung der Kirchenkasse in Wilster 1861-1864

Kirchenbedienstete

51 Änderung der Dienstgeschäfte und Einnahmen des Organisten an der Hauptkirche in Altona 1864

52 Besetzung der Organistenstelle an der Dreifaltigkeitskirche in Altona durch den Musikprofessor Cornelius Gurlitt 1864-1865

106 Ausgaben für die Heizung der Sakristei bei der Cismarer Kapelle und für das Balgentreten 1854-1864

109 Wegfall der mit der Organistenstelle in Steinbek verbundenen Einnahme für die Besorgung der Musik auf Hochzeiten 1864

108 Instruktion für den Totengräber und Kirchenbediensteten sowie den Glockenläuter in Todenbüttel 1864

107 Dotierung der vereinten Stelle eines Schullehrers, Organisten und Küsters in Wacken 1864

Umfang und Verfassung der Kirchengemeinden

111 Abtrennung des Grundstücks Wendemuth vom Kirchspiel Altrahlstedt und Einpfarrung nach Wandsbek 1859-1864

110 Grenzen der beiden Pastorate und Gemeindeangehörigkeit verschiedener Stellen in Kaltenkirchen 1861-1864

Fremde Religionsverwandte

116 Gesuch des Baptisten Andresen in Pinneberg um Erlaubnis der Trauung durch den Baptistenprediger Oncken in Altona 1864

114 Vergütung für den reformierten Reiseprediger 1848-1864

112 Gesetz vom 14. Juli 1863 zur Religionsausübung und zu den Gemeindeverhältnissen der Reformierten im Herzogtum Holstein 1860-1864

Darin: gedruckte Verordnung für das Herzogtum Schleswig betreffend die Baptisten, 1860; „Der Sonntagsbote" vom 9. März 1862

115 Erlaubnis für den Prediger der Mennonitengemeinde in Hamburg und Altona Berend Carl Roosen und den Prediger der reformierten Gemeinde in Altona Begemann zur Ausübung geistlicher Ämter 1863-1864

113 Übertragung der Kirchen- und Schulpatronatsrechte für das Gut Rixdorf vom Grafen von Westphal an den Advokaten Kraus in Plön 1864

118 Vorstellung des Ältestenkollegiums der Hochdeutschen Israelitengemeinde in Altona wegen Befreiung von der Beisteuer zum Kirchengeld für die evangelische Gemeinde in Altona 1863-1864

117 Errichtung einer vereinten Stelle eines Geistlichen und Lehrers an der jüdischen Gemeinde in Wandsbek 1864

Kirchliche Verhältnisse des Militärs

120 Verhältnisse der Garnisons- und sonstigen Ortsprediger zu den Truppen und Erstattung der ausgefallenen Priesteropfergelder 1852-1864

121 Kosten für die Beerdigung des österreichischen Leutnants Leopold Dellinger auf dem Garnisonskirchhof in Rendsburg 1864

122 Wegfall von Gebühren für Beerdigungen von Offizieren und Mannschaften der österreichischen Armee auf dem Garnisonskirchhof in Rendsburg 1864

119 Kosten der Beerdigung von zwei preußischen Soldaten in Segeberg 1864

Schule

Allgemeines

123 Wechselseitiger Schulunterricht 1848-1864

124 Inspektion und Visitation der bei Kirchen im Fürstentum Lübeck eingepfarrten holsteinischen Schulen und der bei holsteinischen Kirchen eingepfarrten Schulen des Fürstentums Lübeck sowie Einführung eines Gesetzes über Unterrichts- und Erziehungswesen im Fürstentum Lübeck 1851-1864

Darin: gedruckte Grundlinien für die Lehrpläne der Volksschule im Fürstentum Lübeck, 1857; Gemeindeordnung für das Fürstentum Lübeck, 1857

Literarische Produktionen und Lehrmittel

127 Gesuch des Organisten und Oberlehrers Trede in Ottensen um Unterstützung bei der Herausgabe einer Schülerzeitung 1864

128 Gesuch des Dr. Burchardi in Kiel um Unterstützung für die von ihm herausgegebene Gesetzessammlung 1864

Schullehrerwitwen

126 Schulfonds 1849-1864

125 Schulfonds 1851-1865

129 Zusammenstellung der Resultate der Rechnungsablage über die Verwaltung der allgemeinen Schullehrerwitwenkasse von 1856 bis 1863 1864

598 Bewilligung von Beihilfen zu Schulbauten 1862-1866 (1867)

Schulen in den Propsteien

Propstei Altona

131 Reorganisation des Schulwesens in Altona 1852-1864
Darin: „Nordischer Courier und Altonaer Nachrichten" vom 29. November, 6. und 7. Dezember 1859

132 Vertragsverhältnis zwischen dem Lehrer Wilhelm Müffelmann in Veddel und dem Stadtschullehrer Riemann in Altona 1864

133 Hinzuziehung der Gendarmeriekaserne in Ottensen und von deren Bewohnern zu den Armen- und Schulgeldbeiträgen 1863-1864

Propstei Kiel

139 Schule in Boksee: Erhöhung der Einnahmen für die Schulstelle 1864

154 Schule in Bordesholm 1859-1864

135 Schule in der Brunswik 1851-1864

142 Schule in Fahren: Feuerungsdeputat für den Lehrer 1864

134 Schule in Meimersdorf: Transport des Schultorfs 1863-1864

138 Schule in Mielkendorf: Pensionierung des Lehrers Fürst 1863-1864

136 Schule in Neuheikendorf: Auslegung von Schulland 1864

140 Schule in Raisdorf: Verbindung mit den Höfen Neuwühren 1861-1864

141 Schule in Wackendorf: Entlassung des Lehrers Pipgras 1864

137 Schule in Wellsee: Lehrerwohnung, Schultorfmoor 1860-1864

Propstei Münsterdorf

151 Schule in Bielenberg 1857-1864

152 Schule in Breitenberg 1850-1864

149 Schule in Glückstadt: Ernennung des Lehrers Hans Chr. Bless zum Lehrer an der Garnisons- und Freischule 1863-1864

150 Schule in Glückstadt: Gehaltsverbesserung der Lehrer an der Bürgerschule 1864

148 Schule in Kudensee: Verteilung der Realschullasten 1863-1864

146 Schule in Lägerdorf 1859-1864

147 Schule in Landscheide: Ansetzung zu den Personalschullasten, Reparatur des Schulhauses 1856-1864

153 Schule in Wilster: Entlassung des Rechenmeisters Thies Behrens 1852-1853, 1864-1865

144 Schule in Wilster: Beschwerde des Dr. Block in Uetersen wegen Heranziehung eines Vermögens seiner unmündigen Kinder zu den Kirchen-, Schul- und Armenlasten in Wilster 1863-1865

145 Schule in Wilster: Beschwerde des früheren Rechenmeisters Behrens wegen Schmälerung seiner Diensteinnahmen 1864

Propstei Norderdithmarschen

157 Schule in Flehde: Anleihe für den Neubau einer zweiten Schulstube 1864

155 Schule in Schlichting: Anleihe für die Schulkommüne 1855-1864

156 Schule in Welmbüttel-Gaushorn: 1860 aufgenommene Schuld 1864

Propstei Oldenburg

159 Schule in Harmsdorf: Zulegung von zwei Katen im Gut Güldenstein zum Schuldistrikt Langenhagen 1863-1864

158 Schule in Oldenburg 1849-1864

Propstei Pinneberg

165 Schule in Uetersen: Unterstützungsgesuch der Witwe des Rektors Andresen 1850-1864

162 Schule in Groß Flottbek: Gehaltszulage für den Lehrer zur Besoldung und Verköstigung eines Hilfslehrers 1864

160 Schule in Hasloh: Anstellung eines Hilfslehrers, Aufnahme einer Anleihe für Schulbauten 1862-1864

163 Schule in Hummelsbüttel: Entlassung des Lehrers Feddersen, Anstellung eines Hilfslehrers 1858-1864

164 Schule in Moorrege: Beschwerde des Diakons Fröhlich in Uetersen wegen der Leitung der Schullehrerwahl in Moorrege 1864

161 Schule in Oevelgönne-Neumühlen 1859-1864

166 Schule in Spitzerdorf: Beitrag aus der Staatskasse zu den Bau- und Unterhaltungskosten 1850-1864

Propstei Plön

169 Schule in Grömitz: Pensionierung des Schullehrers Peter Petersen, Schulbauten 1857-1864

168 Schule in Niendorf 1850, 1862-1864

167 Schule in Rehhorst: Entlassung des Schullehrers Jacob von Essen und Gewährung einer Pension 1853-1864

170 Schule in Reinfeld: Unterstützungsgesuche der Witwe und der Tochter des Organisten Lübkert 1850-1865

171 Schule in Reinfeld: Eintreibung der rückständigen Personalschullasten des früheren Hausvogts und Branddirektors Bornemann 1864

Propstei Rantzau

174 Schule in Barmstedt: Ermäßigung des Schulschuldabtrags 1858-1864

175 Schule in Barmstedt: Dotierung der Lehrerstelle 1864

177 Schule in Großendorf 1853-1864

172 Schule in Hainholz 1851-1864

176 Schule in Heede: Pensionierung des Schullehrers Claus Odefey, Verpachtung von Dienstländereien 1864

173 Schule in Westerhorn 1851-1864
Enthält u. a.: Kriminaluntersuchung gegen den Schullehrer Lütje

Propstei Rendsburg

190 Schulen in der Propstei Rendsburg: Unterricht am Sonnabendvormittag 1862-1864

189 Schule in Bovenau: Untersuchung gegen den früheren Schullehrer Friedrich August Gustav Krull wegen Diebstahls 1864

185 Schule in Ellerdorf: Beihilfe für Baukosten 1861-1865

192 Schule in Felde 1855-1864

187 Schule in Jevenstedt 1850-1864

188 Schule in Nindorf 1861-1864

184 Schule in Nortorf 1855-1864

178 Schule in Ohrsee-Gokels: Änderung bei der Verteilung der Realschullasten 1863-1864

181 Schule in Pöschendorf und Hadenfeld 1853-1864

182 Schule in Rendsburg: Beibehaltung der Garnisonsschule auf Staatskosten (1852) 1864
Darin: Regulativ der Garnisonsschule, 1854

191 Schule in Schacht-Audorf 1850-1864

186 Schule in Schwale: Schulbau, Anleihe zum Kauf einer Wiese 1858-1864

180 Schule in Seefeld und Warringholz 1851-1864

179 Schule in Todenbüttel und Maisborstel: Unterstützungsgesuch der Schullehrerwitwe Sommer, Pensionierung des Schullehrers Struve und Wiederbesetzung der Stelle 1860-1864

183 Schule in Warder 1859-1864

Propstei Segeberg

200 Schule in Arnstedt 1855-1864

195 Schule in Benstaben-Meddewade-Sehmsdorf 1854-1864

201 Schule in Goldenbek: Pensionierung des Schullehrers Jürgen Anton Nissen 1864

194 Schule in Neversdorf: Landübertragung, Pensionen 1849-1865

196 Schule in Rümpel: Tausch von Dienstländereien des Schullehrers 1863-1864

197 Schule in Schalmersdorf 1857-1864

198 Schule in Schmachthagen (1812, 1842) 1853-1864

199 Schule in Seefeld: Zustand 1864

193 Schule in Wrohe 1864

Propstei Stormarn

202 Schule in Grönwohld 1849-1864

203 Schule in Lütjensee 1856-1864

204 Schule in Ohe: Schulgeld für die unehelichen Kinder der Lena Bebert und Margaretha Witt, Erhöhung des Feuerungsdeputats 1863-1864

206 Schule in Sasel 1849-1864

205 Schule in Wandsbek 1851-1864

Propstei Süderdithmarschen

207 Schule in Großenrade 1850-1864

208 Schule in Lieth 1861-1864

209 Schule in Osterbelmhusen: Pensionierung des Schullehrers Manus, Schuld der Schulkommüne 1861-1864

Gelehrtenschulen

597 Schulbesuch in den Gelehrtenschulen 1849-1865

130 Teuerungszulagen für die Lehrer an den Gelehrtenschulen 1857-1865

686 Budgets der Gelehrtenschulen für 1863/64 und 1865/66 1864

685 Gymnasium in Altona: Rechnung für 1865/66 1866

599 Gelehrtenschule in Glückstadt: Einrichtung einer siebten Vorbereitungsklasse und Anstellung des Lehrers Kühl 1856-1864

600 Gelehrtenschule in Glückstadt: Lektionspläne und Dänischunterricht 1864

601 Gelehrtenschule in Glückstadt: Urlaub des Rektors Prof. D. Jessen wegen seiner Mitwirkung an der Reorganisation der Gelehrtenschule in Hadersleben und Entlassung des Rektors 1864

687 Gelehrtenschule in Glückstadt: Verwaltung des Callisenschen Stipendiums 1865

618 Gelehrtenschule in Kiel: Rechnungen 1850-1864

619 Gelehrtenschule in Kiel: Haushalt für 1852 bis 1866 1851-1864

615 Gelehrtenschule in Kiel: Annahme des Kandidaten der Theologie Otto Wiencke als Hilfslehrer 1864

620 Gelehrtenschule in Meldorf: Haushalt für 1852 bis 1866 1851-1864

621 Gelehrtenschule in Meldorf: Bauten 1851-1864

210 Gelehrtenschule in Meldorf: Bewerbungen um die achte Lehrerstelle
Enthält u. a.: Bewerberverzeichnis 1864

211 Realgymnasium in Rendsburg: Bewerbungen um die Adjunktenstelle
Enthält u. a.: Bewerberverzeichnis 1864

Schullehrerseminar

623 Schullehrerseminar: Jahresberichte 1851-1864

622 Schullehrerseminar: Einrichtung eines Autodidaktenexamens 1863-1864

Stiftungen

212 Blindenanstalt bei Kiel (1861) 1862-1865
Darin: Berichte und Statuten des Holsteinischen Blindenvereins, 1861-1863; „Kieler Wochenblatt“ vom 27. Februar 1862; „Itzehoer Nachrichten“ vom 1. Mai 1861

213 Irrenanstalt für das Herzogtum Holstein: Einrichtung und Freiplätze 1861-1865
Darin: „Kieler Wochenblatt“ vom 12., 17. und 19. September 1861

214 Taubstummeninstitut: Verteilung der Kosten 1852-1865

215 Appenfeldersche Stiftung 1851-1864

216 Schütz-Grönlandsches Legat: Unterstützungsgesuche 1853-1864
Enthält u. a.: Namensregister

217 Schütz-Grönlandsches Legat: Rechnungsangelegenheiten 1851-1865

218 Legat des Hans Jürgen Appel in Heiligenhafen 1851-1864

219 Reinfelder Armenstift 1853-1864

220 Gräflich-Berkentinische Wilhelminenstiftung 1851-1865

221 Verleihung herrschaftlicher Präbenden am Hospital in Neustadt 1848-1864

222 Heldtbergisches Hospital in Itzehoe 1849-1864

223 Hospital in Heiligenstedten 1848-1864

224 Legat für die Waisen in den herzoglich schleswig-holsteinischen Fideikommissgütern 1851-1864

225 Stadtkloster in Kiel 1864

226 Peter von Schultzes Legat in Altona für bedürftige Predigerwitwen 1864
Enthält: Gesuch der Pastorenwitwe Anna Catharina Caroline Francke in Altona

Justiz

Oberappellationsgericht

323 Boten beim Oberappellationsgericht 1849-1865

696 Ernennung von Ober- und Landgerichtsadvokaten 1864-1865

Oberdikasterien

316 Direktor der holsteinischen Oberdikasterien Dr. Wilhelm von Schirach 1857-1865

317 Räte bei den holsteinischen Oberdikasterien (1833-) 1852-1865

318 Räte und Mitglieder der holsteinischen Oberdikasterien 1852-1865
Enthält u. a.: Gagen; Bestallungsbestätigungen

319 Assessoren bei den holsteinischen Oberdikasterien
Enthält: Bewerbungsgesuche (1853-) 1865-1866

320 Sekretäre bei den holsteinischen Oberdikasterien 1848-1865
Enthält: F. Reusch; Franz Christoph Reimers; Casper Wessel Heinrich von Gyldenfeld; J. C. Levsen; Herrmann Johann Friedrich Tiedemann; Carl Christian Ernst Hieronimus Esmarch; Ernst Friedrich Hinrich Rheder; Carl Wilhelm Gustav von Prangen

321 Boten bei den holsteinischen Oberdikasterien 1848-1865

322 Kopisten bei den holsteinischen Oberdikasterien 1849-1866

Landesdistrikte

326 Amt Cismar: Justizverwaltung und Justizbeamte 1849-1864

565 Amt Cismar: Amtmann, Aktuar, Amtsvogt, Hilfsarbeiter 1864-1866

327 Amt Neumünster: Aktuar 1848-1868
Enthält u. a.: Bewerberverzeichnis, 1853

328 Herrschaft Pinneberg: Landrichter und Gerichtssekretär 1855-1866
Enthält u. a.: Bewerberverzeichnisse

564 Amt Reinbek: Justiz und Justizbeamte 1864-1866

688 Amt Rethwisch: Amtspförtner 1863-1864

566 Amt Tremsbüttel: Amtsbedienstete 1864-1866

329 Oldenburger Güterdistrikt: Gerichtshalter (1840-) 1849-1865

331 Kanzleigüter: Justiz und Justizbeamte (1826, 1842) 1850-1864

330 Preetzer Güterdistrikt: Distriktsdeputierte und Gerichtshalter (1828-1841) 1853-1864

Strafanstalten

582 Strafanstalten in Glückstadt: Jahreslisten der Insassen 1861-1866

Ehe

324 Legimitationen unehelicher oder vor der Ehe geborener Kinder 1849-1866

325 Ehescheidung durch landesherrliche Verfügung (1848-1849) 1865

Weitere Justizangelegenheiten

683 Einzelne Rechtsfälle 1864-1866

Strandwesen

426 Kosten der Beerdigung angetriebener Leichen 1835-1864

ZWEITE SEKTION

Polizei

Allgemeines

240 Gendarmerie 1851-1864
Darin: „Preußisches Wochenblatt zur Besprechung politischer Tagesfragen" vom 21. Januar 1854; Bekanntmachung zur Einrichtung der Gendarmerie im Herzogtum Schleswig, 1851

293 Öffentliche Wohlfahrt 1852-1864
Enthält: Spar- und Leihkassen; Rentenversicherung in Wandsbek; Schulunterricht für Fabrikarbeiterkinder in Rendsburg sowie Regualtiv für die Fabrikschule in Itzehoe

227 Öffentliche Ruhe 1848-1864
Enthält u. a.: Berichte über die politischen Zustände nach dem Tod König Friedrichs VII.; Ruhestörungen; Demonstrationen

237 Politische Maßnahmen in Bezug auf den Krieg 1848-1864
Enthält u. a.: Proklamation des Prinzen Friedrich von Schleswig-Holstein-Sonderburg-Augustenburg; Ein- und Ausfuhrverbote; Beschlagnahmungen; Spionage; Anwesenheit von fremden Kriegsschiffen im Kieler Hafen

234 Politisch verdächtige Personen 1850-1864

235 Überwachung von Vereinen und Versammlungen 1848-1864
Darin: Muster eines Turnpasses; Aufruf an die Vereine des Deutschen Turnerbundes; verschiedene Vereinsstatuten

263 Beaufsichtigung der Wirtshäuser 1849-1864
Darin: „Itzehoer Nachrichten" vom 16. April 1862

271 Öffentliche Lustbarkeiten 1834-1865
Enthält: Konzessionen zur Abhaltung von Bällen, Maskeraden und ähnlichen Veranstaltungen

270 Konzessionen für Musiker und andere Künstler 1851-1864
Darin: „Rendsburger Wochen-Blatt" vom 27. November 1858

264 Einführung der Reichsmünze 1856-1864

265 Maße und Gewicht 1853-1864

266 Revision von Gewichten und Waagen 1863-1864

238 Passwesen und Beaufsichtigung fremder Personen 1854-1864

239 Passwesen und Beaufsichtigung fremder Personen 1854-1864
Darin: „Hamburger Nachrichten“ vom 28. Juni 1853

273 Niederlassung und Heimatrechte von Juden 1852-1864
Darin: Verordnung zu den Verhältnissen der Juden im Herzogtum Schleswig, 1854

268 Sabbatfeier 1851-1864

267 Tierschauverlosungen 1855-1864

574 Beschränkung des Wanderns mit Schafherden 1865-1866

709 Portofreiheit für Sendungen an die Landesbrandversicherungsanstalt 1866

Beamte

241 Polizeibeamte und Polizeibedienstete 1852-1864

Presse

230 Presse 1848-1864
Enthält u. a.: Gesuche; Konzessionen; Pressegesetze
Darin: verschiedene Druckschriften und Zeitungen

231 Druckerei- und Zeitungsprivilegien (1829-) 1852-1864
Darin: „Kieler Correspondenzblatt“ vom 5. und 28. Juli, 16. August und 29. Dezember 1861; „Itzehoer Unterhaltungsblatt“ vom 20. Dezember 1851 und vom 10. bis 31. Januar 1852; „Itzehoer Nachrichten“ vom 18. Mai, 11. und 15 Juni 1859

229 Abgabe von Pflichtexemplaren sowie unentgeltliche Aufnahme von Bekanntmachungen 1849-1864
Darin: „Elmshorner Nachrichten“ vom 11., 14. und 18. Dezember 1855; „Segeberger Wochenblatt“ vom 31. Juli 1852; „Correspondenzblatt und Kieler Wochenblatt“ vom 26. Oktober und 9. November 1853

236 Überwachung der ausländischen Presse 1849-1864
Darin: zahlreiche Zeitungen

228 Überwachung der inländischen Presse 1851-1864
Darin: „Schleswig-Holsteinische Zeitung und Altonaer Tageblatt" vom 23. Oktober 1864; „Neues Itzehoer Wochenblatt" vom 13. September 1851

580 Überwachungen der Presse 1865-1866

581 Haltung der inländischen Presse zu den Souveränitätsrechten während des Provisoriums 1865

232 Presse in Altona 1796-1864

Polizei in den Städten

242 Polizei in Altona 1849-1864

245 Polizeibeamte in Kiel 1848-1864

247 Bestallung des zweiten Polizeidieners Peter G. Chr. Mohr in Neustadt zum Gerichts- und ersten Polizeidiener 1864

254 Polizeibeamte und Polizeibedienstete im Rendsburg 1847-1864

252 Polizei in Rendsburg 1851-1865

Polizei in den Landdistrikten

243 Polizei in den Ämtern Bordesholm, Kiel und Kronshagen 1853-1864
Enthält vor allem: Amtsvogt in Bordesholm

244 Polizeireiter im Amt Cismar 1849-1864

246 Polizeibeamte im Amt Neumünster 1853-1864

248 Polizeibeamte und Polizeibedienstete in der Herrschaft Pinneberg 1848-1864

249 Polizeibeamte und Polizeibedienstete in der Grafschaft Rantzau 1848-1864

250 Polizeibeamte und Polizeibedienstete in den Ämtern Reinbek, Trittau und Tremsbüttel 1849-1864

251 Polizei in den Ämtern Reinbek, Trittau und Tremsbüttel 1849-1864

259 Polizeibeamte und Polizeibedienstete in den Ämtern Reinfeld, Rethwisch und Traventhal 1848-1864

258 Polizei in den Ämtern Reinfeld, Rethwisch und Traventhal 1849-1864

253 Polizei im Amt Rendsburg 1851-1864
Enthält u. a.: Bewerberverzeichnis für die Polizeireiterstellen, 1863

255 Polizeibeamte und Polizeibedienstete im Amt Segeberg 1839-1864

256 Polizeibeamte und Polizeibedienstete im Amt Steinburg 1839-1864

257 Polizeibeamte und Polizeibedienstete der Landschaft Süderdithmarschen 1851, 1862-1864

Polizei in den Gütern und Klöstern

261 Polizeibeamte und Polizeibedienstete im Gut Wandsbek 1848-1864

262 Polizei in den adligen Gütern, Kanzleigütern sowie lübschen Gütern und Stadtstiftsdörfern (1846) 1851-1864
Darin: Verordnung über die Termine des Dienstbotenwechsels in Hamburg, 1846

260 Polizei in den Klöstern (1849-) 1851-1864
Darin: Karte des Dammgrabens in Uetersen

579 Aufhebung der Intendantur Wandsbek und Übertragung von deren Geschäften auf das Inspektorat Wandsbek (1841-1850) 1865

Lotterien

269 Sammlungen für auswärtige Lotterien 1856-1865

Leih- und Lombardanstalten

272 Konzessionen für Lombard- und Pfandleihgeschäfte 1853-1864

Gesundheitswesen und Veterinärwesen

283 Gesundheitspolizei im ersten bis dritten Physikatsdistrikt 1837-1864

284 Gesundheitspolizei im achten bis zwölften Physikatsdistrikt 1848-1864
Enthält u. a.: Übersichten über die 1857-1861 vorgekommenen Epidemien und die gerichtsärztlichen Untersuchungen im zwölften Physikatsdistrikt

277 Sanitätskollegium (1833, 1842) 1848-1864
Darin: „Correspondenzblatt und Kieler Wochenblatt" vom 20. April 1861

278 Sanitätskollegium 1848-1864
Enthält u. a.: Generalberichte

274 Irrenanstalt und Taubstummeninstitut in Schleswig 1848-1864
Enthält u. a.: Bau des Frauenhauses bei der Irrenanstalt (mit zahlreichen Rechnungen)

280 Physikus, Arzt und Chirurg 1848-1864
Darin: „Gründe für die Einführung der homöopathischen Heillehre auch in den Civil- und Militair-Spitälern, von Wilhlem Elvert". Itzehoe 1859

289 Kandidaten der Pharmazie und pharmazeutisches Examen 1849-1864

276 Impfungen 1849-1864

290 Apotheken und Apotheker 1848-1864
Enthält u. a.: Visitation der Apotheken
Enthält auch: Apotheken im Herzogtum Schleswig

281 Apotheke in Kellinghusen 1852-1864

282 Apotheke in Wesselburen 1852-1854, 1864

275 Medizinalwaren: Handverkauf der Apotheken, Gifte (1843) 1849-1864
Darin: Bestimmungen zum Umgang mit Giften, 1843; Atteste über den weißen Brustsirup aus der Fabrik von G. U. W. Mayer in Breslau, 1863

285 Hebammenwesen im ersten bis fünften Physikatsdistrikt 1838-1864

286 Hebammenwesen im sechsten bis neunten Physikatsdistrikt 1855-1865

287 Hebammenwesen im zehnten bis dreizehnten Physikatsdistrikt 1839-1864

288 Hebammenwesen im vierzehnten bis siebzehnten Physikatsdistrikt 1848-1864

292 Gesundheit und Reinlichkeit, Unsittlichkeit und Bordelle, Tierquälereien 1848-1864
Darin: „Rendsburger Wochen-Blatt" vom 23. Juni 1855; Statuten des Altonaer Tierschutzverein;

294 Tierärzte 1849-1865
Darin: „Wagrisch-Fehmarnsche Blätter" vom 17. November, 1. und 29. Dezember 1860

296 Tierkrankheiten: Lungenseuche 1862-1865
Darin: „Landwirthschaftliches Wochenblatt" vom 23. August 1862; Druckschrift zur Lungenseuche von Dr. med. J. Jessen, 1857

295 Tierkrankheiten: Rotzkrankheit 1836-1864

297 Sonstige Tierkrankheiten 1852-1864

Verfassung und ökonomische Verwaltung der Städte und Flecken

666 Übersicht über den Vermögensstand der holsteinischen Städte 1847-1866

573 Lokalstatut für die Flecken im Herzogtum Holstein 1851-1866

298 Erlass einer allgemeinen Fleckensordnung 1862-1864
Darin: gedruckter Entwurf der Fleckensordnung

585 Vertretung der Bürgermeisters und Stadtsekretäre durch die ältesten Ratsverwandten 1865

299 Einstweilige Suspendierung des Bürgereids 1864

300 Geld- und Naturalleistungen für 1863: Wilster und Heiligenhafen 1864

569 Kommunalangelegenheiten (1822-) 1852-1865
Enthält u. a.: Wahl eines Ratsverwandten in Oldesloe (mit Verzeichnis der wahlberechtigten Bürger); Aufhebung der Freiweide in Oldenburg; Verkauf alter Armenkaten in Besdorf und Ohrsee; Wahl eines Ratsverwandten in Rendsburg; Beliebung für die Bauerschaft Strübbel

571 Kommunalangelegenheiten 1857-1865
Enthält u. a.: Verteilung der Kommunal- und Wegelasten in der Grafschaft Rantzau; Wochenmarktordnung für das Kirchspiel Wöhrden; Vergütung für den Gevollmächtigten der Erbpachtsdistrikte im Amt Bordesholm

572 Kommunalangelegenheiten (1850-) 1861-1866
Enthält u. a.: Änderungen in der Verfassung der Landschaft Süderdithmarschen; Verwaltung der gutsobrigkeitlichen Geschäfte des Gutes Klausdorf; Zugehörigkeit des Karolinenkoogs; Kosten der Arbeiten an Ländereien im Flecken Neumünster; Personal

577 Verbindung des Gehöfts Riese in Süderdithmarschen mit der Dorfschaft Osterwohld (1783-) 1863-1866

576 Beiträge der Moorlandsinteressenten in den Kirchspielen Wilster und Sankt Margarethen 1865-1866

301 Altona: Bürgermeister und Ratsverwandte (1833, 1841) 1848-1864
Enthält u. a.: Abstimmungslisten für die Besetzung einer Ratsverwandtenstelle 1849

302 Altona: Oberpräsident 1851-1864

303 Altona: Überlassung eines Landstücks am Hafen an die Eisenbahngesellschaft Altona-Kiel 1864

304 Altona: Stiftung einer Summe aus der Stadtkasse für wohltätige Zwecke anlässlich des zweihundertjährigen Bestehens der Stadt 1864

305 Altona: Öffentlichkeit der Sitzungen des Stadtkollegiums 1864

306 Altona: Bestreitung der Ausgaben bei der Anwesenheit des Herzogs aus der Stadtkasse 1864

307 Altona: Ankauf eines Grundstücks an der Pinneberger Chaussee 1864

308 Altona: Verteilung der Kriminal- und Polizeikosten zwischen Altona und den Dorfschaften Ottensen und Neumühlen 1864

575 Altona: Plan einer internationalen Landwirtschafts- und Industrieausstellung 1864-1865

309 Glückstadt: Lokalstatut 1849-1864

311 Heiligenhafen: Magistratsmitglieder, Beamte und Bedienstete 1850-1864

312 Heiligenhafen: Finanzen, An- und Verkauf von Grundstücken 1851-1864

310 Itzehoe: Bauten und Finanzen, Beamte 1857-1864

693 Kiel: Ratsdiener und Billeteur 1865-1866

567 Neumünster und Oldenburg: Genehmigung von Zunftrollen 1854-1865

698 Neustadt: Kommunalangelegenheiten 1865-1866
Enthält u. a.: Zwangsanleiheschulden; Straßenverbreiterung

313 Schützengilde: Altona 1850-1864

315 Schützengilde: Brunswik 1851-1864

314 Schützengilde: Rendsburg (1834, 1842) 1851-1864
Darin: Artikel der Neuwerker Scheibenschützengilde und der Sterbekasse, 1861

Handel, Gewerbe, Erfindungen und Patente

663 Plan zur Gründung einer Schleswig-Holsteinischen Landesbank 1864

678 Handwerkerverzeichnisse für 1863 1864-1865

679 Ansetzung der gewerbetreibenden Einwohner Nortorfs zur Nahrungssteuer 1864

578 Erfindungen und Patente (1847-) 1849-1866
Darin: Zeichnung eines Apparats zur Kohlensäureentwicklung; Zeichnung einer Rektifikations- und Entfuselungsapparats; „Hamburger Nachrichten" vom 25. August 1860

DRITTE SEKTION

Deiche und Wasserlösung

394 Befugnisse zum Reiten, Fahren, Pflügen und Brackern auf den Deichen 1837-1864

397 Deich- und Wasserbaudirektor sowie Deichkondukteur (1839, 1841) 1843-1866
Darin: „Bedingungen für die Schlengenarbeiter im Deichbande des Stadt- und Butjadingerlandes", 1839; „Instruktion für die Packmeister im Deichbande des Stadt- und Butjadingerlandes", 1839; „Instruktion für die Sielmeister im Herzogthum Oldenburg und der Herrschaft Jever", 1841; „Entwurf einer Instruktion für die Siegelgeschworenen"

393 Deich- und Wasserbaudirektorat: Kondukteure (1847-) 1852-1866

395 Deich- und Wasserbaudirektorat: Diäten und Reisekosten 1860-1864

399 Deichkasse 1855-1866

390 Deichschau in Holstein 1853-1864
Darin: Pläne der Stromwerke bei Wollersum, 1862; Deichverstärkung am Horster Koog, 1862; Verstärkung des Darenwurther Deichs, 1862; Buhne in der Stackrecksbucht, 1862

400 Deicharbeiten in der Landschaft Süderdithmarschen 1855-1865
Darin: Plan eines Buhnenbaus, 1864; Plan einer Verstärkung des Marner Deichs bei Neufeld, 1858

414 Bauten an den herrschaftlichen Deichen in Glückstadt 1851-1864

413 Verpachtung der landesherrlichen Süderdeicher Außendeiche (1845-) 1852-1864

392 Obstbäume auf dem Neuendeich 1857-1864

396 Gesuch des Deichgrafen Spanjer in Brokdorf um Dispensation von seinem Amt 1864

391 Abgabe für das Hineinlegen von Schiffen in das Außenfleet der Altenfelder Schleuse 1864

398 Verhinderung der Aufstellung von Scheiben zu Schießübungen der hannoverschen Artillerie am Twielenflether Sand 1864

563 Wilder Wassergang in Glückstadt und Einsetzung einer Kommission zu dessen Beaufsichtigung 1835-1864

406 Wasserlösungsstreitigkeiten in Steinfeld 1855-1864

405 Regelung der Wasserlösungsstreitigkeiten zwischen den Anliegern der Beste und Barnitz und den Besitzern der Papiermühle in Oldesloe (1851) 1860-1864

412 Wasserlösungsstreitigkeiten zwischen dem Müller Scharbau zur Woltersmühle und den Hufnern Schmahl und Schwien in Kesdorf 1860-1865

410 Reinigung des sogenannten Waldbachs bei Schmalstede 1862-1864

411 Gesuch des Hufners Hinrich Christian Kähler in Rumohr wegen seiner Pflicht zur Beseitigung eines Grabenauswurfs 1862-1864

408 Ausscheiden der Schwalkenschleusenkommüne aus dem Entwässerungsverband des Hedwigenkoogs (1857-) 1862-1867
Darin: Regulativ für die Entwässerung des Hedwigenkoogs, 1859

409 Wasserlösungsstreitigkeit des Anbauers Hans Nickels in Prehnsfelde mit dem Anbauer Horns in Wasbek 1863-1864

407 Wasserlösungsstreitigkeiten wegen der Ableitung des Rinnsteinwehrs von der Wiese des Hofbesitzers Schütt in Großendorf 1863-1864

404 Beschwerde des pensionierten Hausvogts Albers in Bolande bei Reinfeld wegen einer Kostenrechnung in Wasserlösungsstreitigkeiten (1859-) 1863-1864

417 Zuständigkeit der Administration oder der Justizbehörden bei der Verfügung von Brüchen in Wasserlösungsangelegenheiten 1863-1864

415 Notat zur Trittauer Amtsrechnung für 1861/62 wegen Berechnung mehrerer Brüche in Wasserlösungsangelegenheiten 1864

416 Zahlung von Brüchen säumiger Wasserschaumänner in die Amts- oder landesherrliche Kasse 1864
Enthält: Bauervogt Muus, Ekelsdorf

401 Teilung des Preetzer Distrikts in zwei Wasserlösungsdistrikte für die Probstei und die Walddörfer 1864

402 Wasserlösungsangelegenheiten des Parzellisten Rickers in Neuhof bei Reinfeld beim Bau der Eisenbahn Hamburg-Lübeck 1864

403 Beschwerde des Hufners Mylius in Heilshoop wegen des Urteils gegen den Halbhufner David in einer Wasserlösungsstreitsache 1864-1865

Hafen, Brücken und Fähren

421 Häfen in Büsum und Warwerort (1828) 1834-1864

420 Hafen in Neustadt (1834) 1835-1864

423 Krückauer Hafen: Rechnungsangelegenheiten 1842-1865

424 Brücke über die Haaler Au (1799) 1849-1865

422 Landungsbrücke in Blankenese 1855-1864
Darin: farbige Planskizze, 1856

425 Fähren 1839-1864
Enthält u. a.: Fährtaxen in Wollersum, Ivenfleth, Beidenfleth und Wewelsfleth

Flüsse

427 Elbe 1840-1865
Enthält u. a.: Strom- und Wasserbauten; Vermessung des Elbstrandes; Zollkontrolle; Verbesserung des Elbfahrwassers; Landungsbrücken in Oevelgönne und Schulau

684 Trave 1864-1866

Eisenbahnen

429 Eisenbahnkommissar und Eisenbahnkommissariatssekretär 1855-1864

428 Geplante Eisenbahnlinien Elmshorn–Oldesloe und Oldesloe–Segeberg–Neumünster 1857-1859, 1865

Wege

Allgemeines

706 Entwurf einer Archivsystematik für das Wegewesen 1866

707 Versicherung der Bücher des Wegebüros gegen Feuer 1866
Enthält: Buchkatalog

460 Erlass eines geänderten Wegegesetzes 1855-1865
Darin: „Itzehoer Nachrichten“ vom 31. Oktober und 3. November 1860

454 Verfügungen und Bekanntmachungen im Wegewesen 1837-1864
Enthält u. a.: Erlass einer Wegeordnung 1842

455 Druck der Chausseezettel und der Wegeordnung 1849-1865

459 Feststellung des Begriffs „Lastfuhrwerk“ nach dem Patent von 1854 und Verfahren bei Zuwiderhandlungen gegen dessen Bestimmungen 1854-1864
Enthält u. a.: Gesuche um Befreiung von der Benutzung breiter Radfelgen

466 Wegebeamte 1844-1864

465 Wegebeamte: Aufseher, Einnehmer, Wärter 1849-1865

458 Schlagbäume 1832-1865

467 Wegeschau 1835, 1854-1864

462 Verpachtung des Graswuchses auf den Chausseeböschungen 1843-1864

456 Befreiung vom Chausseegeld für Wirtschafts- und Baufuhren 1846-1864

461 Wegebrüche 1855-1865

Chausseen

457 Chausseen 1838-1866
Enthält u. a.: Verfügungen; Gesuche um Befreiung von Chausseegeldern

453 Chausseen 1844-1864
Enthält u. a.: Telegrafenleitung von Altona nach Heide; Bau- und Unterhaltungskosten; Baumpflanzungen; Chausseegelder; Änderung der Schilder der Chausseebediensteten
Darin: Chausseeschild

468 Quartalsberichte über Chausseearbeiten 1854-1864

469 Chaussee Kiel–Preetz 1839-1864

471 Chaussee Kiel–Altona: Verpachtung der Hebestellen 1852-1864

475 Chaussee Neumünster–Plön–Dodau 1858-1864
Darin: Polizeireglement für den Chausseebau, 1859

472 Chaussee Neustadt–Segeberg-Rethfurt (1842) 1845-1864
Darin: Polizeireglement für den Chausseebau, 1842

470 Chaussee Preetz–Plön 1842-1864

473 Chaussee Rendsburg–Itzehoe–Elmshorn 1846-1864

474 Wilstermarsch-Chaussee: Itzehoe–Wilster–Holstengraben 1852-1864
Darin: Planskizze von Bauplätzen; Pläne des Sankt Margarethener und Bütteler Hafens

Nebenlandstraßen

491 Nebenlandstraße Nr. 3: Heide–Pahlhude 1847-1866

476 Nebenlandstraße Nr. 4: Heide–Grünental, Rendsburg-Meldorf (1769, 1809) 1859-1866

477 Nebenlandstraße Nr. 11: Neumünster–Nortorf–Jevenstedt 1845-1864

478 Nebenlandstraße Nr. 13a: Horst–Hackelshörn 1843-1866

479 Nebenlandstraße Nr. 15: Elmshorn–Uetersen–Wedel–Altona 1842-1865

480 Nebenlandstraße Nr. 15: Elmshorn–Uetersen–Wedel–Altona–Blankenese 1856-1864

481 Nebenlandstraße Nr. 15: Kostenvoranschläge der Unterhaltung der Chausseestrecken Wedel–Dockenhuden und Wedel–Uetersen 1857-1866

482 Nebenlandstraße Nr. 16b: Elmshorn–Pinneberg–Eidelstedt (1831-) 1835-1864

484 Nebenlandstraße Nr. 21: Oldesloe–Segeberg–Neumünster 1837-1866

486 Nebenlandstraße Nr. 25: Ahrensbök–Reinfeld 1843-1845, 1861-1866

487 Nebenlandstraße Nr. 26: Plön–Ahrensbök–Lübeck 1839-1866

488 Nebenlandstraße Nr. 35: Kiel–Schönberg–Lütjenburg 1835-1864

489 Nebenlandstraße Nr. 38: Oldenburg–Lensahn–Neustadt 1835-1866

490 Nebenlandstraße Nr. 46: Meldorf–Itzehoe 1834-1866

Einzelne Wege

463 Errichtung einer verbesserten Postverbindung in der Landschaft Norderdithmarschen 1864-1865

464 Gesuche, Vorstellungen und Beschwerden im Wegewesen 1863-1865

504 Wege: Städte und Flecken (1803) 1828-1866

498 Wege: Ämter Bordesholm, Kiel und Kronshagen 1835-1865
Darin: Grundriss von den Grundstücken der Düsternbrooker Badeanstalt, 1852

496 Wegeinstandsetzung in den Ämtern Plön und Ahrensbök (1827) 1835-1864

500 Wege: Ämter Reinbek, Trittau und Tremsbüttel 1808-1809, 1835-1866

497 Wege: Ämter Reinfeld, Rethwisch und Traventhal (1772) 1835-1864
Darin: Beschreibung der Parzellen der Vorwerke Stein- und Neuhof, 1772

495 Wege: Amt Rendsburg (1791, 1822, 1848) 1856-1865
Darin: Kaufbedingungen der zum Gut Hanerau gehörigen Parzellen Bokhorst, Oldenbüttel, Bokelhoop und Schleuse, 1791

499 Wege: Amt Segeberg 1826-1865

493 Wegebau im Amt Steinburg 1849-1865

494 Wege: Landschaft Süderdithmarschen 1837-1864

503 Wege: Preetzer Güterdistrikt 1837-1864

506 Wege: Kloster Itzehoe (1771, 1842) 1843-1864

505 Wege: Güter und Kloster Uetersen (1832) 1844-1864

501 Innere Regulierung der Wegedistrikte: Amt Neumünster 1831-1866

502 Innere Regulierung der Wegedistrikte: Amt Rendsburg 1842-1864

Militär

661 Dankadressen des Kommandanten von Kiel und des Kommandeurs der Bundesexekutionstruppen an die Herzogliche Landesregierung 1864-1865
Darin: gedruckte Dankadresse des Kommandeurs der Bundesexekutionstruppen Generalleutnant von Hake, Dezember 1864

677 Herzogliches Bundeskontingent 1857-1866
Enthält u. a.: Stammrollen

434 Marine: Lotsen 1855-1864
Darin: Reglement für die Lotsenstation in Bülk, 1856

433 Aushebungen zum Seedienst 1860-1864

705 Seedienstpflichtige 1864
Enthält u. a.: statistische Zusammenstellung der Resultate der See-Sessionen 1863

432 Übertragung aus der Land- in die Seerolle und umgekehrt 1860-1865

668 Entlassungen aus dem Untertanenverband 1857-1865

430 Entlassungen aus dem Untertanenverband 1864

431 Entlassungen aus dem Untertanenverband 1864-1865

VIERTE SEKTION

Steuern und Abgaben

526 Hebungsbeamte: Kirchspielvogtei Bramstedt (1848) 1849-1866

525 Hebungsbeamte: Kirchspielvogtei Brokdorf (1846) 1850-1866

524 Hebungsbeamte: Kirchspielvogtei Kaltenkirchen 1851-1865

527 Herrengeld und Katengrundheuer 1852-1865

529 Steuern in den Städten 1850-1864
Enthält u. a.: Postverbindung zwischen Cismar und Neustadt

697 Vierprozent- und Halbprozentsteuerlisten der Steuerkontrolle für 1865 1865-1866

528 Steuern im Amt Rendsburg 1848-1865

568 Tilgung der Zwangsanleihe von 1849/50 im Amt Trittau 1857-1864

673 Vorstellung des Kätners und Schmieds Jochim Friedrich Petersen in Süsel wegen zuviel bezahlter Abgaben und Gebühren an die Amtsstube in Ahrensbök 1858-1864
Darin: Petersens Quittungsbuch

681 Gesuch der lübschen Stadtstiftsdörfer Schwochel und Böbs um Herabsetzung der außerordentlichen Pflugzahl (1848) 1864

522 Übernahme der Unterstützung der Bediensteten des früheren Zahlenlottos in Altona durch die Landesregierung (1848-1852, 1860) 1864
Enthält u. a.: Annotationsbuch zu den Einnahmen und Ausgaben der Lottodirektion 1848-1852

675 Notate zur Amtsanlagenrechnung Ahrensbök 1863/64 1864-1865

680 Gesuch des Eigenkätners Detlev Hinrich Dencker in Ottendorf um Abgang und Rückzahlung des Katengeldes 1865

674 Gesuch des Viertelhufners Johann Hinrich Meyer in Lebatz um Rückerstattung zuviel bezahlter Quittungs- und Zählgebühren 1865

Landwesen

558 Landüberlassungen: Amt Reinbek 1791-1866

546 Landaufteilungen: Landschaft Norderdithmarschen (1851) 1853-1866

544 Landaufteilungen: Herrschaft Pinneberg 1855-1865
Darin: Karte des den Erben des Hans Poppe in Neumühlen gehörigen Grundstücks Nr. 29, 1856; Karte vom Grundbesitz des Abraham Christian Wedekind in Neumühlen, 1864

545 Landaufteilungen: Herrschaft Pinneberg 1862-1864

550 Landaufteilungen: Amt Rendsburg (1775) 1844-1866
Darin: Vermessungsprotokoll der Heidekoppel in Jahrsdorf, 1775; Erdbuch der Gemeinheitsländereien in Jahrsdorf, 1857

542 Landaufteilungen: Amt Segeberg 1770-1776, 1833-1865
Enthält u. a.: Regulierung der Bramstedter Fleckensgemeinheiten 1770-1776

549	Landaufteilungen: Amt Traventhal	1850-1866
543	Landaufteilungen: Wandsbek	1849-1866
547	Landumsätze: Amt Bordesholm	(1831-) 1859-1864
555	Landumsätze: Grafschaft Rantzau	1861-1864
556	Landumsätze: Amt Rendsburg	(1833, 1852) 1858-1864
557	Landumsätze: Amt Rendsburg	1863-1865
533	Landumsätze: Amt Segeberg	(1837) 1856-1865
560	Landumsätze: Amt Segeberg	1858-1866
562	Landumsätze: Amt Segeberg	1862-1864
559	Landumsätze: Amt Tremsbüttel	(1815, 1833) 1856-1864
532	Landumsätze: Wandsbek	1860-1864
534	Landumsätze: Güter und Klöster	1848-1865
530	Erbpachten: Amt Segeberg	(1776) 1782-1865 (1867)
531	Erbpachten: Tielenhemme	1842-1865
539	Verpachtungen: Glückstadt	1821-1865
541	Realprivilegien: Amt Tremsbüttel Enthält: Bargteheide und Hammoor	(1579-) 1808-1864
540	Realprivilegien: Amt Trittau Enthält: privilegierte Hufe in Eichede	(1698-) 1828-1865
561	Festungsländereien in Rendsburg Darin: Plan der Reiferbahn des Reifers H. Horst, 1861	(1708-) 1843-1864
692	Gesuch des Kätners Detlef Maass in Oelixdorf um Erlaubnis zu einem Landverkauf	(1826) 1864

537 König-Christians-Koog 1845-1864
Enthält u. a.: Rechnungsablage 1857-1864
Darin: Karte des Koogs, 1861

553 Wesselburener Koog 1855-1866

Forst- und Jagdwesen

583 Beteiligung der Forst- und Jagdbeamten bei den Untersuchungen über Forst- und Jagdvergehen 1865-1866

452 Holzschulen in der Landschaft Süderdithmarschen (1619-) 1734-1866
Darin: Holzschulbuch der Dorfschaft Albersdorf, 1799; Holzschulordnung der Dorfschaft Arkebek, 1767

440 Holzvogt in Gölm, Amt Trittau (1841-) 1848-1866

442 Forstaufseher in Hartenholm (1830) 1833-1865

443 Holz- und Torfdeputate 1851-1864
Enthält u. a.: Holzlieferungen an das Kloster in Uetersen

447 Gehege in der Grafschaft Rantzau (1650) 1749-1776, 1830-1864

450 Gehege im Amt Rendsburg (1780, 1843) 1849-1866

448 Doosenmoor, Amt Bordesholm 1857-1865

449 Moore im Amt Neumünster 1850-1865

445 Moore in der Grafschaft Rantzau (1832-) 1848-1865
Enthält: Gebühren für Moorländereien; Moor in Klein Offenseth

444 Moore im Amt Tremsbüttel 1848-1866

672 Konzession für den Hufner Westphal in Eilsdorf zur Ausübung der Unterjagd auf den Feldern der Dorfschaften Wulfsfelde, Reinsbek und Butterstieg mit Einschluss des herrschaftlichen Wulfsfelder Moores (1849) 1864
Enthält auch: Hausbrief für den Viertelhufner Hans Friedrich Westphal und Erbteilungsakte, 1849

Domänen

517 Schloss in Plön (1849-) 1851-1865

518 Beamte des Domänenwesens 1850-1864
Enthält u. a.: Kautionen; Anstellungsgesuche; Uniform der Hausvögte; Gagen

513 Dienstgebäude des Aktuars im Amt Bordesholm 1843-1864

514 Dienstwohnungen der Amtsvögte in Bordesholm 1862-1864

512 Hausvogt im Amt Neumünster (1729, 1765-) 1795-1864

511 Dienstanwesen des Amtsdieners in Reinfeld 1856-1864

516 Haus- und Kirchspielvogt im Amt Segeberg 1848-1865

509 Dienstanwesen des Amtsverwalters in Traventhal 1824-1866

519 Dienstländereien des Amtsvogts in Uetersen 1853-1864

508 Verwaltung des Gutes Wandsbek 1848-1865

515 Inspektorat des Gutes Wandsbek (1830-1839) 1851-1864
Darin: Reglement für die Polizeiverwaltung im Flecken Wandsbek, 1839; Reglement für die Geschäftsverwaltung des Gerichtshalters sowie des Hebungsbeamten und Inspektors im Flecken Wandsbek und im Gut Wellingsbüttel, 1839

510 Gut Mönkenbrook (1787-1818) 1850-1866

520 Landmesser 1852-1864

Mühlen

Allgemeine Mühlenangelegenheiten und Mühlenzwang

332 Aufhebung des Mühlenzwangs 1852-1865

333 Aufhebung des Mühlenzwangs: Entschädigungsverhandlungen und Personal 1856-1864

334 Aufhebung des Mühlenzwangs: Rechnungsablagen des Kommissars für das Entschädigungsverfahren 1857-1864

335 Ernennung von Schätzungsmännern beim Taxationsverfahren 1857-1865

336 Beschwerde des Müllers Molt in Strenglin über den Müller in Cashagen wegen Herstellung von Mühlenprodukten für Eingesessene des Amtes Reinfeld 1863-1864

337 Ordnung des Mühlenwesens 1865-1866

Mühlen in den Landdistrikten

338 Roggenwindmühlen in Altona (1704-) 1777, 1854-1866

343 Konzession zum Betreiben einer Handgrützquere an Johann Hinrich Röhl in Grevenkrug 1865

342 Grützqueren im Amt Bordesholm 1847-1864

347 Graupenmühle bei Kiel (1743-) 1808-1866

341 Erbpachtmühle in Schmalstede (1766) 1809-1868

345 Realquerengerechtigkeit der Katenstelle des Hinrich Christian Stölting in Wellingdorf (1823-) 1857-1866

361 Gesuch des Bürgers Sahr in Rendsburg um Erlaubnis zum Mahlen des Getreides in der Mühle in Nübbel 1864

350 Mühle in Neumühlen im Amt Kiel 1792-1866

352 Grützqueren im Amt Neumünster (1793, 1832) 1845-1864

351 Realquerengerechtigkeit der Kätnerstelle des Detlef Kruse in Gadeland 1852-1866

354 Dampfmühle in Heide 1862-1867
Darin: Beilage zur „Itzehoer Nachrichten“ vom 1. Oktober 1862

355	Gesuch des Zimmermeisters Christian Friedrich Claussen in Heide um Anlage einer Kornwindmühle	1864
357	Anlage von Mühlen auf dem Schülp-Norddeicher Vorland	(1857) 1862-1864
353	Gesuch des Eingesessenen Haalk in Weddingstedt um Anlage einer neuen Kornwindmühle	1866
356	Kassation der Konzession für den Müller Heinrich Stubbe in Wesselburen zur Anlage einer Kornwindmühle im Wesselburener Koog	(1863) 1864
363	Kassation der Konzession für Hans Jochim Gehrkens in Hummelsbüttel zur Anlage einer Handgrützquere	(1863) 1865
360	Reparaturen an den Mühlenbrücken in Pinneberg	1848-1864
362	Ölmühle bei Fegetasche	1800-1866
339	Kassation der Konzession für den Viertelhufner Hinrich Schütt zum Betreiben einer Handgrützquere in Bargteheide	(1850) 1866
340	Konzession für den Vogt und Brennereibesitzer Brettschneider in Barsbüttel zur Benutzung einer Schrotmühle	1861-1864
364	Erbpachtmühle bei Domhorst	(1765) 1787-1866
387	Drahtmühle bei Grönwohld	1863-1865
385	Kassation der Grützquerenkonzession für den Hans Jochim Stapelfeldt in Hammoor	1850, 1866
386	Grützqueren im Amt Tremsbüttel	1851-1864
521	Mühlen im Amt Reinfeld	1849-1864
384	Grützqueren in den Ämtern Reinfeld, Rethwisch und Traventhal	1854-1864
367	Kornwindmühle in Klein Barnitz	1852-1865
366	Anlage neuer Mühlen im Amt Rendsburg	1843-1865

388	Handgrützquere der Witwe Anna Kruse in Vaale	1851-1866
372	Grützqueren im Amt Segeberg	1851-1864
368	Handgrützquerenkonzession für den Kätner Hans Hinrich Wrage in Schmalfeld	(1856) 1865
369	Kassation der Handgrützquerenkonzession für den Kätner August Kahle in Ulzburg	(1862) 1865
371	Handgrützquerenkonzession für den Kätner Marx Rickert in Wiemersdorf	1866
370	Kassation der Handgrützquerenkonzession für den Kätner Hans Christian Roschmann in Wiemersdorf	(1857) 1865
377	Grützqueren im Amt Steinburg	1859-1864
376	Grützqueren im Amt Steinburg	(1859) 1864
383	Gesuche um Mühlenkonzessionen in der Landschaft Süderdithmarschen	1848-1865
378	Mühlenkonzessionen für den Müller Johann Jacob Lohse in Averlak	1856-1865
380	Kornwindmühle am Holstengraben im Kirchspiel Brunsbüttel	(1854-) 1856-1866
379	Kornwindmühle in Hochdonn	1856-1866
382	Kornwindmühle im König-Friedrich-VII.-Koog	1856-1865
381	Kornwindmühle in Tensbüttel	1856-1866
359	Grützqueren im Domanialgut Mönkenbrook	1851, 1864
365	Mühle in Rantzau, Gut Rantzau	1854-1864
344	Kornwindmühle in Dunkelsdorf	1854-1864
346	Kornmühle in Johannsdorf	1854-1866

389 Mühlen in Wandsbek 1855-1865

348 Mühle im Gut Kniphagen 1856-1865

349 Mühle in Neumühlen, Herrschaft Breitenburg 1857-1865

375 Gesuch des Hofbesitzers Johann Meinert in Seestermühe um Anlage einer Schrotmühle 1865-1866

FÜNFTE SEKTION

Kassen- und Rechnungswesen

523 Staatsschulden 1850-1864

587 Haushaltsentwurf für das Herzogtum Holstein 1864-1865

586 Aufteilung von gemeinschaftlichen Ausgaben beider Herzogtümer auf Grundlage der Volkszählung 1866

664 Entnahme und Absendung von Wertpapieren aus der Depositenlade der früheren holsteinischen Regierung durch den ehemaligen Regierungspräsidenten Graf von Moltke 1863-1864

665 Vergütung für Miete und Diäten an den Kammerherrn von Reventlow anlässlich seines Aufenthalts in Kiel als Oberdirektor der Stadt und Universitätskurator 1863-1864

689 Annahme alter Münzen und Nationalbankzettel bei der Zahlung der Chausseegeldeinnahmen an die Staatskasse 1864

654 Kassen- und Rechnungsangelegenheiten 1864-1866
Enthält u. a.: Depositen des Aachener und Münchener Feuerversicherungsvereins

691 Eingabe von Eingesessenen der Herrschaft Breitenburg wegen der Hand- und Spanndienste 1865-1866

690 Verzeichnis der vom Büro der vierten Sektion der Holsteinischen Landesregierung an die Staatsbuchhalterei abzugebenden Rechnungsakten der Schleswig-Holsteinischen Hauptkasse 1866

Zoll

584 Verfahren bei Zollvergehen und Beleidigung von Zollbeamten 1864-1865

590 Aufhebung der Verfügung wegen Fernhaltens der Zollbeamten aus der Politik 1864

591 Zollfreiheit der österreichischen und preußischen Kriegsschiffe 1864-1865

592 Befreiung der Truppen von allen Schiffsabgaben 1864-1865

593 Zollfreiheit für Offiziere und Militärbeamte sowie deren Familien 1864-1866

594 Einschränkung der Zollfreiheit des österreichischen und preußischen Militärs 1864-1866

595 Eventuelle Aufhebung des Transitzolls 1865-1866

596 Transitzollgemeinschaft der Herzogtümer Holstein und Lauenburg (1840) 1848-1864
Darin: Patent zu den Transitverhältnissen mit Lübeck und Hamburg, 1840; Anweisung für die Verteilung der Brief- und Fahrposten in Schleswig-Holstein

589 Zollfreiheit für den Konsul der Vereinigten Staaten von Amerika 1866

671 Schreiben des Statthalters von Gablenz an die Herzogliche Landesregierung wegen der Einstellung von Zollbeamten 1865

701 Ausgaben für die Verwaltung des Zollwesens 1864-1865

703 Zolleinnahmen 1864-1865

704 Von den Zolleinnahmen abzuziehende Vergütungen 1864-1865

Post und Telegrafen

662 Post- und Telegrafenwesen 1864-1866
Enthält u. a.: dänisches Oberpostamt in Hamburg; Verwaltung des Post- und Telegrafenwesens; Anstellungsgesuch des W. von Strahlendorff, Kiel, als Postmeister

699 Einnahmen vom Postwesen 1864-1865

702 Ausgaben für die Verwaltung des Postwesens 1864-1865

700 Einnahmen und Ausgaben des Telegrafenwesens 1864-1865

JOURNALE

624 Journal der ersten Abteilung der Herzoglichen Landesregierung 1864

625 Journal der ersten Abteilung der Herzoglichen Landesregierung: Register 1864

626 Journal einer Abteilung der Herzoglichen Landesregierung Juli-Dezember 1864
Enthält vor allem: Militär-, Polizei- und Veterinärwesen

627 Register zum Journal einer Abteilung der Herzoglichen Landesregierung Januar 1864-Februar 1865
Enthält vor allem: Kirchen- und Schulwesen

628 Justizjournal der ersten Abteilung der Holsteinischen Landesregierung September-Dezember 1865

629 Justizjournal der ersten Abteilung der Holsteinischen Landesregierung: Register September-Dezember 1865

630 Journal der zweiten Sektion der Holsteinischen Landesregierung September-Dezember 1865

631 Register zum Journal der zweiten Abteilung der Herzoglichen Landesregierung in Kiel, der dritten Sektion der Schleswig-Holsteinischen Landesregierung in Schleswig und der zweiten Sektion der Holsteinischen Landesregierung in Kiel 1864-1865

632	Ablieferungsbuch zum Hauptarchiv	Mai 1863-Oktober 1864
633	Ablieferungsbuch zum Hauptarchiv	November 1864-Januar 1865
634	Namensregister zum Hauptjournal der Herzoglichen Regierung	1864
635	Journal des Domänenwesens	1865
636	Journal des Domänenwesens: Register	1865
637	Journal für das Wegewesen	1865
638	Journal der vierten Sektion	1865
639	Forstjournal: Register	1864
640	Annotationsbuch	1864-1865
641	Journal	1864
642	Journal der dritten Abteilung: Register	1864
643	Register zu einem Journal	1863-1865

Findbuch des Bestandes Abt. 61

Schleswig-Holsteinische Landesregierung in Schleswig 1865

JUSTIZ

131 Gesuche um Wiederherstellung der bürgerlichen Ehre 1848-1865

147 Beschwerde des Schusters Christian Steen senior in Schlamersdorf über den mit der Wahrnehmung der gutsobrigkeitlichen Geschäfte des Gutes Seedorf beauftragten Forstrat Vater wegen Misshandlung und verweigerten Kreditscheins 1865

KOMMUNALWESEN

101 Kommunalangelegenheiten im Herzogtum Schleswig (1864) 1865
Enthält u. a.: Aufhebung der Kommissariate der adligen Güter; Personal; Märkte in Frörup und Tondern; Bezahlung der städtischen Beamten in Hadersleben und die vorübergehenden Verwaltung des dortigen Stadtsekretariats

102 Kommunalangelegenheiten im Herzogtum Schleswig (1864) 1865
Enthält u. a.: Zwangsanleihschulden; Markt in Havetoft; Beschwerde von Eingesessenen des Kirchspiels Starup über die Entlassung des Kirchspielvogts N. Rasmussen, Wandling, und Einsetzung des Kirchspielvogts P. Holden, Lunding; Deputiertenwahlen in Sonderburg; Suspendierung von Deputierten Bürgern in Sonderburg; Personal

103 Kommunalangelegenheiten im Herzogtum Holstein 1864-1865
Enthält u. a.: Personal; Gesuche um Abgabenerlass; Beihilfe für das Theater in Kiel; Beschwerde des Redakteurs Dr. Schwarz, Hamburg, wegen der Beschneidung seines Sohnes in Altona; Gründung einer Vorschusskasse der Krämerkompanie in Kiel; Marktstättenordnung in Schenefeld

104 Kommunalangelegenheiten im Herzogtum Holstein (1589-) 1862-1865
Enthält u. a.: Privilegien der Landschaft Norderdithmarschen; Personal; Fleckensanlage in Uetersen; Grenzstreitigkeiten zwischen der Dorfschaft Beringstedt und den Erben des Erbpachtmüllers Voss, Ostermühlen

BÜRGERLICHES GEWERBE UND FABRIKEN

100 Abrechnung der Kosten der Industrie- und Kunstausstellung 1862 in London 1861-1865
Darin: „Kieler Wochenblatt" vom 13. Mai und 14. Oktober 1862; „Hamburger Nachrichten" vom 22. August 1861; „Dagbladet" vom 8. Oktober 1861 und 17. November 1863; Beilage zum „Altonaer Mercur" vom 18. August 1861

99 Fabriken und Industrieanlagen im Herzogtum Schleswig 1864-1865

98 Gewerbe im Herzogtum Schleswig (1832, 1839) 1865
Enthält: Gesuche um Konzessionen und Gebührenerlass

145 Einzug der Konzession des Hufners Jochim Friedrich Schmahl in Kesdorf zum Betreiben einer Ziegelbrennerei (1856) 1865

141 Abschlägige Bescheide auf Konzessionsgesuche von Schauspielern und Musikanten 1865

POLIZEI, GESUNDHEITSWESEN UND BRANDWESEN

95 Polizei im Herzogtum Schleswig (1815, 1823) 1865
Enthält u. a.: Ausschreitungen in Kastrup; Ausweisungen; dänische Farben und Lieder; Brüche; Ausschreitungen im Wirtshaus in Augustenburg (mit Grundrisszeichnung); Konflikt zwischen Militär und Bürgern in Schleswig; Sammlung für ein Denkmal auf dem Kirchhof in Ulkebüll; Uniformen der Polizeibeamte im Herzogtum Schleswig
Darin: „Nordschleswigs Tidende" vom 18. Juli 1865; „Soenderborg Ugebladet" vom 13. Juni 1865

144 Messordnung für Altona 1851-1865

97 Bewerbungen um das Physikat in Husum (1840-) 1864-1865
Enthält u. a.: Bewerberverzeichnis

151 Portokosten der Brandkasse der Ämter Sonderburg und Norburg 1865

PRESSE

146 Annoncen für auswärtige Lotterien im „Uetersener Wochenblatt“ 1865

96 Beschlagnahmung der Broschüre „La propos de Labinius“ und von Exemplaren der „Schleswig-Holsteinischen Zeitung“ 1865

WASSERLÖSUNG

129 Aufhebung oder Ermäßigung von Brücheurteilen in Wasserlösungssachen im Amt Bordesholm 1864-1865

150 Wahl von Vertretern der Feldmark Dingen für die Abwässerung der Burg-Kudenseer Niederung 1865

MILITÄR

142 Entlassung aus dem Untertanen- und Militärverband im Herzogtum Holstein 1864-1865

FINANZEN UND STEUERN

139 Errichtung einer Landesbank 1856-1865

126 Schleswig-Holsteinische Spezialschuld (1857) 1864-1865
Enthält: Obligationen der Güter Augustenburg und Gravenstein; Domanialobligationen

127 Trennung der Finanzverwaltung der Herzogtümer 1865

130 Auseinandersetzung mit Dänemark: Korrespondenz mit der internationalen Finanzkommission in Kopenhagen 1865

140 Staatsrechnung 1864/65 für das Herzogtum Schleswig 1865

143 Rangsteuerlisten 1865, 1867

LANDWESEN

138 Landaufteilungen: Amt Kiel 1849-1865

136 Landumsätze: Amt Neumünster 1854-1865

137 Landumsätze: Amt Neumünster 1862-1865

DOMÄNEN

135 Verpachtungen: Herrschaft Pinneberg 1774-1865
Enthält: Fährmanns- oder Krautsand und Wedeler Sand; Twielenflether Sand; Landstück Fährkamp bei Wedel

134 Verpachtungen: Landschaft Süderdithmarschen 1848-1865
Enthält u. a.: Fieler und Windberger See
Darin: Regulativ für die Entwässerung des Südertals, 1855

133 König-Friedrich-VII.-Koog 1851-1865

132 Dienstwohnungen der Landvögte der Landschaften Norderdithmarschen und Süderdithmarschen 1864-1865

JOURNALE UND PROTOKOLLE

105 Eingangsjournal für das Präsidium Februar-September 1865

106 Ausgangsjournal für das Präsidium Februar-September 1865

110 Eingangsjournal: Register der Behörden im Herzogtum Schleswig 1865

115 Eingangsjournal: Register der Behörden im Herzogtum Schleswig 1865

107 Journal der ersten Abteilung der Herzoglichen Landesregierung und der ersten Sektion der Schleswig-Holsteinischen Landesregierung Februar-September 1865

108 Register zum Journal der ersten Abteilung der Herzoglichen Landesregierung und der ersten Sektion der Schleswig-Holsteinischen Landesregierung Februar-September 1865

109 Journal der Sektion I B Februar-September 1865
Enthält: Kommunal- und Gewerbewesen

111 Journal der Sektion III A der Schleswig-Holsteinischen Landesregierung und der Sektion II A der Holsteinischen Landesregierung Februar-September 1865

112 Register zum Journal der Sektion III A der Schleswig-Holsteinischen Landesregierung und der Sektion II A der Holsteinischen Landesregierung Februar-September 1865

113 Journal der Sektion III B Januar-Mai 1865

114 Journal der Sektion III B Mai-September 1865

116 Journal der Sektion III B Februar-Juni 1865

117 Postbuch der zweiten Abteilung der Herzoglichen Landesregierung und der Sektion III B der Schleswig-Holsteinischen Landesregierung Juli 1864-Juli 1865

118 Auszüge aus dem Protokoll über die Berichterforderungen der Sektion VI C März-September 1865
Enthält: Steuer- und Landwesen

119 Auszüge aus dem Briefprotokoll der Sektion VI C
Enthält: Steuer- und Landwesen Februar-September 1865

120 Journal der Sektion VI C 1865
Enthält: Steuer- und Landwesen

121 Registrant zum Steuer- und Landwesensjournal für das Herzogtum Schleswig Februar-Dezember 1865

122 Register zum Steuer- und Landwesensjournal für das Herzogtum Schleswig Februar-Dezember 1865

148 Registrant zum Steuer- und Landwesensjournal für das Herzogtum Holstein 1865

149 Register zum Steuer- und Landwesensjournal für das Herzogtum Holstein 1865

123 Behördenregister zu einem Journal der Schleswig-Holsteinischen Landesregierung 1865

124 Behördenregister Januar 1864-September 1865

125 Register der Behörden im Herzogtum Holstein zu einem Journal der Schleswig-Holsteinischen Landesregierung 1865

Findbuch des Bestandes Abt. 62.1

Schleswigsche Regierung zu Schleswig 1865-1868

ERSTE SEKTION

Landesvertretung

60 Parlamentswahl im Herzogtum Schleswig 1867
Darin: „Flensburger Norddeutsche Zeitung" vom 17. Februar 1867

Behörden und Beamte

40 Behördenorganisation in Schleswig 1867-1868
Enthält vor allem: Amt und Flecken Bredstedt sowie Nieharde

58 Kanzleireglement der Regierung in Schleswig 1868
Enthält auch: Übernahme der Geschäftsführung des Oberpräsidiums durch den Regierungsrat Schultze während der Abwesenheit des Regierungspräsidenten Elwanger

257 Inventar des Regierungsgebäudes Prinzenpalais in Schleswig [1868]

61 Archivalienüberführung aus Kopenhagen sowie Archivordnung der Schleswigschen Regierung und der Schleswig-Holsteinischen Landesregierung 1865-1866
Enthält u. a.: Verzeichnis der im Archiv der früheren Rentekammer vorhandenen Akten und Journale zu Forst- und Jagdangelegenheiten in den Herzogtümern Schleswig und Holstein

233 Gehälter von Beamten und Angestellten der Schleswigschen Regierung sowie Beurlaubungen und Vereidigungen 1865-1868

14 Personalangelegenheiten der Beamten der ehemaligen Behörden im Herzogtum Schleswig 1867

16 Unterstützungen von Beamten und ihrer Hinterbliebenen 1864-1869

Justiz

152 Oberaufsicht über die Justizverwaltung sowie Anträge und Beschwerden in Rechtsangelegenheiten 1852, 1864-1867

Enthält: Streitsache des Kapitäns Hans Paulsen Krag, Loitkirkeby, gegen den Senator Peter Andreas Petersen, Flensburg; Verurteilung des Matthias Nicolaisen Hartung, Mögeltondern, wegen Vagabundierens; Streit zwischen Johann Petersen, Wittbek, und dem Häuerling Hans Seier, Wittbek; Kompetenz des Polizeigerichts in Schleswig; Gerichts- und Geschäftssprache in Apenrade

141 Verzeichnisse über unerledigte Rechtsangelegenheiten 1863-1866

163 Verordnung zu den Justiz- und Rechtsverhältnissen sowie den anhängigen Rechtsangelegenheiten in den abgetretenen ehemaligen dänischen Gebietsteilen 1864-1866

144 Appellationsgericht in Flensburg: Berichtserforderungen und Verzeichnisse von Rechtsangelegenheiten für 1865 1866

145 Räumlichkeiten für die künftigen Gerichtsbehörden 1867

140 Appellationsgerichts in Flensburg: Archiv 1867

136 Präsident des Appellationsgerichts in Flensburg Dr. Preusser 1848-1868

137 Appellationsgerichtsräte Friedrich Mommsen und Georg Friedrich Witte 1864-1866

139 Sekretäre beim Appellationsgericht in Flensburg Hansen, Nielsen, Rosenhagen, Westphal, Burchardi und Wolfhagen 1864-1865

138 Auskultanten beim Appellationsgericht in Flensburg Thomsen, Tamsen und Chalybäus 1864-1866

142 Kopisten beim Appellationsgericht in Flensburg 1864-1866

143 Boten beim Appellationsgericht in Flensburg (1850-) 1864-1865

165 Zulassung von Advokaten beim Appellationsgericht in Flensburg und den Untergerichten 1864-1865

166 Untergerichtsadvokaten und Notare (1821-) 1864-1867

42 Besoldungszuschüsse für die Unterbediensteten im Landesteil Schleswig 1865-1868

64 Beamte (1857) 1864-1867
Enthält u. a.: Vorschläge zur Organisation der Gerichte in Schleswig und Holstein; Ernennung des ehemaligen Oberwachtmeisters Julius Heinrich Friedrich Oehl, Eckernförde, zum Gerichtsdiener für das Oster- und Norderkirchspiel der Landschaft Fehmarn; Entlassung des Prof. Himly, Kiel, als Mitglied des Sanitätskollegiums; Landvogtei auf Sylt; Landschreiberei der Landschaft Fehmarn

148 Justizbeamte: Obersachwalter, Hardesvögte, Staller, Landvögte, Aktuare und Advokate 1864-1868

150 Beschwerden über Amtshandlungen von Beamten 1865-1866

151 Sporteln und Sporteltaxen 1865-1866

228 Justizbeamte: Amt Apenrade 1864-1866

220 Justizbeamte: Eckernförder Harde 1864-1868

41 Justizbeamte: Amt Flensburg 1864-1868

222 Justizbeamte: Ämter Gottorf und Hütten, Kappelner Harde und Landschaft Stapelholm (1850-1851) 1864-1866
Darin: „Eckernförder Zeitung und Cappeler Nachrichten“ vom 16., 19. und 23. November 1864; „Hamburger Nachrichten“ vom 14. und 15. November 1864

221 Justizbeamte: Amt Hadersleben 1864-1868

226 Justizbeamte: Ämter Husum und Bredstedt sowie Landschaften Eiderstedt, Nordstrand und Pellworm (1857) 1864-1868

231 Justizbeamte: Ämter Tondern und Lügumkloster 1864-1868

157 Gebrauch der deutschen Sprache bei Prozessen 1865

18 Indigenatsrecht 1865

167 Eheangelegenheiten 1865-1867

169 Legitimation unehelicher Kinder 1864-1866
Enthält: Gesuche des Insten Johann Joachim Friedrich Tesch, Ascheffel, und des Parzellisten Peter Dibbern, Dörphof

153 Mündigkeitserklärungen 1864-1867

149 Das in den Händen des früheren Hardesvogts der Grammharde befindliche Vermögen der unmündigen Sophie Kjestine Mastrup aus Oeddis-Bramdrup 1864-1865

155 Bestätigungen von Testamenten (1801-) 1864-1867
Darin: dänische Druckschrift zur Leibrenten- und Versorgungsanstalt in Kopenhagen, 1851

154 Erbschaftsregelung in den durch den Friedensvertrag zum Herzogtum Schleswig gelegten jütischen und den zu Jütland gelegten schleswigschen Distrikten 1865

160 Gesuche um Unterstützung bei Erbschaftsansprüchen 1866

159 Bitte des Klosters Preetz um eine Ungültigkeitserklärung für eine Pfandverschreibung in der Grafschaft Schackenburg 1866

156 Berechtigung der Wieshardesvogtei zur Verwaltung des Engelbrechtschen Fideikommisses 1866

161 Ausdehnung einer Bestimmungen der Forst- und Jagdverordnung von 1784 auf die klösterlichen und adligen Distrikte der Herzogtümer 1866-1867

164 Gerichtsorganisation für die vier Reußenköge und den neuen Sterdebüller Koog 1862-1866

146 Auslieferung von Archivalien der Nørre Tyrstrupharde 1865

158 Kompetenz des Magistrats in Flensburg im Rechtsstreit zwischen dem Schiffer Dinse aus Wolgast und dem Matrosen Kasch 1865

162 Auseinandersetzung zwischen dem früheren Landvogt auf Pellworm Dethlefsen und seinem Amtsnachfolger Landvogt Franke wegen Auktionsgebühren 1864-1865

23 Strafanstalten in Glückstadt und ihre Unterhaltung 1865-1868
Enthält u. a.: Jahreslisten der Insassen aus dem Herzogtum Schleswig, 1865

Polizei, Presse und Brandwesen

227 Polizei 1865
Enthält u. a.: Ausschreitungen österreichischer Soldaten in Mögeltondern und politische Stimmung der Bevölkerung in Nordschleswig; Untersuchungen gegen einzelne Personen; Gesuche um Brücheerlass

21 Polizei 1865-1868
Enthält u. a.: Versammlung bei Skamlingsbanke; Beschwerde über den Polizeimeister Tiedemann in Flensburg; Ermittlung des Juden David Horn, Bochunicz (mit Beschreibung); Rettungstaten; Verbot von bestimmten Farben und Kokarden

268 Polizei 1866-1867
Enthält u. a.: fremde Arbeiter und dänische Einwanderung nach Nordschleswig; Reisepass für Hovard Svensen, Nottmark; Steckbrief für Sören Möller Jensen, Morsö; Haltung des preußischen Zentralpolizeiblatts; Behandlung des Schuhmachergesellen Heinrich Keith, Berlin, in Burg auf Fehrmarn

250 Kompetenzverhältnisse zwischen dem ersten Bürgermeister und dem Polizeimeister in Flensburg (1864) 1865-1867

251 Vertretung des Polizeimeisters durch den Aktuar beim Polizeigericht in Flensburg 1866-1867
Enthält u. a.: Instruktion für den Aktuar

266 Einsendungen einer Proklamation des Prinzen Friedrich von Schleswig-Holstein-Sonderburg-Augustenburg 1867

39 Agitationen für Dänemark in Nordschleswig 1867

270 Majestätsbeleidigung 1866-1867

261 Gewichtswesen 1865-1867
Enthält u. a.: Eichämter in Flensburg und Schleswig

147 Wochenmarktordnung für die Stadt Schleswig 1866-1867

67 Regulierung des Prostitutionswesens und Beaufsichtigung der Bordelle 1865-1866

269 Transporte von Vagabunden, Straftätern und Deserteuren 1865-1867

267 Dienst- und Wanderbücher 1867

243 Druckerei- und Zeitungskonzessionen 1864-1866

29 Herausgabe von Zeitungen 1864-1867
Darin: „Freya“ vom 20. und 27. Februar 1867

46 Prüfungskommissionen für Buchhändler und Buchdrucker 1868

24 Beschlagnahmung von Zeitungen und Druckschriften 1865-1867
Darin: zahlreiche zumeist dänischsprachige Zeitungsexemplare und Druckschriften

265 Versicherungsgesellschaften (1842-) 1868
Enthält vor allem: adlige Güter
Darin: Statuten des Angler Hagelschadenvereins, 1865; Statuten des Schwansener Vereins gegen Feuergefahr, 1842; Statuten der Schwansener Pferdegilde, 1864; Statuten der Brandversicherung- und Pferdeversicherung für Sundeved, 1861 und 1866; Entwurf zu den Statuten der Schleswig-Holsteinischen adligen Brandgilde für Gebäude; Grundgesetze des Vereins zur Versicherung von Pferdekrankheiten, Rotz und Wurm; Gildeartikel der Hausbrandgilde in Schwansen, 1868; Statuten des Saxdorfer Feuerversicherungsvereins, 1853; Statuten der Lindauer Mobilienbrandgilde, 1867

223 Auseinandersetzung mit Dänemark wegen des Brandversicherungswesens 1864-1866
Enthält u. a.: Verzeichnis der Brandschäden an den Landkirchen in den Herzogtümern Schleswig und Holstein von 1847 bis 1864

Kommunalwesen

13 Berichte über die Juden im Herzogtum Schleswig 1862-1868

26 Beamte: Personal 1864-1868
Enthält vor allem: Bürgermeister und andere städtische Beamte

11 Gebühren und Sporteln für Kommunalbeamte 1868

225 Städte: Personal und Bürgerrecht 1864-1868
Darin: „Fehmarnsches Wochenblatt“ vom 13. April, 27. und 31. August, 23. November 1864 sowie vom 7. Februar 1866; „Wöchentliches Intelligenzblatt für Tondern und Umgebung“ vom 18. Februar 1864

66 Kommunalangelegenheiten 1864-1866
Enthält u. a.: Erstattung von Einquartierungskosten im Christian-Albrechts-Koog; Entlassung von Ratsverwandten und deputierten Bürgern in Hadersleben; Personal; Steuern; Straßenpflasterung in Schleswig

32 Kommunalangelegenheiten (1861-) 1864-1867

Enthält u. a.: Wochenmarktordnung für Schleswig; Straßenpflasterungsregulativ für Apenrade; Zulegung von Bauernfeldern des Gutes Ascheberg zum adligen Haupthof Ascheberg; Rechnungsangelegenheiten; Gaswerk in Kappeln; Bürgerrecht für Fabrikarbeiter der Fabrikanten Dittmann und Brix in Flensburg; Verwaltung des landschaftlichen Anwachses auf Sylt; Schulden der Schluxharde und ihrer Gemeinden 1866/67

Darin: Planskizze von Grundstücken in Hadersleben, 1865

22 Kommunalangelegenheiten 1865-1866

Enthält u. a.: Entlassungen von Senatoren aus dem Magistrat in Tönning; Wahl des zweiten Bürgermeisters in Husum

19 Kommunalangelegenheiten 1865-1867

Enthält: städtische Bauangelegenheiten; Steuern; Wahl eines Höftmannes für Flecken und Vogtei Schwabstedt

30 Kommunalangelegenheiten 1865-1867

Enthält u. a.: Verhalten des Deputierten Bürgers Jann Davids, Tönning; Ratsverwandtenwahl in Friedrichstadt; Bauten; Besoldung des remonstrantisch-reformierten Predigers in Friedrichstadt; Gesuch des Pfarrers Rave um staatliche Genehmigung des Statuts der katholischen Pfarrgemeinde in Flensburg

10 Kommunalangelegenheiten 1865-1868

Enthält u. a.: Geschäftskreis des Stadtsekretärs in Husum; Neubau der Sandschleuse im Sorgkoog; Wahl des Kaufmanns Dähnhardt zum Ratsverwandten in Eckernförde; Rechnungsangelegenheiten; Suspendierung von Mitgliedern des Deputiertenkollegiums in Tönning; Wahlprotokolle zur Ratsverwandtenwahl in Tönning; Verhalten des Senators Dehn und der Mitglieder des Deputiertenkollegiums in Eckernförde bei der Durchreise des Prinzen von Schleswig-Holstein-Sonderburg-Augustenburg

Darin: „Eiderstedter Wochenblatt“ vom 10. März 1866

8 Kommunalangelegenheiten 1865-1868

Enthält u. a.: Tilgung von Regressforderungen der Gottorfer Amtsanlagenkasse; Gesuche um Befreiung von Abgaben; städtische Abgaben in Flensburg; Administration der Grafschaft Reventlow sowie der Güter Ballegaard und Bauschau

Darin: „Apenrader Nachrichten“ vom 12. August 1865

9 Kommunalangelegenheiten 1866-1868

Enthält u. a.: Umbau des Rathauses in Tondern; Straßenpflasterungsverhältnisse in Husum; Lokalstatut für die Stadt Schleswig; Beschwerden von Eingesessenen in Wyk auf Föhr gegen den Land- und Gerichtsvogt Forchhammer; Straßenregulativ in Apenrade

Darin: „Husumer Wochenblatt“ vom 22. Januar, 22. Februar, 11. März und 8. April 1868

33 Kommunalangelegenheiten (1847-) 1866-1867
Enthält u. a.: Bauten; Bürgerrecht für Fabrikarbeiter der Fabrikanten Dittmann und Brix, Flensburg; Verfahren bei Erteilung von Abschriften der Zollabgaben in Wyk auf Föhr; Steuern

260 Bestätigungen von Privilegien und Freiheiten in der Landschaft Eiderstedt (1659-) 1851-1867

6 Genehmigung zur Ausschreibung von Anlagegeldern im Herzogtum Schleswig 1864-1869
Enthält u. a.: Budget der Ämter, Landschaften und einzelner Gemeinden

263 Hafen- und Brückentaxe der Stadt Sonderburg und der Pontonbrücke über den Alsensund (1859) 1865-1868

Gewerbe, Fabriken, Handwerk, Landwirtschaft und Fischerei

2 Internationale Industrieausstellung in Paris 1867 (1865) 1866-1868
Darin: zahlreiche Druckschriften, darunter der amtliche Spezialkatalog der Ausstellung Preußens und der norddeutschen Staaten

63 Kaufmännische Vereinigungen und Handelskammern 1867-1868

7 Erfindungen und Patente (1863) 1865-1867
Darin: Druckschrift von Carl Otto Heyl zur Ölgewinnung durch Extraktion mittels Schwefelkohlenstoffs, 1863

224 Gewerbe (1836-) 1865-1867
Enthält: Konzessionsgesuche

232 Verzeichnisse der Fabriken und Industrieanlagen 1864-1865

5 Fabriken und Industrieanlagen 1866-1867

15 Ziegeleikonzessionen (1858) 1867-1868
Darin: Plan der Ziegelei des Hufners Rothe, Tarup

50 Bauhandwerker im Kreis Apenrade 1868

47 Bauhandwerker im Amt Fehmarn 1868

49 Bauhandwerker im Kreis Schleswig 1868

48 Bauhandwerker im Kreis Tondern 1868

35 Regulierung der Arbeitsgrenzen zwischen Tischler- und Zimmerzunft 1866

38 Landwirtschaftliche Vereine und ihre Unterstützung (1848-) 1865-1868

Darin: Statut des Schleswig-Holsteinischen Landwirtschaftlichen General-Vereins, 1865; „Landwirthschaftliches Wochenblatt“ vom 24. Juni 1865; Statuten des nordfriesischen landwirtschaftlichen Vereins, des landwirtschaftlichen Vereins des Amtes Tondern, der Landwirtschafts-Gesellschaft an der Schlei in Kappeln, des landwirtschaftlichen Vereins für Groß Wittensee und des landwirtschaftlichen Vereins an der Eider; Programm von Tierschauen in Bredstedt und Husum 1859-1861

28 Landgestüt für das Herzogtum Schleswig 1865-1866

27 Förderung der Fischerei 1865-1867

Darin: „Flensburger Norddeutsche Zeitung“ vom 17. Oktober 1866

37 Fischerei 1868

Enthält vor allem: statistische Zusammenstellungen

Statistik

56 Statistische Nachrichten über den Landesteil Schleswig auf Grundlage der Volkszählung 1867 1867-1868

ZWEITE SEKTION

Unterrichtswesen

170 Universität in Kiel 1864-1867
Enthält u. a.: Rechnungsangelegenheiten; Personal; Mitteilung von Vorlesungsverzeichnissen und Universitätsschriften auswärtiger Universitäten
Darin: gedruckte Personalverzeichnisse; Vorlesungsverzeichnisse; gedruckte Festschrift zur fünfzigjährigen Vereinigung der Universitäten Halle und Wittenberg, 1867, mit Vorlesungsverzeichnis

Stiftungen

25 Lorenz-Jensen-Stiftung im Christian-Albrecht-Koog
Enthält: Rechnungen 1863-1869 (1862-) 1864-1870

Medizinalwesen

44 Ansteckende Krankheiten (1845, 1849) 1864-1868
Enthält u. a.: Unterstützung für den früheren Quarantäneaufseher Claus Hinrichsen, Husum

264 Medizinalwesen 1864-1866
Enthält: Besetzung der Stelle eines Landschaftsarztes auf Pellworm; Entlassung des Physikus Dr. Schacht, Süderstapel; Pension für die Witwe des Physikus Dr. Kling, Schleswig

17 Medizinalinspektor und Entbindungsanstalt in Altona 1865-1868

43 Physikus und Gerichtsarzt 1865-1868

20 Apotheken (1851-) 1865-1868

3 Apotheken (1840-) 1865-1868

230 Bäder und Gesundbrunnen im Herzogtum Schleswig
(1857-) 1864-1868

1 Maßnahmen gegen die Einschleppung der Cholera 1866

DRITTE SEKTION

Militär

271	Gesuche um Befreiung vom Militärdienst im Losungsbezirk Husum	1867

VIERTE SEKTION

Domänen

53	Amtskautionswesen	1867
12	Bestallung von Landmessern	(1855-) 1865-1867
247	Amt Flensburg: herrschaftliche Grund- und Pachtstücke sowie Gebäude und Bauten	1864-1868
229	Mühlen in Flensburg und im Kreis Tondern	(1857) 1865-1868
65	Mühlen im Amt Husum	1866-1867

Forst- und Jagdwesen

249	Revision der Flensburger, Husumer und Haderslebener Forstdistrikte	1864-1866
236	Rodungen Darin: Karte der Hölzung des Hufners Henningsen, Gammelbygaard, 1865	(1851-) 1864-1868
68	Rodungen Darin: Karte des Presteskovskifter bei Risskov, 1866	1864-1868
248	Rodungen in Nordschleswig	1866-1868
55	Regulierung des Norderjaruper Moores	(1862) 1866-1867
54	Landesherrliche Jagden	1865, 1868

Steuern und Abgaben

254 Veränderung der Gesetzgebung über indirekte Steuern 1867

246 Abgänge an Kontribution und Landsteuer für die kleinen Stellen 1867

252 Nachweisung der indirekten Abgaben im Herzogtum Schleswig und darauf bezogene Gesetze und Verfügungen 1866

253 Stempelpapier 1866

258 Exekutionen ausstehender Steuern und Abgaben 1865-1868

256 Rechnung über die neue direkte Steuer für das zweite Halbjahr 1867: Amt Apenrade 1869-1870

Landwesen

74 Landwesen 1833-1868

Enthält u. a.: Gebühren; Verzeichnis von Landwesensgesuchen; einzelne Landveräußerungsgesuche; Führung der Erdbücher in der Bökingharde; Einrichtung von Mietwohnungen durch Kätner; Verteilung der Feste- und Antrittsgelder bei Landveräußerungen

131 Kaufverträge über zu militärischen Zwecken enteignete Ländereien in den Ämtern Gottorf und Hütten sowie in der Stadt Schleswig (A-H) 1865-1866

132 Kaufverträge über militärischen Zwecken enteignete Ländereien in den Ämtern Gottorf und Hütten sowie in der Stadt Schleswig (J-P) 1865-1866

133 Kaufverträge über zu militärischen Zwecken enteignete Ländereien in den Ämtern Gottorf und Hütten sowie in der Stadt Schleswig (R-W) 1865-1866

104 Landumsätze: Amt Apenrade, Band 1 (1858) 1864-1867

105 Landumsätze: Amt Apenrade, Band 2 (1863) 1866-1868

106 Landumsätze: Amt Apenrade, Band 3 (1801, 1863) 1865-1868

125 Landumsätze: Amt Bredstedt, Band 1 (1828, 1863) 1864-1868

128 Landumsätze: Amt Fehmarn 1868
Enthält: Arbeitsmann Tönnies Stender, Gammendorf; Arbeitsmann Carl Meinz, Gammendorf

98 Landumsätze: Amt Flensburg, Band 1a (1851-) 1864-1865

99 Landumsätze: Amt Flensburg, Band 1b (1860-) 1865-1866

100 Landumsätze: Amt Flensburg, Band 2 (1858-) 1865-1866

101 Landumsätze: Amt Flensburg, Band 3 (1806-) 1866-1868

102 Landumsätze: Amt Flensburg, Band 4 (1854) 1866-1868
Darin: Karte der beiden Grundstücke des Hufners Nicolai Jensen, Quern, 1866

103 Landumsätze: Amt Flensburg, Band 5 (1852-) 1865-1868

91 Landumsätze: Amt Gottorf, Band 1b (1838-) 1865-1866

92 Landumsätze: Amt Gottorf, Band 3 (1861-) 1865-1867

93 Landumsätze: Amt Gottorf, Band 4 (1828-) 1866-1868

94 Landumsätze: Amt Gottorf, Band 5 (1790-) 1866-1867

95 Landumsätze: Amt Gottorf, Band 6 (1805-) 1865-1867

96 Landumsätze: Amt Gottorf, Band 7 (1841-) 1866-1868

97 Landumsätze: Amt Gottorf, Band 8 (1664-1779, 1840-) 1867-1868

244 Landumsätze: Amt Gottorf, Kreis Schleswig, Band 9 (1866) 1868

75 Landumsätze: Amt Hadersleben, Band 1 (1803, 1856-) 1863-1866

76 Landumsätze: Amt Hadersleben, Band 2a (1797-) 1864-1867 (1868)

77 Landumsätze: Amt Hadersleben, Band 2b 1863-1866

78 Landumsätze: Amt Hadersleben, Band 3a (1836-) 1865

79 Landumsätze: Amt Hadersleben, Band 3b (1846-) 1865-1867

80 Landumsätze: Amt Hadersleben, Band 4 (1853-) 1863-1866

81 Landumsätze: Amt Hadersleben, Band 5 (1810-) 1865-1866

82 Landumsätze: Amt Hadersleben, Band 6 (1823-) 1863-1866

83 Landumsätze: Amt Hadersleben, Band 7 (1855-) 1866
Darin: Karte von Ländereien in Skodborg, 1863

84 Landumsätze: Amt Hadersleben, Band 8 (1858-) 1866-1867

85 Landumsätze: Amt Hadersleben, Band 9 (1785-) 1866-1868

86 Landumsätze: Amt Hadersleben, Band 10 1797-) 1865-1867

87 Landumsätze: Amt Hadersleben, Band 11 (1836-) 1866-1867

88 Landumsätze: Amt Hadersleben, Band 12 (1794-) 1866-1868

89 Landumsätze: Amt Hadersleben, Band 13 (1806-) 1867-1868

90 Landumsätze: Amt Hadersleben, Band 14 (1856-) 1865-1868

107 Landumsätze: Amt Husum, Band 1 (1846-) 1865-1866

108 Landumsätze: Amt Husum, Band 1a 1864-1868

109 Landumsätze: Amt Husum, Band 2 (1862-) 1866-1867

110 Landumsätze: Amt Husum, Band 3 (1863) 1866-1868

111 Landumsätze: Amt Husum, Band 4 (1809, 1857-) 1866-1869

114 Landumsätze: Amt Hütten, Band 1 (1856-) 1864-1866

115 Landumsätze: Amt Hütten, Band 2 (1824-) 1865-1866

116 Landumsätze: Amt Hütten, Band 3 (1853, 1862) 1866-1867

245 Landumsätze: Amt Hütten, Kreis Eckernförde, Band 4
(1866) 1867-1868

123 Landumsätze: Amt Lügumkloster, Band 1 (1816, 1849-) 1864-1866

124 Landumsätze: Amt Lügumkloster, Band 2 (1786, 1799, 1861) 1866-1868

126 Landumsätze: Amt Norburg, Band 1 1864-1868

112 Landumsätze: Landschaft Pellworm, Band 1 (1839) 1864-1868

113 Landumsätze: Landschaft Pellworm, Band 2 1868

117 Landumsätze: Amt Sonderburg (1842, 1863) 1864-1868

118 Landumsätze: Amt Tondern, Band 1 (1863) 1864-1868

119 Landumsätze: Amt Tondern, Enklaven, Band 1a (1863) 1865-1868
Darin: Karte von Grundstücken in Noerby, Kirchspiel Visby

120 Landumsätze: Amt Tondern, Enklaven, Band 1b
Darin: Karten (1844, 1859) 1866-1867

121 Landumsätze: Amt Tondern, Enklaven, Band 2 1867-1868
Darin: Karten von Grundstücken in Mollerup, Apterp, Vinum, Norre-Volm, Skadst und Aasp

122 Landumsätze: Amt Tondern, Band 2a 1865-1868

127 Landumsätze: Städte und adlige Güter 1864-1868

Finanzen, Kassen- und Rechnungswesen

51 Forderungen der Staatskasse (Staatsaktiva) 1864-1867

52 Forderungen der Staatskasse (Staatsaktiva) 1865-1868

57 Forderungen der dänischen Staatskasse (Staatsaktiva) 1865-1868

234 Verwaltungskosten der Zentralverwaltung des Herzogtums Schleswig 1865-1868

36 Budget des Herzogtums Schleswig 1864-1867

45 Budget des Herzogtums Schleswig 1865-1866
Enthält: Einnahmen und Ausgaben im Domänenwesen

71 Hauptkassenrechnung über die Einnahmen aus dem Herzogtum Schleswig (mit Beilagen) 1865-1866

59 Rechnungsübersicht über sämtliche Einnahmen und Ausgaben des Herzogtums Schleswig April-Dezember 1866

72 Hauptkassenrechnung über die Einnahmen aus dem Herzogtum Schleswig (mit Beilagen) 1866-1867

73 Hauptkassenrechnung über die Einnahmen aus dem Herzogtum Schleswig (mit Beilagen) 1867

70 Generalhebungsextrakte der Ämter in Schleswig 1867-1868

235 Finanzielle Auseinandersetzung zwischen den Herzogtümern Schleswig und Holstein 1865-1866

4 Verzinsung und Abtragung der Zwangsanleihe 1849/50 in den Ämtern des Herzogtums Schleswig 1864-1867

34 Verzinsung und Abtragung der Zwangsanleihe 1849/50 in den Ämtern des Herzogtums Schleswig 1865-1867

62 Verzinsung und Abtragung der Zwangsanleihe 1849/50 1867
Enthält: Amt Hütten sowie die Städte Friedrichstadt und Schleswig

262 Zwangsanleihschulden des Amtes Lügumkloster und der Stadt Schleswig (1864) 1865-1866

255 Landrechnung der Landschaft Stapelholm für 1867 1867-1868

129 Korrespondenz des Revisionsbüros 1865-1868
Enthält u. a.: Erlasse für verschiedene Güter; Ressortverhältnisse der Ministerien in Berlin, des Oberpräsidiums in Kiel und der Regierung in Schleswig; Personal; Hebungswesen; Landwesen

130 Korrespondenz des Revisionsbüros 1865-1868
Enthält u. a.: Budget; Finanzbuchhaltung; Zollverwaltung; Staatsgarantien; Erhebung der neuen direkten Steuer; Revision der Amts- und Landrechnungen; Einrichtung des Revisionswesen im Herzogtum Schleswig

69 Revisionsnachrichten über Rechnungen des Landesteils Schleswig 1866-1869

31 Kassenuntersuchungen 1865-1868

177 Hauptbuch der Einnahmen und Ausgaben des Zollwesens 1864-1865

178 Ausgabejournal 1864-1865

JOURNALE UND PROTOKOLLE

171 Journal der Sektion I A 1865
Enthält: Justiz-, Polizei- und Armenwesen

172 Namensregister zum Journal der Sektion I A 1865
Enthält: Justiz-, Polizei- und Armenwesen

173 Behördenregister zum Journal der Sektion I A 1865
Enthält: Justiz-, Polizei- und Armenwesen

237 Journal der Sektion I A 1867
Enthält: Justiz-, Polizei- und Armenwesen

239 Register zum Journal der Sektion I A 1867
Enthält: Justiz-, Polizei- und Armenwesen

238 Postbuch der Sektion I A 1867
Enthält: Justiz-, Polizei- und Armenwesen

174 Journal der Sektion I B 1865
Enthält: Kommunal- und Gewerbewesen

175 Postbuch (Ausgangsjournal) der Sektion I B 1865
Enthält: Kommunal- und Gewerbewesen

176 Postbuch (Ausgangsjournal) der Sektion I B 1868
Enthält: Kommunal- und Gewerbewesen

180 Journal der Sektion I C 1866
Enthält: Wege-, Eisenbahn- und Strandwesen, Statistik

182 Namensregister zum Journal der Sektion I C 1866
Enthält: Wege-, Eisenbahn- und Strandwesen, Statistik

184 Behördenverzeichnis der Sektion I C 1866
Enthält: Wege-, Eisenbahn- und Strandwesen, Statistik

181 Postbuch der Sektion I C 1866
Enthält: Wege-, Eisenbahn- und Strandwesen, Statistik

242 Annotationsbuch (Einnahmen und Ausgaben) der Sektion I C
Enthält: Wege-, Eisenbahn- und Strandwesen, Statistik 1866-1867

185 Namensregister zum Journal der Sektion I C 1867
Enthält: Wege-, Eisenbahn- und Strandwesen, Statistik

183 Postbuch der Sektion I C 1867
Enthält: Wege-, Eisenbahn- und Strandwesen, Statistik

186 Register zum Journal der Sektion III B [1867-1868]
Enthält: Domänenwesen

187 Register zum Journal der Sektion III C [1867-1868]

188 Journal der Sektion IV A und Sektion I C 1865
Enthält: Deich-, Wasserlösungs-, Schifffahrts-, Kanal- und Leuchtfeuerwesen sowie Wege-, Eisenbahn- und Strandwesen, Statistik

189 Register zum Journal der Sektion IV A und Sektion I C 1865
Enthält: Deich-, Wasserlösungs-, Schifffahrts-, Kanal- und Leuchtfeuerwesen sowie Wege-, Eisenbahn- und Strandwesen, Statistik

190 Postbuch der Sektion IV A und Sektion I C 1865
Enthält: Deich-, Wasserlösungs-, Schifffahrts-, Kanal- und Leuchtfeuerwesen sowie Wege-, Eisenbahn- und Strandwesen, Statistik

179 Journal der Sektion IV A 1865-1867
Enthält: Kanal-, Eiderlotsen-, Tonnen- und Bakenwesen

241 Journal der Sektion IV B 1865
Enthält: Domänen-, Forst- und Jagdwesen

193 Register zum Journal der Sektion IV B 1865-1866
Enthält: Domänen-, Forst- und Jagdwesen

191 Journal der Sektion IV B Januar-April 1866
Enthält: Domänen-, Forst- und Jagdwesen

192 Journal der Sektion IV B April-Dezember 1866
Enthält: Domänen-, Forst- und Jagdwesen

194 Journal der Sektion IV B Januar-Juni 1867
Enthält: Domänen-, Forst- und Jagdwesen

195 Journal der Sektion IV Juni-Dezember 1867
Enthält: Domänen-, Forst- und Jagdwesen

196 Behördenregister zum Journal der Sektion IV B 1867
Enthält: Domänen-, Forst- und Jagdwesen

197 Namensregister zum Journal der Sektion IV B 1867
Enthält: Domänen-, Forst- und Jagdwesen

198 Postbuch der Sektion IV B 1867
Enthält: Domänen-, Forst- und Jagdwesen

199 Journal der Sektionen IV B und III B Januar-Juli 1868
Enthält: Domänen-, Forst- und Jagdwesen

200 Behördenregister für Domänenwesen 1868

201 Namensregister für Domänenwesen 1868

202 Postbuch für Domänenwesen 1868

259 Berichterforderungsprotokoll für das Domänen-, Forst- und Jagdwesen 1864-1868
Enthält auch: Herzogtum Holstein bis September 1865

210 Briefprotokoll des Domänen- und Forstbüros 1865-1866

203 Annotationsbuch (Einnahmen und Ausgaben) für das Domänenwesen 1866-1867

204 Annotationsbuch (Einnahmen und Ausgaben) für das Domänenwesen 1867

205 Annotationsbuch (Einnahmen und Ausgaben) für das Domänenwesen 1868

206 Annotationsbuch (Einnahmen und Ausgaben) für das Domänenwesen 1869

207 Annotationsbuch (Einnahmen und Ausgaben) für das Forst- und Jagdwesen 1866-1867

208 Annotationsbuch (Einnahmen und Ausgaben) für das Forst- und Jagdwesen 1867

209 Journal der Revision der Staatsforsten im Herzogtum Schleswig 1864-1867

240 Registrant der Sektion IV C 1864-1868
Enthält: Steuer- und Landwesen

211 Journal der Sektion IV C 1865
Enthält: Steuer- und Landwesen

212 Journal der Sektion IV C 1866
Enthält: Steuer- und Landwesen

213 Register zu den eingehenden Angelegenheiten der Sektion IV C
Enthält: Steuer- und Landwesen 1866

214 Register zu den ausgehenden Angelegenheiten der Sektion IV C
Enthält: Steuer- und Landwesen 1866

215 Journal der Sektion IV C 1867
Enthält: Steuer- und Landwesen

216 Register zu den eingehenden Angelegenheiten der Sektion IV C
Enthält: Steuer- und Landwesen 1867

217 Register zu den ausgehenden Angelegenheiten der Sektion IV C
Enthält: Steuer- und Landwesen 1867

218 Postbuch der Sektion IV C 1866-1867
Enthält: Steuer- und Landwesen

219 Postbuch der Sektion IV C 1867-1868
Enthält: Steuer- und Landwesen

Findbuch des Bestandes Abt. 62.2

Zivilverwaltung/Regierung für Holstein 1866-1868

ERSTE SEKTION

Kirche

80 Diensteinkünfte des Bischofs, der Kirchenpröpste, der Prediger und der Kirchenbediensteten 1867
Enthält u. a.: Einkünfte der Predigerstellen in den Herzogtümern Schleswig und Holstein von 1736

Brandwesen

105 Auseinandersetzung mit Dänemark wegen des Brandversicherungswesens in Holstein 1865-1872

21 Einführung einer Kontrolle der Mobiliarversicherungen bei auswärtigen Gesellschaften (1767) 1841-1868

237 Untersuchungen in Brandfällen 1865-1870

29 Abschaffung der Strohdächer und der Strohweizen (1800-) 1802-1867
Enthält u. a.: Verzeichnis der in Segeberg vorhandenen Gebäude, 1836

240 Betrieb von Ölfabriken 1867
Enthält: Bergsche Ölfabrik in Heide

5 Brandkorps in Rendsburg 1832-1868

Kommunalwesen

32 Einteilung Holsteins in Landkreise 1867
Enthält u. a.: Verzeichnisse der Einnahmen von Kirchspielvögten und Kirchspielschreibern in Süderdithmarschen

20 Verfassung und Verwaltung holsteinischer Distrikte, Städte und Flecken 1866-1867
Enthält: Glückstadt; Itzehoer Güterdistrikt; Amt Tremsbüttel; Preetz

55 Verfassung und Verwaltung der Kommunen 1865-1867
Enthält u. a.: Anleihe der Dorfschaft Lurup; Vertretung des erkrankten Bürgermeisters Mordhorst, Plön, durch den Amtssekretär Schwarz; Landankauf in Rendsburg; Schuldenverhältnisse von Oldesloe; Gesuch des Hufners Theede, Boostedt, um Herabsetzung der Pflugzahl seines Anwesens

33 Verfassung und Verwaltung von Städten und Landdistrikten 1865-1867
Enthält u. a.: Zwangsanleiheschulden im Amt Neumünster; Verpachtung der Fleischschrangen-Stellen in Kiel; Vermessung und Aufteilung der Kirchspielsländereien in Barlt; Pensionierung des Bürgermeisters Rehhof in Wilster; Auswahl von Geschworenen; Personal

239 Verfassung und Verwaltung holsteinischer Distrikte, Städte und Flecken 1867
Enthält: Barmstedt; Neumünster; Lütjenburg; Wandsbek; Kirchspielvogt in Wöhrden; Kloster Preetz

46 Einrichtung der städtischen Verwaltung und Trennung von Justiz und Verwaltung 1867-1868

103 Städte in Holstein 1862-1867
Enthält: Altona; Heiligenhafen; Itzehoe, Kiel, Krempe; Lütjenburg; Neustadt; Oldesloe; Plön; Rendsburg; Segeberg
Enthält u. a.: Einquartierungen; Beamte; Orden und Ehrenzeichen; Verwaltung

2 Lokalstatuten der Flecken in Holstein (1861-) 1865-1868
Enthält u. a.: Sammelliste zu den Kosten der Chaussee Brunsbüttel-Elmshorn, 1861

235 Gebühreneinnahmen und Ausgaben der Kirchspielvogteien 1868-1869
Enthält vor allem: Kirchspielvogteien Bramstedt, Kaltenkirchen und Segeberg

179 Kommunalangelegenheiten (1647-) 1842-1867
Enthält u. a.: Verkauf einer Armenkate in Stubben; Lokalstatut für Altona; Verbindung der Besitzungen des Amtes Steinburg in der Stadt Krempe mit dem Stadtgebiet

110 Kommunalangelegenheiten 1858-1866
Enthält u. a.: Fleckensgrenzen in Reinfeld; Personal; Regulativ über den Stegengraben in Rendsburg; Änderung in der Verteilung der 1848/49 ausgeschriebenen Kriegskosten in der Krempermarsch; Grenzregulierung zwischen Klostersande und Wisch

50 Kommunalangelegenheiten (1848-) 1859-1866
Enthält u. a.: Besitzverhältnisse im Gut Depenau; Einziehung von Bauernstellen im Gut Wulksfelde; Bürgermeister in Neustadt; Lokalstatut für Pinneberg; Abgaben des Kanalinspektorats in Rendsburg

109 Kommunalangelegenheiten 1861-1866
Enthält u. a.: Verwaltung der gutsobrigkeitlichen und polizeilichen Geschäfte im Gut Muggesfelde; Lokalstatut für Oldenburg; Seebadeanstalten in Kiel

51 Kommunalangelegenheiten (1718-) 1863-1866
Enthält u. a.: Kirchspielvogt Petersen in Lunden; Beschwerde der Untergehörigen des Gutes Mehlbek wegen zu viel gezahlter Steuern und Abgaben (mit Abschrift eines Kaufvertrages über den Hof Rade von 1718); Anleihen der Stadt Kiel; Schuldenverhältnisse der Stadt Oldenburg; Rechnungsangelegenheiten

34 Kommunalangelegenheiten (1859-) 1863-1867
Enthält u. a.: Personal; Bürgereid; Aufnahme von Anleihen in Kiel; städtische Abgaben; Wirtshausausschreitungen des Kirchspielvogts Mohr in Meldorf; Unterhaltung der Wege und Fußsteige in Elpersbüttel; Änderung der Instruktion für Bauervögte im Amt Bordesholm; Landverpachtungen; Aufteilung der Brookländereien in Duvenstedt; Übertretung des Lokalstatuts in Plön durch den Bürgermeister; Reorganisation der Justiz und Verwaltung in Altona
Darin: gedruckte Instruktion für die Bauervögte und Vorsteher der Erbpachtsdistrikte im Amt Bordesholm, 1859; Lokalstatut von Plön, 1860

52 Kommunalangelegenheiten 1864-1866
Enthält u. a.: Straßenpflasterung in Rendsburg; Beschwerde der Schaffer der Schützengilde in Altona über Zustand des Schießplatzes; Einsendung von Druckexemplaren des Lokalstatuts von Preetz

35 Kommunalangelegenheiten 1864-1867
Enthält u. a.: Personal; Organisation der politischen Kommunen; Lokalstatut für Nortorf; Einsendung von Rechnungsextrakten aus den Kommunalkassen; Verhandlungen über die Kommunalverfassung in Norder- und Süderdithmarschen sowie im Amt Steinburg
Darin: gedruckter Bericht des Kassenausschusses der Armenkommission in Altona, 1867

36 Kommunalangelegenheiten (1865) 1866-1867
Enthält u. a.: Rechnungsangelegenheiten; Bürovergütung an den Stadtbaumeister in Kiel; Personal; städtische Abgaben; Lokalstatut für Reinfeld
Darin: „Kieler Wochenblatt" vom 27. Juni und vom 10. bis 17. September 1867; „Kieler Zeitung" vom 2. bis 5. Juli 1867

37 Kommunalangelegenheiten (1842) 1867-1868
Enthält u. a.: Konzessionsgesuche; Anstellung von Forstschutzbeamten
Darin: gedruckte Beliebung der Bauerschaft in Marne, 1842

38 Kommunalangelegenheiten (1850-) 1867-1868
Enthält u. a.: Lokalstatut für Bramstedt; Aktiengesellschaften in den Städten; Konzessionsgesuche; Bildung einer eigenen Kirchspielskommüne für den Flecken Meldorf (mit Personal)
Darin: Statut der Gasanstalt in Segeberg, 1856; Statut der Vereinsbank in Kiel, 1865; Statuten der neuen Wagrischen Dampfschifffahrts-Gesellschaft, 1865

39 Kommunalangelegenheiten (1866) 1867-1868
Enthält u. a.: Vorbereitung des Besuchs des preußischen Königs; Verkauf von Armengärten in Kiel für den Bau von Arbeiterwohnungen; Deputiertenkollegium in Segeberg; Lokalstatute für Neumünster und Kellinghusen
Darin: „Kieler Zeitung" vom 5. September 1868; „Schleswig-Holsteinische Zeitung und Altonaer Tageblatt" vom 9. Februar 1866; Karte der Armengärten in Kiel zwischen Hasseldieksdammer Weg und Schützenwall, 1868

243 Rechnungsablage über Sporteleinnahmen und Dienstausgaben der Hausvogtei und des Aktuariats im Amt Neumünster 1868

15 Bildung der Bauerschaft Hillgroven und Grenzen der Bauerschaften Hellschen, Heringsand und Unterschaar in Norderdithmarschen (1860) 1862-1866

22 Ordnung des Amtsarchivs in Traventhal und Aktenverkauf aus dem Amtsarchiv in Plön (1860) 1862-1868

45 Kommunalschulden 1866-1867

231 Einnahmebelege zur Stadtrechnung von Oldenburg (1839-1844) 1866-1867

207 Notate über die Amtsrechnungen des Amtes Bordesholm 1860/61-1867 1861-1870

Güter

8 Dienstverhältnisse der Insten in Wankendorf und Stolpe zum Besitzer des Gutes Perdoel 1863-1868

9 Niederlegung von vier Hufenstellen im Gut Schwelbek 1865-1868

247 Übertragung der gutsobrigkeitlichen und polizeilichen Geschäfte der Güter Rethwisch und Bredeneek auf den Inspektor Johannsen zu Dobersdorf 1867

Gewerbe, Handel und Landwirtschaft

43 Industrieausstellung in Paris und internationale maritime Ausstellung in Le Havre 1865-1868
Darin: Katalog der Ausstellung Preußens und der Norddeutschen Staaten, 1867

16 Spar- und Leihkassen in Holstein (1849-) 1867
Darin: zahlreiche gedruckte Statuten

18 Patente 1866-1867
Darin: technische Zeichnungen eines neuen Bewegungsprinzips für Lokomotiven, von Kochherden sowie von einer Maschine zur Anfertigung und Reinigung von Perücken

104 Gewerbe (1831) 1863-1868
Enthält u. a.: Konzessionen für Gasthäuser; Konzession zum Verkauf optischer Geräte; Veranstaltungen von Tanz- und Musikabenden

44 Handel und Gewerbe auf dem Land 1861-1868
Enthält u. a.: Ziegeleikonzessionen in Gutsdistrikten und Klosterdistikten

14 Erlass einer Bauordnung für das Land und Prüfung der Bauhandwerker 1867-1868
Darin: „Kieler Zeitung“ vom 25. Juli 1868

241 Konzessionen für Bauhandwerker (1823-) 1868

204 Getreidepreise in den Städten 1866-1867

ZWEITE SEKTION

Landeshoheit und Grenzen

112 Abtretung des Amtes Ahrensbök an das Großherzogtum Oldenburg 1866-1867

153 Nachrichten über früher abgeschlossene Staatsverträge (1729, 1836) 1867
Enthält u. a.: Abschriften von Verträgen mit Hamburg von 1729 und 1836

Justiz

65 Oberaufsicht über die Justizpflege, Anträge und Beschwerden in Rechtsangelegenheiten 1864-1867

74 Einrichtung der Gerichte 1864-1866
Enthält: Kriegsgericht bei der Grenzzollgendarmerie; Zivilprozesskommission in Hannover; Verhandlungen in Dresden über das Obligationenrecht; Aufhebung der Dinggerichte in den stormarnschen Ämtern; Strafgewalt der Intendantur der Güter Wandsbek und Wellingsbüttel; Verbesserung der Justiz in der Herrschaft Pinneberg

57 Gerichtsordnung für das holstein-lauenburgische Oberappellationsgericht 1865-1866

58 Prozesse beim holstein-lauenburgischen Oberappellationsgericht von 1863 bis 1866 1864-1867

76 Untergerichtsadvokaten und Notare (1824) 1863-1866

64 Berichte über die Diensteinkünfte der Justizbeamten 1867

59 Trennung der Verwaltung von der Justiz in Altona 1863-1866

67 Allgemeines zu Eigentumsrechten und Verträgen 1863-1866
Enthält u. a.: Verteilung des Hufnermoors Lunden bei Rümpel; Erbpachtskaten im Amt Segeberg

69 Allgemeine Vorschriften über die Einrichtung der Schuld- und Pfandprotokolle 1862-1867

75 Jurisdiktionsumlegungen, Feststellung des Gerichtsstandes und Zuständigkeit der Gerichte, Änderungen des Gerichtsstandes 1864-1866

70 Mündigkeitserklärungen (1863) 1864-1867

71 Fideikommisse 1868

72 Gesuch des Landesgevollmächtigten Paul Andreas Baumeister in Barlt wegen der Errichtung eines Fideikommisses oder einer Familienstiftung 1868

73 Gesuch der Erben des Justizrats Heinrich Friedrich Lawaetz um Erlaubnis zum Verkauf der früher dem Konferenzrat Johann Daniel Lawaetz gehörenden Immobilie in Ottensen 1866-1867

66 Untersuchung wegen Winkelschreiberei gegen den Verfasser einer Eingabe des früheren Erbpächters Jepp in Selent 1864-1867

68 Organisation der Pferdezucht und Erlass eines provisorischen Gesetzes über die Gewährsmängel bei Haustieren oder die Notwendigkeit einer Revision des bestehenden Währschaftsgesetzes für den Viehhandel 1866

40 Aktenaussonderung aus dem Amtshaus in Bordesholm 1868

6 Gefängnisse in Holstein 1865-1867

Enthält u. a.: Gefängnisse in den Ämtern Trittau und Tremsbüttel; Antrag des Professors Christiansen um Reisekostenunterstützung

Polizei und Gesundheitswesen

42 Polizei, öffentliche Belohnungen, Orden und Ehrenzeichen 1863-1868
Enthält u. a.: Gründung eines Turnvereins in Kellinghusen; Aufenthalt von drei österreichischen Deserteuren

248 Polizei 1864-1868
Enthält u. a.: Bauzustand der sogenannten Grellschen Kate in Neumühlen, Amt Kiel; Straßenreinigung in Preetz und Plön; Artillerieschießübungen auf der Heide bei Wittenborn; Scheibenschießen in Schönningstedt; Schießbahnen beim Lübschen Baum bei Itzehoe und in Kellinghusen

249 Gebühreneinnahmen der Hausvogtei in Bordesholm 1859-1867
Enthält auch: Anweisungen an Hausvogt Brolund zum Ausweis von Bauplätzen, 1864

41 Politisch verdächtige Personen 1865-1868
Enthält u. a.: Verhaftung des Redakteurs Dr. May von der „Schleswig-Holsteinischen Zeitung“ in Altona

102 Bordellwesen 1855, 1864-1868

77 Untersuchung gegen den Redakteur Dr. Martin May in Altona und Auslieferung der bei ihm beschlagnahmten Broschüren, Schriften und Papiere 1866

7 Vereine und Versammlungen 1866-1868

244 Nachtwächter in der Landschaft Norderdithmarschen 1867-1868

28 Musikanten (1851-) 1865-1868
Enthält vor allem: Städte

25 Gesundheitspolizei und Medizinalwesen in Holstein 1866-1868
Darin: „Kieler Zeitung“ vom 17. und 19. August 1866; „Kieler Wochenblatt“ vom 6. und 23. September 1866 sowie Beilage zum „Kieler Wochenblatt“ vom 1. September 1866

232 Apotheke in Bargteheide 1866-1867

230 Hebammen 1867
Enthält u. a.: Gesuche um Beihilfe und Vergütungen

101 Tierärzte 1864-1868

Beamte

11 Organisation, Geschäftsgang und Beamte der obersten Verwaltungsbehörden in Holstein 1865-1868

13 Regelung der Verhältnisse der Staatsbeamten 1867

215 Beabsichtigte Einführung der in den adligen Landesteilen geltenden Normen für die Staatsbeamten auf die neuen Landesteile 1867
Enthält u. a.: Verzeichnis der von den Hebungsbehörden 1865/66 erhobenen Steuern

56 Vereidigung von Beamten 1867-1868

216 Protokolle über die Vereidigung der Beamten in den Städten 1867-1868

19 Einkommensverhältnisse der Beamten (1735) 1864-1868
Enthält u. a.: Sporteltaxe; Gerichtsgebühren in der Herrschaft Herzhorn mit Sommer- und Grönland, 1735

223 Angaben über Sporteln und Gebühren in Verwaltungsangelegenheiten (1735-) 1867
Darin: Sporteltaxe für Segeberg, 1836; Sporteltaxe für die Landvogtei Norderdithmarschen; Sporteltaxe für Itzehoe, 1800; gedrucktes Inventar der Kirche in Oldenburg, 1835

238 Einkommensverlust von Beamten durch Wegfall der Sporteln und Gebühren 1868
Enthält u. a.: einzelne Einnahmeaufstellungen

3 Versorgung von Beamtenwitwen 1864-1867

47 Nachrichten über die Verhältnisse der lokalen Verwaltungsbeamten 1867-1868

17 Unterbeamte 1867-1868
Enthält: Vogtstelle in der Grafschaft Rantzau; Vergütung für die Kommünevorsteher im Amt Bordesholm; Vogt Wesselmann in Hohenwestedt; Vergütung der Bauervögte im Amt Rethwisch

10 Übersicht über die Unterbeamtenstellen in den holsteinischen Städten 1867-1868

30 Beamte (1863) 1864-1868
Enthält: Ämter Neumünster, Rendsburg, Bordesholm, Kiel und Kronshagen sowie Städte Neustadt, Rendsburg, Segeberg, Wilster, Plön, Heiligenhafen und Lütjenburg

108 Beamte und Verwaltung 1866-1868
Enthält u. a.: Verbleib lauenburgischer Akten aus den Jahren 1815 bis 1852; Bestätigungen von Privilegien bei Thronwechsel; persönliche Verhältnisse der Oberbeamten; Verteilung der Jahresberichte des National-Danks für Veteranen; Amtskautionen; Staatsverträge; Gesuche
Darin: Jahresbericht des National-Danks für Veteranen für das Jahr 1866, 1867

4 Beamte in den Landdistrikten (1823, 1846) 1867-1868
Enthält vor allem: Diensteinkommen

61 Bestallung der Amtmänner im Herzogtum Holstein, der Bürgermeister und Stadtschreiber in Heiligenhafen und Lütjenburg sowie des Aktuars in Rendsburg 1866

106 Instruktion für Amtsvorsteher im Amt Bordesholm 1865-1867

31 Kirchspielbeamte in Norderdithmarschen und Süderdithmarschen
Darin: gedruckte Beliebung für Lunden, 1844 (1844) 1867-1868

26 Pensionierung von Kirchspielvögten in Dithmarschen
(1817-) 1867-1868
Enthält u. a.: Verzeichnis der Einnahmen der Kirchspielschreiberei in Tellingstedt 1860-1867 und der dortigen Kirchspielvogtei 1863-1867

152 Pensionierung des Kirchspielvogts Harm Heidenreich in Herzhorn
1867-1868

12 Pensionierung des Kirchspielvogts Caspersen in Nortorf
(1828, 1853) 1868

27 Beamte: Ämter Plön und Ahrensbök 1859-1868

54 Beamte: Grafschaft Rantzau 1866-1867
Enthält: Administrator; Zerwürfnis zwischen Amtsverwalter Ahlmann und dem Administrator

24 Beamte: Ämter Reinbek, Trittau, Tremsbüttel, Reinfeld, Rethwisch und Traventhal (1861-) 1864-1868

107 Beamte: Landschaft Süderdithmarschen (1859-) 1864-1868
Enthält u. a.: Besetzung der vakanten Gerichtsdienerstelle

155 Vergütung für den Inspektor bei den Außendeichen in der Landschaft Süderdithmarschen 1865-1867

62 Gleichstellung der als Sekretäre der klösterlichen Obrigkeit in Preetz tätigen Kandidaten der Rechte mit den Sekretären auf den Amtshäusern 1866

Wege

246 Wegebüro 1867-1868
Enthält u. a.: Personal; Bürokosten

175 Wegebauten im Amt Kiel 1859-1868
Darin: gedruckte Verordnungen zu Pflasterungen; „Kieler Wochenblatt“ vom 29. Mai bis 3. Juni 1862, 20. und 23. September 1862; „Korrespondenzblatt und Kieler Wochenblatt“ vom 30. Mai, 6. und 13. Juni 1861

174 Nebenlandstraße Nr. 25: Ahrensbök–Reinfeld 1847-1867

Deiche und Wasserlösung

81 „Wilder Wassergang“ in Glückstadt 1865-1867

DRITTE SEKTION

Steuern und Abgaben

48 Steuern und Abgaben 1863-1867
Enthält: Stempelabgabe, Erbschaftssteuer und Zwei-Prozent-Abgabe für Kirchen und Arme
Enthält u. a.: eherechtliche Verhältnisse der Juden

206 Steuern und Abgaben 1867-1868
Enthält: Pflugzahl für Kanons- und Erbpachtländereien; fortgefallene, ermäßigte und fortbestehende Abgabenbeträge; Gebäudesteuerveranlagungslisten
Enthält u. a.: Beiträge an das Taubstummeninstitut in Schleswig

210 Steuer- und Hebungswesen 1865-1869
Enthält u. a.: Verlegung des Rechnungsjahres; Hebung der Landsteuer in Neustadt; Erstellung neuer Verzeichnisse für feststehende Grundabgaben; Forstrechnungswesen; Neuorganisation des Hebungswesens
Darin: Anweisung zur Buchführung für die Hauptzoll- und Hauptsteuerämter, 1865

245 Regeln zur Anfertigung der Kontobücher 1868

165 Haussteuervermessungskosten 1864-1868

160 Haussteuervermessungskosten 1864-1868

151 Haussteuer: Landdistrikte 1865-1868

222 Rangsteuerlisten 1867

131 Landsteuer 1866-1868
Enthält vor allem: Gesuche um Steuererlass oder -ermäßigung

147 Halbprozent-Übertragungssteuer (1860) 1863-1869

183 Gesuch der Grundbesitzer des Stadtstiftsdorfs Böbs wegen der Chausseebau-, Stände- und Einquartierungssteuer 1867

212 Vierprozent- und Halbprozentsteuerlisten der Steuerkontrolle für 1866 1866-1867

211 Vierprozent- und Halbprozentsteuerlisten der Steuerkontrolle für das erste Halbjahr 1867 1867

217 Vierprozent- und Halbprozentsteuerlisten der Steuerkontrolle für das erste Halbjahr 1867 1867

213 Restantenregister über ältere Steuern und Domanialgefälle für 1867 1867-1869

233 Reallasten im Kreis Stormarn und in den Landratsämtern Bordesholm (Kreis Kiel) und Cismar (Kreis Oldenburg) 1868

236 Reallasten im Kreis Stormarn und im Kreis Pinneberg 1868

202 Rechnungen über die neuen direkten Steuern für das zweite Halbjahr 1867: Kämmerei in Altona (1867) 1868-1869

195 Rechnungen über die neuen direkten Steuern für das zweite Halbjahr 1867: Magistrat in Altona 1868-1870

185 Rechnungen über die neuen direkten Steuern für das zweite Halbjahr 1867: Amt Bordesholm (1867) 1868-1869

196 Rechnungen über die neuen direkten Steuern für das zweite Halbjahr 1867: Amt Cismar (1867) 1868-1869

197 Rechnungen über die neuen direkten Steuern für das zweite Halbjahr 1867: Amt Kiel (1867) 1868-1869

225 Rechnungen über die neuen direkten Steuern für das zweite Halbjahr 1867: Amt Neumünster (1867) 1868-1869

198 Rechnungen über die neuen direkten Steuern für das zweite Halbjahr 1867: Landschaft Norderdithmarschen (1867) 1868-1869

194 Rechnungen über die neuen direkten Steuern für das zweite Halbjahr 1867: Herrschaft Pinneberg (1867-) 1869-1870

200 Rechnungen über die neuen direkten Steuern für das zweite Halbjahr 1867: Amt Plön (1867) 1868-1869

214 Rechnungen über die neuen direkten Steuern für das zweite Halbjahr 1867: Grafschaft Rantzau (1867-) 1869-1870

187 Rechnungen über die neuen direkten Steuern für das zweite Halbjahr 1867: Amt Reinbek (1867) 1868-1869

190 Rechnungen über die neuen direkten Steuern für das zweite Halbjahr 1867: Amt Reinfeld (1867) 1868-1870

186 Rechnungen über die neuen direkten Steuern für das zweite Halbjahr 1867: Amt Rendsburg (1867) 1868-1869

201 Rechnungen über die neuen direkten Steuern für das zweite Halbjahr 1867: Amt Rethwisch (1867-) 1869-1870

192 Rechnungen über die neuen direkten Steuern für das zweite Halbjahr 1867: Amt Segeberg (1867) 1868-1869

193 Rechnungen über die neuen direkten Steuern für das zweite Halbjahr 1867: Amt Steinburg 1867-1869

188 Rechnungen über die neuen direkten Steuern für das zweite Halbjahr 1867: Landschaft Süderdithmarschen (1867) 1868-1869

227 Rechnungen über die neuen direkten Steuern für das zweite Halbjahr 1867: Amt Traventhal (1867) 1868-1869

221 Rechnungen über die neuen direkten Steuern für das zweite Halbjahr 1867: Amt Tremsbüttel (1867) 1868-1870

191 Rechnungen über die neuen direkten Steuern für das zweite Halbjahr 1867: Amt Trittau (1867) 1868-1870

189 Rechnungen über die neuen direkten Steuern für das zweite Halbjahr 1867: Gut Drage (1867) 1868-1869

226 Rechnungen über die neuen direkten Steuern für das zweite Halbjahr 1867: Gut Wandsbek (1867) 1868-1870

199 Rechnungen über die neuen direkten Steuern für das zweite Halbjahr 1867: Preetz (1867) 1868-1869

203 Notate zu den Rechnungen über die neuen direkten Steuern für das zweite Halbjahr 1867 1869-1870

Domänen, Mühlen, Forst- und Jagdwesen

137 Hauptkassengebäude in Rendsburg (1857-) 1864-1868

140 Landmesser 1858, 1865-1867

145 Deich- und Wasserbauinspektorat: Diäten, Reisekosten und andere Auslagen 1866-1868

177 Sommerköge in Süderdithmarschen 1850-1867

150 Rechnungen über die Verwaltung der Außendeichsländereien in der Landschaft Süderdithmarschen 1867

144 Protokoll über die Kosten der Aufhebung des Mühlenzwangs 1858-1870

23 Mühlen des Klosters Preetz und des Kreises Pinneberg 1865-1868
Enthält: Mühle in Preetz und Schellhorn, Klostersande, Blankenese und Groß Flottbek

138 Reform der Forstverwaltung 1867-1868
Enthält: Gelderträge von Nebennutzungen; Bedarf an Formularen

79 Diäten der Forstbeamten 1864-1867

146 Forstkandidaten (1820-) 1867

136 Nachweis der Anwärter im Forstschutzdienst 1867

141 Forstaufseher in Hahnheide 1865-1868
Darin: Grund- und Aufriss der Forstaufseherwohnung, 1867

171 Hegereiter in Winsen (1843-) 1845-1868

234 Holz- und Torfausweisungen (1823-) 1857-1867

168 Überlassung von Buschholz an sogenannte Kleine Leute 1865-1867

181 Rodungen 1864-1867

178 Wildschäden 1838-1868

169 Ausgaben für das Doosenmoor 1860-1867

Landwesen

49 Landwesen 1805, 1845-1868
Enthält u. a.: Niederlegung von Bauernstellen und Fuhren im Gut Muggesfelde

53 Landwesen 1863-1867
Enthält u. a.: Einrichtung des Gestütwesens; Schleswig-Holsteinischer Landwirtschaftlicher Generalverein; Tierschauen; Schädlinge; Berufung von Mitgliedern in das Landesökonomiekollegium; Einrichtung einer Landesbaumschule; Förderung der Pferdezucht; Gesuche um Erlaubnis zur Kastration von Haustieren

1 Landveräußerungen: Amt Kronshagen 1865-1868

163 Auseinandersetzungen bei Landveräußerungen: Amt Rendsburg (1860-) 1865-1868
Darin: Karte der Länderein des Eingesessenen Claus Runge, Vaale, 1864; Karte der Schröderschen Landstelle in Gribbohm, 1865

157 Landaufteilungen: Amt Neumünster 1865-1868

156 Landaufteilungen: Herrschaft Pinneberg 1866-1868

149 Landaufteilungen: Amt Segeberg (1865) 1866-1868
Enthält u. a.: Neversdorfer Kampländereien

158 Landaufteilungen: Amt Trittau 1863-1872
Darin: Plan der verteilten Gemeinheitsländereien in Rausdorf, 1867

184 Verzeichnis der Umschreibungsverfügungen bei Landumsätzen 1866-1868

164 Landumsätze: Amt Bordesholm 1864-1868

162 Landumsätze: Amt Kiel (1843) 1866-1868

172 Landumsätze: Amt Neumünster 1859-1867
Darin: Karte zum Gesuch des Claus Wittdorf, Wasbek, um Landüberlassung, 1866

173 Landumsätze: Amt Neumünster (1840) 1860-1867

154 Landumsätze: Amt Neumünster (1827) 1866-1867

128 Landumsätze: Amt Neumünster 1867-1868

143	Landumsätze: Herrschaft Pinneberg	(1799, 1842-) 1850-1868
176	Landumsätze: Herrschaft Pinneberg	1854-1867
167	Landumsätze: Herrschaft Pinneberg Darin: Plan zur Bebauung des Rainvilleschen Gartens in Ottensen, 1864	1861-1867
124	Landumsätze: Herrschaft Pinneberg	1866-1868
133	Landumsätze: Herrschaft Pinneberg	1867-1868
134	Landumsätze: Herrschaft Pinneberg	1867-1868
125	Landumsätze: Herrschaft Pinneberg Darin: zwei Lage- und Parzellierungspläne der Marienhöhe und der Grundstücke des O. C. F. Nagel, Blankenese, 1866 und 1867	(1867) 1868
135	Landumsätze: Amt Plön	(1842-) 1864-1868
122	Landumsätze: Grafschaft Rantzau	1864-1868
142	Landumsätze: Grafschaft Rantzau	1868
123	Landumsätze: Amt Reinbek	1866-1868
139	Landumsätze: Amt und Kreis Rendsburg	1865-1868
129	Landumsätze: Amt Segeberg	1866-1867
166	Landumsätze: Amt Segeberg	1866-1868
148	Landumsätze: Landschaft und Kreis Süderdithmarschen Enthält: Ländereien für den Bau der Nebenlandstraße von Marne zum Hafen in Brunsbüttel; Friedrich-VII.-Koog; Vereinigte Süderdithmarscher Köge	1867-1869
161	Landumsätze: Amt Tremsbüttel	1857-1868
126	Landumsätze: Amt Trittau	1866-1868
130	Landumsätze: Gut und Flecken Wandsbek	1866-1867
127	Landumsätze: Gut und Flecken Wandsbek	1867-1868

159 Gemeinheitsgründe in Kirchsteinbek 1800-1870
Enthält u. a.: Überlassung der sogenannten Schweineweide an die Dorfschaft, 1801

180 Verpachtungen in der Herrschaft Pinneberg 1835-1867

Finanzen, Kassen- und Rechnungswesen

132 Staatshaushalt für 1864/65 und 1868 1864-1868

208 Haushalt für 1868 und 1869 1867-1868
Enthält u. a.: Verzeichnisse über Grundsteuern

229 Einführung des preußischen Münzsystems 1867-1868

242 Anordnungen im Münzwesen der neuerworbenen Landesteile 1868

205 Notate zu den Rechnungen der Schleswig-Holsteinischen Hauptkasse 1864/65-1867 1865-1870

182 Verfahren der Schleswig-Holsteinischen Hauptkasse bei Zahlungen von Vorschüssen an die Hebungsbehörden 1867

228 Überweisung der bei den früheren Hebungsbehörden vorhandenen Depositen an die Steuerkasse 1867-1869

220 Rechnungsrevision der holsteinischen Hebungsdistrikte für 1867 1867-1869

170 Pensionen und Wartegelder aus der Staatskasse 1863-1868

111 Pensionen und Wartegelder 1864-1867

218 Beförderungskosten 1865-1868
Enthält u. a.: Visitationsreisen des Bischofs; Militärsessionen

224 Rechnungen des Gutes Drage für 1864/65-1867 (1864) 1865-1869

209 Notate zu den Amtsrechnungen des Amtes Segeberg 1863/64-1867
1865-1869

219 Notate zu den Amtsrechnungen des Amtes Steinburg 1861/62-1867
1865-1870

JOURNALE UND PROTOKOLLE

82 Briefprotokoll März 1865-Dezember 1866

83 Briefprotokoll Januar 1867-Oktober 1868

84 Journal 1866

85 Register zum Journal 1866

86 Journal 1867
Enthält vor allem: Wege-, Eisenbahn-, Deich- und Wasserlösungswesen

87 Register zum Journal 1867

88 Journal 1867
Enthält vor allem: Steuer- und Landwesen

89 Register zum Journal 1867

90 Journal für Domänen- und Forstwesen 1866

91 Register zum Journal für Domänen- und Forstwesen 1866

92 Journal für Domänen- und Forstwesen 1867

93 Register zum Journal für Domänen- und Forstwesen 1867

94 Journal für Domänen- und Forstwesen Januar-Oktober 1868

95 Annotationsbuch (Einnahmen- und Ausgabenbuch)
Mai 1866-März 1867

96 Annotationsbuch (Einnahmen- und Ausgabenbuch)
April-Dezember 1867

97 Annotationsbuch (Einnahmen- und Ausgabenbuch) 1868-1869

98 Korrespondenzprotokoll 1866

99 Korrespondenzprotokoll 1867

100 Briefbuch 1867-1868

116 Ausgangsjournal der zweiten Sektion der Holsteinischen Landesregierung September 1865-März 1867

117 Ausgangsjournal der dritten Sektion (A) der Schleswig-Holsteinischen Landesregierung und der Holsteinischen Landesregierung Februar 1865-Dezember 1866

118 Postbuch (Ausgangsjournal) der ersten Abteilung der Herzoglichen Landesregierung, der ersten Sektion der Schleswig-Holsteinischen Landesregierung und der Holsteinischen Landesregierung 1864-1867

119 Journal 1866
Enthält vor allem: Wege- und Eisenbahnwesen

120 Register zum Journal 1866

121 Briefbuch Februar 1865-Dezember 1866

113 Register zum Journal des Justizbüros 1866

114 Journal 1866
Enthält vor allem: Kommunal-, Polizei- und Medizinalwesen

115 Register zum Journal 1866

Gemeinsames Register der Bestände Abt. 57 bis Abt. 62.2

PERSONENREGISTER

Ahlmann; Amtsverwalter 194
Albers; Hausvogt; Bolande bei Reinfeld 140
Andersen, Peter; Hofbesitzer; Abel 25
Andresen; Baptist; Pinneberg 119
- Witwe; Uetersen 123
Appel, Hans Jürgen; Heiligenhafen 128
Appenfelder 128
Aretz; Polizeiwachtmeister; Berlin 61, 80
Arnemann, Mathilde 71
Arnoult, E. de; Literat, Korrespondent 64
Asmussen, Dr.; Flensburg 71
Baerens, Julius, Dr. phil.; Flensburg 61
Bahr; Schullehrer; Wrohe 23, 36
Bargum, Julius Conrad; Apotheker; Krempe 32
Bars; Schiffer; Wittenberge 26
Bartels; Professor; Kiel 87
Bartelsen; Schiffskapitän 72
Bassau, Hofbesitzer; Wulfsdorf 39
Baudissin, Graf von 61
Baumeister, Paul Andreas; Landesgevollmächtigter; Barlt 191
Baumgarten, Professor; Privatdozent; Kiel 12, 88
Bebert, Lena; Ohe 126
Bechmann; Professor; Kiel 87, 89
Becker, O.; Bürgermeister; Tönning 67
Behic; französischer Handelsminister 90
Behn; Professor; Kiel 87
Behrens, Thies; Rechenmeister; Wilster 122
Berg; Heide 185
Bertouch, Erich Johann Albrecht von; Hardesvogt; Friedrichstadt 67, 68
Biel; Pedell; Kiel 87
Biesterfeld, Hans Hinrich; Pastor; St. Michaelisdonn 45
Binder, Dr.; Arzt; Trittau 32
Bismarck 71
Blaunfeldt; Hardesvogt; Fleckeby 19, 70, 82
Bleicken; Kaufmann; Tönning 65
Bless, Hans Chr.; Lehrer; Glückstadt 122
Bleuss, Johann H.; Giesensdorf 31
Block, Dr.; Uetersen 122
Blohme, von; Auskultant 82
Blome, Graf von; Salzau 77
Blücher-Altona, Graf von 25
Bockendahl; Professor; Kiel 87
Bode; Polizeireiter; Pinneberg 30
Boekh; Regierungsrat 57
Böhncke, Robert; Künstler; Kiel 102
Bornemann; Hausvogt, Branddirektor; Reinfeld 124
Böttcher; Anbauer; Traventhal 117
Braasch; Kandidat der Theologie; Meldorf 113
Brand, Andreas Jacob 72
Braunberg, Johann Christian; Mühlenrade 31
Brettschneider; Vogt, Brennereibesitzer; Barsbüttel 152
Brieger, G.; Kaufmann; Kiel 50
Brix; Fabrikant; Flensburg 171, 172
Brockdorf, Graf von; Amtmann; Neumünster 82
Brolund; Hausvogt; Bordesholm 192
Buerck, Heinrich; Tischlermeister; Flensburg 31
Bünz; Pastor; Glückstadt 34
Burchardi, Dr.; Kiel 120

Burchardi; Appellationsgerichtssekretär; Flensburg 166
- Pastor; Heiligenhafen 44, 113
Callisen; Glückstadt 127
Cartheuser, Carl Wilhelm; Bürgermeister; Tönning 67
Caspersen; Kirchspielvogt; Nortorf 194
Caspersohn junior; Möbelfabrikant; Rendsburg 73
Casten; Zollverwalter; Husum 61
Chemnitz; Landschreiber; Pellworm 68
Christian; Flensburg 96
Christiansen, Hans; Stubbek 83
Christiansen; Professor; Kiel 87, 191
Clasen, Dr. med.; Poppenbüttel 115
Claudius, C. L. A.; Advokat; Altona 29
Claussen, Christian Friedrich; Zimmermeister; Heide 152
Collberg; Professor; Kiel 87
Dähnhardt; Kaufmann; Eckernförde 171
- Privatdozent; Kiel 88
Dänemark, König von 9, 110
Dänemark; Christian IX., König von 16
- Friedrich VII., König von 117, 131
David; Anbauer; Traventhal 117
- Halbhufner; Heilshoop 141
Davids, Jann; Deputierter Bürger; Tönning 171
Decker; Pastor; Leezen 113
Dehn; Senator; Eckernförde 66, 171
Dellinger, Leopold; Leutnant 120
Dencker, Detlev Hinrich; Eigenkätner; Ottendorf (Amt Ahrensbök) 147
Dethlefsen; Landvogt; Pellworm 168
Dibbern, Peter; Parzellist; Dörphof 167
Diederich; Anbauer; Traventhal 117
Dietzel; Zollverwalter; Kappeln, Amerika 4
Dilthey; Professor; Kiel 87
Dinse; Schiffer; Wolgast 168
Dirksen; Pastorenfau; Schenefeld 4
Dittmann; Fabrikant; Flensburg 171, 172
Dohrn; Auskultant 82
Donner, Dr.; Polizeianwalt; Schleswig 102
Doose; Kandidat der Theologie; Segeberg 113
Dose; Karzerwärter; Kiel 87
Dove; Professor; Kiel 87
Dreger; Apotheker; Tondern 89
Duddenhausen; Steuerempfänger; Warendorf 65
Duncker, Dr.; Geheimer Regierungsrat 78
Eckard, Christian; Auskultant 82
- Viktor; Auskultant 82
Edlefsen; Privatdozent; Kiel 88
Eggers, Heinrich Franz Alexander, Freiherr von; Leutnant; Tondern 75
Ehlers, Franz Heinrich Nicolaus; Steinhorst 31
Ehlers; Höker; Eidelstedt 49
Elwanger; Regierungspräsident 79, 165
Engel; Regierungsrat a. D. 4
Engelbrecht 168
Erich, Dr.; Berlin 79
Esmarch, Carl Christian Ernst Hieronimus; Sekretär 129
Esmarch; Professor; Kiel 87
Essen, Jacob von; Schullehrer; Rehhorst 124
Feddersen; Lehrer; Hummelsbüttel 123
Fickbohm, Franz Heinrich Friedrich; Sandesneben 31
Fischer-Benzon, von; Landschreiber; Krempe 42, 83
Fitzler; Bahnhofsverwalter; Altona 23
Forchhammer; Land- und Gerichtsvogt, Amtsrichter; Wyk auf Föhr 82, 171
- Professor; Kiel 87
Francke, Anna Catharina Caroline; Pastorenwitwe; Altona 128
- Carl Philipp; Justizrat/Staatsrat 38, 101
- Eduard Ludwig Theodor; Schwerin 23
Francke; Justizrat/Staatsrat 38
Franke; Landvogt; Pellworm 168

Frankreich; Napoleon III., Kaiser von 31, 76
Frauen; Beidenfleth 47
Freese, Dr.; Abgeordneter 24, 69
Friederici; Auskultant 82
Friedlieb; Professor; Kiel 87
Friedrichsen; Zollassistent; Segeberg 4
Fröhlich; Diakon; Uetersen 123
Fürst; Lehrer; Mielkendorf 121
Gablenz, von; Statthalter 42, 63, 110, 155
Gaden, Friedrich Ludwig; Landbürger; Oldesloe 49
Gähler; Amtsverwalter; Norburg 60
Gehrkens, Hans Jochim; Hummelsbüttel 152
Gersdorf, von 83
Geske, Johann 44
Goldheim; Polizeirat 61, 101
Gondesen; Hufner; Ausacker 83
Goos; Predigerwitwe; Bramstedt 85
Göttig; Propst; Apenrade 85
Graff, Matthias; Wöhrden 27
Graffen, von 56
Grell; Neumühlen 192
Greve, Nel; Elmshorn 37
Grönland, Anna 128
Groth; Privatdozent; Kiel 88
Gurlitt, Cornelius; Musikprofessor; Altona 118
- Emanuel; Husum 67
Gusmann, von; Polizeimeister; Kiel 30
Gutschmidt; Professor; Kiel 87
Gyldenfeld, Casper Wessel Heinrich von; Sekretär 129
Haalk; Weddingstedt 152
Haase; Kandidat der Theologie; Heiligenhafen 113
Hagemann; Landkommissar; Ohrfeld 66
Hake; Generalleutnant, Kommandeur 145
Halbhuber, von; Zivilkommissar 58
Hamel, Peter Wilhelm; Landmesser; Altona 37
Handelmann; Privatdozent; Kiel 88
Hänel; Professor; Kiel 87
Hannover, Königin von 13
Hansen, Andreas; Grumby 17
Hansen; Appellationsgerichtssekretär; Flensburg 166
- Flensburg 88
- Gerichtsdiener; Nübelharde 29
- Pastor; Ahrensburg 43
Hanssen; Auskultant 82
Harboe; Kriegsrat; Woldenhorn 6
Harder, Hans; Pastor; Hemmingstedt 113
Hardman; Korrespondent 64
Hardt, Joh. Heinrich; Kandidat der Theologie; Oldenburg 113
Harms; Auskultant 82
- Professor; Kiel 87
Hartung, Matthias Nicolaisen; Mögeltondern 166
Hasselmann; Pastor; Krummendiek 113
Heidenreich, Harm; Kirchspielvogt; Herzhorn 194
Heintze, von; Auskultant 82
Heldtberg 128
Hell, Julius; Leutnant a. D., Postexpediteur 60
Hellmannn, Johann; Hofbesitzer; Borsfleth 47
Helm, Johann; Brunsbüttel 46
Hempel, Carl Heinrich Georg; Adjunkt; Ottensen 113
Hennies, Johanne Marie; Krahmeisterwitwe; Lauenburg 36
Henningsen; Hufner; Gammelbygaard 175
Henrici; Privatdozent; Kiel 88
Hessenstein, Fürst von 26
Heyden; Kätner; Schleeme 117
Heyl, Carl Otto 172
Heymann; Konsul; Wyk auf Föhr 30
Hille, Georg, Dr.; Archivdirektor 12
Hiltl; Hoftapezierer; Berlin 107
Himly; Professor; Kiel 87, 167
Hinrichsen, Claus; Quarantäneaufseher; Husum 174

Hinrichsen, Hieronymus Müller; Bürgermeister; Garding 67
Hinrichsen; Pastor; Bordesholm 43
Hinschius; Professor; Kiel 87
Hinz; Anbauer; Traventhal 117
Hjort, P.; Professor 71
Hoff, Johann; Hoflieferant; Berlin 50
Hoffmann, Dr. 69
Hohenlohe-Ingelfingen, Carl, Prinz zu 24, 58
Holden, P.; Kirchspielvogt; Lunding 159
Hollen, Heinrich Carl Georg von; Amtsauditor; St. Georgsberg 29
Hollesen, Johann Gottfried; Kaufmann; Rendsburg 30
Holm; Bauinspektor; Flensburg 37
Holstein, Graf von; Waterneverstorf 41
- Nicolaus von; Amtsauditor; Ratzeburg 36
Höpp; Konferenzrat 38
Horn, David; Bochunicz 169
Horn; Polizeiwachtmeister; Berlin 61
Horns; Anbauer; Wasbek 140
Horst, H.; Reifer; Rendsburg 148
Jacobi; Pfarrer; Sonderburg 72
Jacobsen, C. H.; Rektor; Oldesloe 114
Jacobsen; Landvogt und Appellationsgerichtsrat 62
- Postmeister 4
Jäger; Pedell; Kiel 87
Jensen, Friedrich Heinrich Otto; Obergerichtsrat; Glückstadt 82
- Lorenz; Christian-Albrecht-Koog 174
- Nicolai; Hufner; Quern 177
- Sören Möller; Morsö 169
Jensen; Obergerichtsrat 37
Jepp; Erbpächter; Selent 191
Jessen, D., Professor; Rektor; Glückstadt 127
- J., Dr. med. 136
Jessen; Konrektor; Hadersleben 74
Jissen, Andreas Larsen; Bürgermeister; Tondern 67
Johannsen 68
Johannsen; Inspektor; Dobersdorf 189
John; Professor; Kiel 87
Junghans; Professor; Kiel 57, 87
Jürgensen; Amtmann, Appellationsgerichtsrat 62
- Privatdozent; Kiel 88
Kahle, August; Kätner; Ulzburg 153
Kähler, Hinrich Christian; Hufner; Rumohr 140
Karsten; Professor; Kiel 87
Kasch; Matrose 168
Kaulbach, Wilhelm Friedrich Edlef; Landmesser; Rixdorf 37
Keck, Dr.; Gymnasialdirektor; Schleswig 64
Kedenburg; Pastor; Stellau 113
Keith, Heinrich; Schuhmachergeselle; Berlin 169
Kersten, August Friedrich; Buchhalter; Schleswig 31
Kirchner; Professor; Kiel 87
Kling, Dr.; Physikus; Schleswig 174
Kock, H.; Schiffer; Heiligenhafen 30
- J. C.; Eigenkätner; Badendorf 1
Koopmann; Bischof 114
Krag, Hans Paulsen; Kapitän; Loitkirkeby 166
Kraus; Advokat; Plön 119
Kröger, H.; Arbeitsmann; Mölln 26
Krull, Friedrich August Gustav; Schullehrer; Bovenau 124
Kruse, Anna; Witwe; Vaale 153
- Detlef; Kätner; Gadeland 151
Kruse; Müller; Elmshorn 29
Kuhl, Heinrich; Inste; Ostenfeld 96
Kühl; Lehrer; Glückstadt 127
Künßberg, Baron von; Offizier, Kammerjunker 61, 102
Kupffer; Privatdozent, Professor; Kiel 87, 88
Lang, Julius; Literat 31
Lange, Johann Friedrich; Kapitän a. D., Ratsverwandter; Glückstadt 5
Lange; Altona 1
Langhans; Ackerbürger; Ratzeburg 26
Lavergne-Peguilhen, von; Landrat 57, 58, 59, 62
Lawaetz, Heinrich Friedrich; Justizrat 191

- Johann Daniel; Konferenzrat 191
Levetzow, von; Auskultant 82
- von; Ernsthausen 39
- von; Kammerherr; Ehlersdorf 26
Levsen, J. C.; Sekretär 129
Lichtwerk, P. J.; Landmesser; Pinneberg 9
Lipsius; Professor; Kiel 87
Litzmann; Professor; Kiel 87
Lohse, Johann Jacob; Müller; Averlak 153
Lorenzen, Jörgen H.; Apenrade 25
Lübbes; Hardesvogt; Fleckeby 70, 82
Lübkert; Organist; Reinfeld 124
Luers; Archidiakon; Oldenburg 113
Lühr, Otto; Kandidat der Theologie; Heide 12
Lütje; Schullehrer; Westerhorn 124
Lütkens, E.; Bundhorst 97
Lützen, L. D.; Christian-Albrechts-Koog 83
Maack, von; Buchhändler; Kiel 87
Maass, Detlef; Kätner; Oelixdorf 148
Madlung; Stadtrat; Nordhausen 67
Manteuffel, von; Gouverneur 46, 56, 57, 58, 59, 63, 71, 72, 93
Manus; Schullehrer; Osterbelmhusen 126
Martens; Hufner; Labenz 26
- Kassenkontrolleur 47
Mastrup, Sophie Kjestine; Oeddis-Bramdrup 168
Matthiessen, Ludwig, Dr. phil.; Subrektor; Husum 83
May, Dr.; Redakteur; Altona 192
- Martin, Dr.; Redakteur/Literat; Altona 24, 42, 69, 192
Meinert, Johann; Hofbesitzer; Seestermühe 154
Meinz, Carl; Arbeitsmann; Gammendorf 177
Mencke; Fotograf; Itzehoe 28
Meyer Hertz; Agent; Altona 6
Meyer, Franz; Hufner; Mühlenrade 26
- Johann Hinrich; Viertelhufner; Lebatz 147
Meyer; Bauervogt; Klein Berkenthin 29
- Ziegeleibesitzer; Quaalerteich 117
Meyn, Ludwig, Dr.; Uetersen 97
Michelsen, H.; Kätner; Sterup 83
Mittler; Hofbuchhändler; Berlin 87
Möbius; Professor; Kiel 87
Mohr, Franz Wilhelm; Blankenese 6
- Peter G. Chr.; Polizeidiener; Neustadt 133
Mohr; Kirchspielvogt; Meldorf 187
Mohrdiek; Obergerichtsrat 37
Molblech, Chr. K. F.; Professor; Kiel 20
Möller; Papierfabrikant; Neumünster 34
Molt; Müller; Strenglin 151
Moltke, Graf von; Regierungspräsident 3, 154
Moltke-Hoitfeld, Graf von 75
Mommsen, Friedrich; Appellationsgerichtsrat 166
Mordhorst; Bürgermeister; Plön 186
Müffelmann, Wilhelm; Lehrer; Veddel 121
Müller, W.; Professor; Kiel 87
Müller; Gastwirt; Ratzeburg 26
Muus; Bauervogt; Ekelsdorf 140
Mylius; Hufner; Heilshoop 141
Nagel, O. C. F.; Blankenese 201
Neergaard, von; Kandidat der Theologie; Kiel 114
Neuner; Professor; Kiel 87
Nickels, Hans; Anbauer; Prehnsfeld 140
Nielsen, H. G. B.; Herausgeber 23
Nielsen; Appellationsgerichtssekretär; Flensburg 166
Nissen, Jürgen Anton; Schullehrer; Goldenbek 125
Nissen; Pastor; Quickborn 45
Noer, Fürst von 69
Nöldeke; Professor; Kiel 87
Nolte; Professor; Kiel 87
Odefey, Claus; Schullehrer; Heede 124
Oehl, Julius Heinrich Friedrich; Oberwachtmeister; Eckernförde 167

Ohrt; Forstassistent, Kassierer; Travensalze 4
Oldenburg, Großherzog von 76, 90, 94
Oncken; Baptistenprediger; Altona 119
Pansch; Privatdozent; Kiel 88
Pein, von; Pinneberg 96
Peters; Pächter; Groß Rolübbe 13
- Propst; Flensburg 85
- Rektor; Eckernförde 83
Petersen, Hans Heinrich; Kandidat der Theologie; Kummerfeld 43
- Hans Peter; Pfarrer; Schulitz 113
- Jochim Friedrich; Kätner, Schmied; Süsel 147
- Johann; Wittbek 166
- Peter Andreas; Senator; Flensburg 166
- Peter; Schullehrer; Grömitz 124
Petersen; Hofbesitzer; Wittkiel 65
- Kirchspielvogt; Lunden 187
- Weinhändler; Rendsburg 39
Pfretzschner; Gastwirt; Schleswig 64
Piepgras; Schmiedemeister; Neumünster 34
Pinkow; Polizeisekretär 61, 80
Pipgras; Lehrer; Wakendorf 122
Planck; Professor; Kiel 87
Poppe, Hans; Neumühlen (Herrschaft Pinneberg) 147
Prangen, Carl Wilhelm Gustav von; Sekretär 129
Preußen, König von 55, 56, 73, 74, 89, 188
- Kronprinz von 72, 107
Preusser, Dr.; Präsident des Appellationsgerichts 166
Rahe; Amtsverwalter 4
Rahn 83
Rainville; Ottensen 201
Ralf; Overndorf 48
Rantzau, Graf von 25, 45, 56
Rasch, Gustav, Dr. jur.; Berlin 69
Rasch; Hotelbesitzerin; Flensburg 107
Rasmussen, N.; Kirchspielvogt; Wandling 159
Rathlev; Polizeimeister; Eckernförde 28
Rave; Pfarrer; Flensburg 171
Ravit; Professor; Kiel 87
Reepen; Pastor; Flemhude 112
Reher; Holzhändler; Segeberg 1
Rehhof; Bürgermeister; Wilster 186
Reinick; Regierungsassessor 58
Reusch, F.; Sekretär 129
Reventlow, Graf von 70, 154
Rheder, Ernst Friedrich Hinrich; Sekretär 129
Rheeder; Amtsrichter; Preetz 70
Ribbeck; Professor; Kiel 87, 89
Richardi 88
Rickers; Parzellist; Neuhof bei Reinfeld 141
Rickert, Marx; Kätner; Wiemersdorf 153
Riemann; Lehrer; Altona 121
Röhl, Johann Hinrich; Grevenkrug 151
Rolfs; Zollverwalter; Husum, Altona 4
Roosen, Berend Carl; Mennonitenprediger 119
Roschmann, Hans Christian; Kätner; Wiemersdorf 153
Rosen, von; Auskultant 82
Rosenhagen; Appellationsgerichtssekretär; Flensburg 166
Rötger; Justizrat; Glückstadt 83
Rothe; Hufner; Tarup 172
Rumohr; Hardesvogt; Hadersleben 29
Runge, Claus; Vaale 200
Sachsen, Königin von 13
Sartori; Kaufmann; Kiel 50
Schacht, Anna Catharina; Witwe; Tankenrade 99
- Dr.; Physikus; Süderstapel 174
Schadenberg; Registrator 36
Scharbau; Müller; Woltersmühle 140
Scharffenberg; Bauervogt; Labenz 26
Scheel-Plessen, Carl, Baron von; Oberpräsident 58, 59, 77, 78
Scheibel; Konsul; Kiel 23
Schellhorn; Tierarzt, Premierleutnant a. D.; Sommerfeld 42
Scherk; Professor; Kiel 4, 87

Schirach, Wilhelm von, Dr.; Direktor der Oberdikasterien; Glückstadt 129
Schleswig-Holstein-Gottorf, Herzog von 90
Schleswig-Holstein-Sonderburg-Augustenburg, Familie von 56
- Prinz/Herzog von 15, 16, 31, 171
Schleswig-Holstein-Sonderburg-Augustenburg; Adelheid, Prinzessin von 101
- Christian, Prinz von 69, 75
- Friedrich, Prinz/Herzog von 27, 69, 109, 131, 169
Schleswig-Holstein-Sonderburg-Glücksburg; Louise Caroline, Herzogin von 56, 78
Schlichting, Anna Elisabeth; Meldorf 34
- Hans Jacob Eduard; Gevollmächtigter 78
Schmahl, Jochim Friedrich; Hufner; Kesdorf 140, 160
Schmidt, Christian; Wehrpflichtiger; Kollund 106
Schmidt; Anbauer; Traventhal 117
Schmiedekam, Johannes Joachim Ulrich, Dr.; Boizenburg 83
Schrader, Ludwig Christian; Archidiakon; Kiel 85
Schramm, F. H.; Branddirektor 4
Schröder, Carl August Nikolaus; Sattlergeselle; Segeberg 47
Schröder; Gribbohm 200
Schuhmann; Geheimer Oberregierungsrat 73
Schultz, Peter von; Altona 128
Schultze; Chausseeaufseher; Ratzeburg 36
- Regierungsrat 165
Schütt, Hinrich; Viertelhufner; Bargteheide 152
Schütt; Hofbesitzer; Großendorf 140
Schütz 128
Schütze; Privatdozent; Kiel 88
Schwarz, Dr.; Redakteur; Hamburg 159
Schwarz; Amtssekretär; Plön 186
Schwien; Hufner; Kesdorf 140
Seelig; Professor; Kiel 87
Seemann; Anbauer; Traventhal 117
Seier, Hans; Häusling; Wittbek 166
Selig, A.; Kandidat der Rechte; Hadersleben 29
Siemsen; Hofbesitzer 97
Simonsen, Simon G.; Kirchenpropst 112
Sommer; Schullehrerwitwe; Todenbüttel 125
Spanjer; Deichgraf; Brokdorf 139
Springer; Etatsrat/Geheimer Regierungsrat 74, 80, 92
Stamm; Ratsmann; Witzwort 107
Stapelfeld; Kaufmann; Ratzeburg 26
Stapelfeldt, Hans Jochim; Hammoor 152
Steen senior, Christian; Schuster; Schlamersdorf 159
Steffens, Dr. phil. 114
Stein, Lorenz; Professor 38
Stemann, von; Amtmann; Neumünster 82
Stender, Tönnies; Arbeitsmann; Gammendorf 177
Stieper; Polizeireiter; Segeberg 30
Stöcker; Kirchenjurat; Boostedt 115
Stölting, Hinrich Christian; Wellingdorf 151
Strahlendorff, W. von; Kiel 156
Struve; Schullehrer; Todenbüttel 125
Stubbe, Heinrich; Müller; Wesselburen 152
Stüve; Johann; Breitenfelde 31
Suckau, Catharina; Itzehoe 46
Svensen, Hovard; Nottmark 169
Tadel, Joachim; Ratsverwandter; Burg auf Fehmarn 66
Tamsen; Appellationsgerichtsauskultant; Flensburg 166
Templetey, Dr. 69
Tesch, Johann Joachim Friedrich; Inste; Ascheffel 167
Thaden, von; Etatsrat; Altona 23
Thaulow; Professor; Kiel 87, 89

Theede; Hufner; Boostedt 186
Theysen, Peter; Bauervogt; Sandacker 63
Thomsen, Carl August; Pastor; Neuenkirchen 112
- Dorothea Friederike Christine; Kiel 5
- Hans; Sterdebüll 83
Thomsen; Appellationsgerichtsauskultant; Flensburg 166
- Pastor; Neuenkirchen 34
- Professor; Kiel 87
Tiedemann, Herrmann Johann Friedrich; Sekretär 129
Tiedemann; Kaufmann; Kiel 39
- Polizeimeister; Flensburg 169
Tielmann; Bürgerworthalter; Heiligenhafen 28
Tollgaard, Asmus; Kätner; Mariengaarde 25
Trede; Organist, Lehrer; Ottensen 120
Treitschke; Professor; Kiel 87
Valois, de; Konsul; Kiel 102
Vater; Forstrat 159
Velt, Johann; Seemann; Horst 30
Versmann; Pastor 112
Vogler; Senator; Altona 23
Völkers; Professor; Kiel 87
Volquarts; Pastor; Wedel 45, 84
Vörde, Friedrich Franz; Nachtwächter; Kiel 5
Voss; Erbpachtmüller; Ostermühlen 159
Warnstedt, Louise von; Stiftsdame; Itzehoe 46
Wedekind, Abraham Christian; Neumühlen (Herrschaft Pinneberg) 147
Weinhold; Professor; Kiel 87
Weiß; Professor; Kiel 87
Wensel, Heinrich Ferdinand Wilhelm; Schornsteinfeger; Mölln 29
Wesselmann; Vogt; Hohenwestedt 193
Westphal, Graf von 119
- Hans Friedrich; Eilsdorf 149
Westphal; Appellationsgerichtssekretär; Flensburg 166
- Hufner; Eilsdorf 149
Wickede, Johann von; Kammerherr; Steinrade 76
Wiedemann; Amtsschreiber; Trittau 1
- Professor; Kiel 87
Wiencke, Otto; Kandidat der Theologie 127
Willers; Witwe; Mustin 29
Witt, H.; Elmshorn 44
- Margaretha; Ohe 126
Wittdorf, Claus; Wasbek 200
Witte, Georg Friedrich; Appellationsgerichtsrat 166
Wittmaak; Auskultant 82
Wolf; Kirchenpropst; Itzehoe 112
Wortmann; Kapitän; Altona 30
Wrage, Hans Hinrich; Kätner; Schmalfeld 153
Zastrow, von; Landrat 61, 80
Zedlitz, von; Regierungsreferendar 61
- von; Zivilkommissar, Regierungspräsident 55, 56, 57, 58, 59, 60, 61, 62, 63, 66, 71, 72, 78, 80
Zerssen; Konsul; Rendsburg 23
- Privatdozent; Kiel 88
Zeska, von; Aushebungschef 72

SACHREGISTER

Abgabe 37, 47, 90, 91, 159, 171, 176, 187, 188, 196
Abgeordnetenhaus 55, 69, 76
Abstimmung 55
Abtretung 74
Adel 77
Ädil 88
Administrator 194
Adoption 11, 25, 63, 83
Adresse 55
Advokat 11, 42, 74, 82, 129, 166, 167, 190
Agitation 101, 169
Akademische Feierlichkeit 89
Aktenauslieferung 73, 107
Aktenaussonderung 191
Aktiengesellschaft 99, 188
Aktuar 59, 67, 84, 110, 129, 150, 167, 169
Amnestie 106
Amtmann 25, 29, 49, 94, 129, 194
Amtsbedienstete 130
Amtsbote 94
Amtsdiener 11, 150
Amtsgelöbnis 43
Amtspförtner 11, 130
Amtsrechnung 180, 203
Amtsregistratur 36
Amtsschreiber 47
Amtsverwalter 37, 47, 110, 150
Amtsvogt 110, 129, 133, 150
Anleihe 28, 187
Apanage 5
Apotheke 8, 32, 52, 70, 88, 103, 135, 136, 174, 192
Apotheker 135
Appellationsgericht 16, 25, 62, 82, 166
Äquivalentgeld 111
Arbeiterwohnungen 188
Arbeitsniederlegung 99
Archiv 41, 59, 73, 78, 83, 109, 142, 165, 166, 188
Archivalien 15, 41, 58, 78, 109, 165, 168
Armee 4, 5, 19, 52, 56, 71, 107, 120
Armeebefehl 15
Armenarbeitsanstalt/Armenarbeitshaus 47, 95
Armengärten 188
Armenkate 187
Armenkollekte 44
Armenkommission 187
Armenkommüne 43
Armensteuer 81
Armenversorgung 8
Armenwesen 27, 47
Arrogation 11, 25, 42, 83
Artillerie 139, 192
Arznei 8
Arzt 135, 174
Assessor 42, 129
Asyl für entlassene weibliche Sträflinge und verwahrloste Mädchen 36
Audienzlisten 59
Auktion 102, 168
Auktionssteuer 6
Ausfuhrverbot 12, 131
Aushebung 75, 105, 146
Ausschreitung 72
Außendeich 195, 199
Ausspielung 70
Ausstellung 48, 50, 138, 160, 172, 189
Austernbank 96
Auswanderung 105, 106
Ausweisung 78, 101
Auszeichnung 87
Bad/Badeanstalt 95, 102, 145, 174, 187
Badepolizei 102
Badereise 72
Baken 100
Bank 4, 9, 62, 108, 138, 161, 188
Bankhaft 92
Banknoten 92
Baptisten 63, 119
Bau 97
Bauerschaft 188
Bauervogt 187
Baufreijahr 37
Bauhandwerker 189

Baumschule 200
Bauordnung 189
Beamte 16, 19, 24, 26, 43, 47, 57, 59, 60, 61, 67, 68, 74, 79, 80, 81, 82, 90, 92, 110, 111, 150, 165, 167, 170, 186, 193, 194, 195
Beamtenvereidigung 193
Beamtenwitwen 193
Beerdigungen 115
Befestigung 19, 107
Beförderungskosten 202
Begnadigung 11, 83
Begräbnis 85
Behördenorganisation 165
Beichtgeld 86
Beliebung 137
Belohnungen 192
Bergelohn 30
Bergwerk 96, 99
Besatzungstruppen 33, 71
Beschlagnahmung 19, 26, 131
Bettag 85
Bibliothek 59, 78, 88
Biennium 88
Bildungsanstalten 89
Birkvogtei 79
Bischof 185, 202
Blindenanstalt 46, 128
Blindenverein 128
Bodenverbesserung 58
Bordell 102, 136, 169, 192
Botanischer Garten 88
Bote 111, 129
Brand 32
Branddirektor 32, 51, 102
Brandfälle 185
Brandgilde 170
Brandkasse 8, 103, 160
Brandkorps 185
Brandschaden 102, 170
Brandversicherung 32, 51, 132, 170, 185
Brandwesen 102
Brennerei 99
Brüche 51, 160, 161, 169
Brücke 93, 141, 172
Brückentaxe 172
Buchdrucker 30, 170
Bücher 142
Buchhaltung 92
Buchhändler 90, 170
Buhne 139
Bundesexekution 33
Bundesexekutionskorps/-truppen 7, 10, 145
Bundesheer 10
Bundeskasse 3, 92
Bundeskommissare 113
Bundeskommission 109, 111
Bundeskontingent 10, 145
Bundesmatrikularleistung 3
Bundestag 24, 110
Bundesversammlung 3, 41
Bürgereid 9, 187
Bürgermeister 48, 49, 66, 67, 84, 136, 170, 194
Bürgerrecht 27, 28, 170, 171, 172
Chaussee 10, 16, 33, 52, 142, 143, 144, 154, 186
Chaussee- und Wegebaudirektion 9
Chausseebausteuer 196
Chausseebeamte 75
Chausseegeld 143
Chiffreschlüssel 59
Chirurg 135
Cholera 108, 174
Dampfölmühle 102
Dampfschiff 48
Dampfschifffahrts-Gesellschaft 188
Deich 10, 32, 52, 104, 139
Deich- und Wasserbaudirektorat 139
- und Wasserbauinspektorat 199
Deichbeamte 75, 80
Deichkasse 139
Deichkondukteur 139
Deichländerei 95
Deichordnung 104
Deichschau 139
Denkmal 63, 89, 160
Depositen 78, 154, 202
Deputat 149
Deserteure 106, 169, 192
Desertion 50

Deutsche Gesellschaft zur Rettung Schiffbrüchiger 100
Deutscher Bund 36
Diakon 43, 44
Dienstboten 101
Dienstbuch 102, 169
Dienstleistung 48
Dinggericht 42, 190
Diplomaten 93
Distriktsdeputierte 130
Domänen 37, 48, 66, 94, 95, 180
Domanialgebäude 95
Domanialgefälle 197
Domanialgrundstücke 1
Domanialobligation 161
Druckerei 132, 170
Druckschriften 64
Druckwesen 46, 72, 90
Dünen 61, 104
Ehe 12, 25, 42, 83, 85, 130, 167
Ehre 159
Ehrenzeichen 55, 56, 186, 192
Eichamt 51, 75, 102, 169
Eid 9, 16, 60, 61, 81, 110, 137, 193
Eigentumsrecht 99
Einfuhrverbot 6, 10, 52
Einquartierung 11, 33, 52, 87, 91, 107, 170, 186
Einquartierungssteuer 196
Einwanderung 169
Einzugsgeld 91
Eisenbahn 2, 16, 32, 33, 52, 92, 104, 137, 141, 142
Eisenbahnfahrplan 104
Eisenbahnkommissariat 2
Eisenbahnlinien-Kommission 2
Enklaven, dänische 15
Entbindungsanstalt 174
Entwässerung 32, 48, 103, 104
Epidemien 103, 135
Erbfestebrief 95
Erbpacht 1, 95, 108
Erbschaft 25, 42, 62, 168
Erbschaftssteuer 196
Erbzinsbrief 38
Erbzinsvertrag 1
Erdbuch 147, 176
Erfindung 89, 138, 172
Essigsprit 6
Examen 12, 46, 85, 114, 127, 135
Exekution 6
Exerzitienmeister 88
Expropriationsgesetz 99
Fabrik 50, 103, 108, 160, 172, 185
Fabrikarbeiter 171, 172
Fabrikarbeiterkinder 131
Fabrikschule 131
Fähre 105, 141
Farben 160
Feste 66
Festegeld 176
Festung 10, 53, 95, 107
Feuerschiff 51
Feuerversicherungsverein 66, 154, 170
Fideikommiss 11, 25, 26, 83, 128, 168, 191
Finanzbuchhaltung 180
Finanzen 67, 92
Finanzkommission 92, 161
Finanzministerium 61
Finanzverhältnisse 65
Finanzverwaltung 65, 161
Fischerei 10, 83, 95, 173
Fischteich 95
Flagge 10
Flecken 186
Fleckensordnung 9, 136
Flugblatt/Flugschrift 27, 63, 64, 101
Fonds 65
Forst 27, 38, 48, 66, 97
Forstaufseher 97, 149, 199
Forstbeamte 17, 27, 74, 97, 149, 199
Forstdistrikt 175
Förster 1, 27
Forstkandidaten 199
Forstpersonal 1
Forstplan 48
Forstrechnungswesen 196
Forstschutzbeamte 188
Forstschutzdienst 199
Forstvergehen 149
Forstverordnung 168
Forstverwaltung 199

Forstwesen 17
Fortwährende Deputation 41
Fourage 6
Fremdenpolizei 102
Fremdenverzeichnis 19
Frieden, Prager 55
- Wiener 106
Friedensfeier 19
Friedensratifikation 19
Friedensvertrag 34, 168
Fuhren 143
Gagensteuer 108
Garnison 107
Gasanstalt 28, 188
Gasthaus 189
Gaswerk 171
Gebäudesteuer 196
Geburtsrollen 106
Gedenktafel 66
Gefallene 66
Gefangene 4, 8, 108
Gefängnis 83, 101, 191
Gefängniswärter 66
Gehege 97, 149
Geisteskranke 103
Geistlichkeit 12, 34, 74
Gelehrtenschule 12, 35, 45, 74, 89, 126, 127
Gelöbnis 74, 75
Gendarmerie 30, 101, 121, 131
Generalkommando 102
Generalstabskasse 93
Genossenschaftsgesetz 99
Gericht 82, 166, 167, 168, 190, 191
Gerichts- und Geschäftssprache 84, 166
Gerichtsarzt 174
Gerichtsdiener 11, 195
Gerichtshalter 42, 130
Gerichtsordnung 190
Gerichtssekretär 130
Gerichtsstand 191
Gesandtschaft 75
Gesangbuch 115
Geschworene 186
Gesellschaft für die Sammlung und Erhaltung vaterländischer Altertümer 88
Gesetz- und Verordnungsblatt 6, 8, 24
Gesetze/Gesetzessammlung 42, 57, 78, 120
Gestüt 98, 173, 200
Gesundbrunnen 174
Gesundheitspolizei 192
Getreidepreise 189
Gewehre 102
Gewerbe 10, 29, 50, 58, 99, 160, 172, 189
Gewerbekonzession 18
Gewerberekognition 6
Gewerbeschein 6
Gewerbestatistik 18
Gewerbetreibende 18
Gewicht 62, 102, 131, 169
Gifte 136
Gnadensachen 25
Gottesdienst 115
Grenzregulierung 23, 75, 110, 187
Grenzzollgendarmerie 190
Grundsteuer 90
Grützquere 96, 97, 151, 152, 153
Gut, adliges 62
- adliges; Erlasse 180
- adliges; Gerichtshalter 42
- adliges; Jagd 98
- adliges; Kommissariat 159
- adliges; Landumsätze 148, 179
- adliges; Polizei 134
- adliges; Steuer 37
- adliges; Versicherungsgesellschaften 170
- adliges; Wege 145
- augustenburgisches 36
- großherzoglich oldenburgisches 81
- lübsches 134
Güterdistrikt 90, 189
Gutsherrschaft 9
Gutsobrigkeit 6
Gymnasium 67
Hafen 10, 30, 52, 62, 93, 105, 141, 143, 201
Hafenpolizei 100

Hafentaxe 172
Hagelschadenverein 170
Hand- und Spanndienste 1, 117, 154
Handel 7, 10, 50, 58, 99, 100, 189
Handelsgesetzbuch 9, 42
Handelskammer 99, 172
Handelsreisende 6, 10
Handwerker 18, 29, 50, 138, 172, 173
Hardesvogt 29, 59, 81, 84, 167
Hauptkasse 47, 154, 180, 199, 202
Hausbrief 38, 50, 95
Haushalt 3, 35, 36, 91, 154, 202
Haussteuer 6, 196
Haustiere 191, 200
Hausvogt 94, 150
Hebammen 32, 52, 136, 192
Hebungsbeamte 37, 47, 84, 91, 146
Hebungsbehörden 20, 193, 202
Hebungswesen 180, 196
Hegereiter 199
Heidekultivierung 66
Heimatrecht 8, 27
Heringszäune 95
Herrengeld 146
Herrenhaus 57, 77
Herzogliche Landesregierung 41, 78
Hochschulverein 89
Hoflieferanten 73
Höftmann 171
Holsteinische Landesregierung 9, 17
- Regierung 81
Holzausweisung 199
Holzdeputat 97, 111, 114
Holzschule 84, 149
Holzvogt 97, 149
Holzwärter 97
Hospital 128
Hospitalprediger 44
Hufenprivileg 38
Hundesteuer 102
Hypothekenwesen 62
Impfanstalt 52
Impfung 135
Indigenatsrecht 23, 42, 83, 167
Industrie 5, 99
Industrieanlage 160, 172
Industrieausstellung 189
Informationsreise 80
Insten 189
Irrenanstalt 13, 15, 46, 52, 103, 128, 135
Jagd 27, 38, 48, 66, 97, 98, 175
Jagdablösung 98
Jagdbeamte 149
Jagdpolizei 97
Jagdvergehen 26, 149
Jagdverordnung 98
Journalist 64, 90
Juden 35, 86, 119, 132, 170, 196
Jurisdiktionsbezirk 25
Jurisdiktionsumlegung 62, 84, 191
Justiz 11, 25, 42, 60, 80, 83, 186, 187, 190
Justizbeamte 25, 42, 74, 84, 129, 130, 167, 190
Justizbehörde 11, 140
Justizpflege 190
Justizverhältnisse 166
Justizverwaltung 62, 84, 129, 166
Kabinettsorder 57
Kanal 10, 100
Kanaleinnahmen 100
Kanalinspektorat 187
Kanalkasse 100
Kanzleigut 90, 130, 134
Kanzleireglement 165
Karte 89
Kassenbeamte 75
Kassenrevision 3
Kassenuntersuchung 181
Kassenverwaltung 3
Kassenwesen 79
Katasterblätter 90
Katen 137, 190
Katengeld 147
Katengrundheuer 146
Katholiken 35, 86
Kätner 176
Kaufvertrag 1
Kaution 3, 33, 91, 150, 175, 194
Kirche 12, 58, 170
Kirchenanlagegeld 44
Kirchenbedienstete 44, 45, 111, 185
Kirchengebet 43, 85

Kircheninventar 115, 116, 193
Kirchenkapital 44
Kirchenkollekte 85
Kirchenkonferenz 72
Kirchenlasten 43, 44
Kirchenordnung 35
Kirchenpatronat 119
Kirchenpropst 114, 185
Kirchenregulativ 68
Kirchenstuhlbuch 116
Kirchentag 78
Kirchenvisitation 34, 85, 111, 112, 202
Kirchhof 34, 43, 44, 115, 116, 120, 160
Kirchspielbeamte 194
Kirchspielvogt 29, 81, 84, 91, 110, 150, 186, 194
Kirchspielvogtei 80, 186
Klassensteuer 90
Kloster 11, 37, 77, 90, 98, 134, 148
Klosterdistrikt 189
Kokarden 169
Kollateralerbschaftssteuer 37
Kommission für Wasserbauangelegenheiten 104
Kommunalbeamte 170
Kommunalkassen 187
Kommunallandtag 80
Kommunalordnung 99
Kommunalschulden 188
Kommunalverfassung 187
Kommunalverwaltung 68
Kompastor 43, 44, 45
Konferenz 15
Konfirmanden 34
Konfirmation 44
Konsistorium 34, 44, 79
Konsistorium, akademisches 87
Konsul/Konsulat 13, 30, 50, 100, 155
Kontobücher 196
Kontrakte 50
Kontribution 176
Konvikt 88
Koog 1, 32, 49, 90, 95, 104, 149, 199, 201
Kopist 60, 82, 111, 129
Korndeputat 114
Krankenhaus 49, 52, 109
Krankheiten 174
Kredit 62
Kreditverein 28
Kreisgericht 82
Kreisordnung 80
Krieg 103, 131
Kriegsanleihe 28
Kriegsbeschädigte 72
Kriegsdenkmünze 71
Kriegsgefangene 72
Kriegsgericht 190
Kriegskosten 187
Kriegsleistungsgesetz 105
Kriegsschäden 4, 13, 107
Kriegsschauplatz 64
Kriegsschiff 131, 155
Kriminalkosten 50, 84
Kriminalrecht 62
Kriminaluntersuchung 124
Kunst 46, 89
Kunstakademie 89
Kunsthalle 88
Künstler 5, 131
Kunstverein 71, 88, 89
Küstenschutz 58
Küstensicherung 19
Küster 74
Laboratorium 86
Landaufteilungen 98, 147, 148, 162, 200
Landdrost 27
Landesbank 18
Landeshoheit 75
Landeskasse 35
Landeskatechismus 115
Landesökonomiekollegium 200
Landesvertretung 76
Landesverweisung 19
Landgemeindeverfassung 80
Landkommissar 94
Landkreis 59, 80, 186
Landkulturen 98
Landmesser 9, 37, 48, 75, 150, 175, 199
Landrat 80, 81
Landrechnung 180

Landrecht 42
Landrichter 130
Landrolle 146
Landschreiber 29, 81, 84, 167
Landsteuer 196
Landstraße 105, 143, 144, 195, 201
Landtrennung 18
Landüberlassungen 48, 98, 147
Landumsätze 98, 99, 148, 162, 176, 177, 178, 179, 200, 201
Landveräußerung/Landverkauf 18, 48, 148, 176, 200
Landverpachtungen 187
Landvogt 84, 162, 167
Landwehrbezirkskommando 105
Landwesen 48, 98, 200
Landwirtschaft 48, 62, 98
Landwirtschaftliche Lehranstalt 87, 88
Landwirtschaftlicher Verein 101, 173
Landwirtschaftsbeamte 98
Landwirtschaftsförderung 65
Landwirtschaftsministerium 61, 70
Lastfuhrwerk 142
Lazarett 7, 20, 107
Lebenserwartung 65
Lebensrettung 101
Lebensversicherungsanstalt 105
Legat 34, 47, 128
Lehrplan 120
Leibrente 5
Leibrenten- und Versorgungsanstalt 4, 105
Leuchtfeuer 100
Lieder 160
Lohnfuhrordnung 70
Lokalstatut 28, 48, 136, 138, 171, 186, 187, 188
Lokomotive 189
Lombard 135
Lösch- und Ladeplätze 93
Lotsen 146
Lotterie 20, 51, 65, 102, 135, 147, 161
Lottodirektion 147
Lungenseuche 10, 103, 136
Magazinkorn 6
Majestätsbeleidigung 83, 169
Mälzerei 99
Marine 106, 107, 146
Marineanlagen 99
Marinebeamte 97
Marinegarnisonsverwaltung 42
Marinelazarettkommission 42
Marketender 93
Markt 29, 50, 99, 159, 169, 171
Marktordnung 49, 99, 137
Marsch- und Verpflegungskommissariat 10
Marschrecht 42
Maße 62, 131
Matrikularbeitrag 36
Medizin 8
Medizinalbeamte 75
Medizinalinspektor 174
Medizinalwaren 136
Medizinalwesen 17, 32, 52, 58, 103, 174, 192
Melioration 103
Mennoniten 35, 86, 105, 119
Messbriefe 93
Messordnung 160
Messzeichen 10
Militär 10, 24, 27, 33, 51, 52, 62, 71, 72, 92, 93, 155, 160
Militärbildungsanstalt 106
Militärdienst 35, 106, 175
Militärersatz 106
Militärerziehungsanstalt 66
Militärmedizinalwesen 107
Militärpensionsgesetz 107
Militärpflicht 52, 68, 105, 106
Militärschwimmfloß 33
Militärsession 202
Militärverband 11, 53, 161
Militärverwaltung 3
Ministerialblatt 57
Ministerium des Innern 60, 61
- für die geistlichen, Unterrichts- und Medizinalangelegenheiten 81
Mission 34
Mobiliarversicherung 185
Mobilmachung 107
Moor 1, 97, 98, 137, 149, 175
Moorkultivierung 66
Moorvogt 98

Mühle 1, 2, 29, 38, 48, 50, 96, 97, 102, 140, 151, 152, 153, 154, 175, 199
Mühlenzwang 1, 2, 150, 151, 199
Mündigkeitserklärung 25, 168, 191
Munition 6
Münzen 3, 47, 62, 102, 116, 131, 154, 202
Münzsammlung 88
Münzsystem 202
Museum 5, 46, 63, 88, 89
Musikabend 189
Musikanten 131, 160, 192
Musterungsbehörde 100
Nachlass 5, 63
Nachtwächter 192
Namensänderung 25, 42, 83
Nationalbankzettel 154
National-Dank für Veteranen 194
Nationalpferde 107
Naturalleistungen 137
Navigationslehrer 50
Navigationsschule 100
Norddeutsche Staaten 189
Norddeutscher Bund 76
Notar 11, 82, 166, 190
Oberappellationsgericht 11, 25, 42, 129, 190
Oberbeamte 59, 194
Oberdikasterie 11, 25, 42, 82, 129
Oberpräsident/Oberpräsidium 61, 78, 88, 137, 180
Obersachwalter 25, 167
Oberste Zivilbehörde 2, 56, 59, 92, 109, 111
Obligation 161, 190
Obstkulturen 98
Offiziere 72
Ölfabrik 185
Orden 13, 23, 41, 55, 56, 75, 186, 192
Organist 45, 74
Pacht 38, 48, 94, 148, 162
Parteien 76
Pass 31, 102, 106, 132
Passkarten 70
Passkartenkonvention 51
Pastor 43, 44
Pastorat 34, 44
Patent 50, 138, 172, 189
Pension 5, 33, 36, 47, 48, 65, 92, 107, 202
Personalunion 55
Petition 15
Pfandleihgeschäft 135
Pfandverschreibung 6
Pfarrgehilfe 45
Pferde 70
Pferdegilde 170
Pferdekrankheiten 170
Pferdeversicherung 170
Pferdezucht 191, 200
Pflugzahl 49, 147, 186, 196
Pharmazie 135
Physikat 70, 160
Physikatsdistrikt 135, 136
Physikus 135, 174
Polizei 8, 30, 51, 67, 69, 101, 143, 160, 169, 192
Polizeianwaltschaft 84
Polizeibeamte 30, 42, 51, 132, 133, 134, 160
Polizeibedienstete 132, 133, 134
Polizeiblatt 169
Polizeidiener 66, 81
Polizeigericht 166
Polizeimeister 66, 67, 169
Polizeireiter 30, 51, 133, 134
Polizeiverwaltung 69, 101
Portofreiheit 7, 75
Post 30, 68, 71, 74, 101, 144, 146, 155, 156
Postabkommen 68
Postbeamte 75
Postverein 68
Postvertrag 68
Postverwaltung 156
Postwagen 33
Prälaten 41, 62, 73
Prediger 43, 45, 74, 85, 185
Predigereinkünfte 185
Predigerwitwen 128
Predigerzehnt 85
Presse 8, 18, 27, 46, 63, 64, 90, 132, 133
Pressearbeit 61

Pressebüro 63
Priesteropfer 116
Privatrecht 62
Privilegien 23, 50, 68, 194
Professor/Professur 35, 63, 87
Promotionen 89
Propaganda 76
Propst 77
Prostitution 169
Protokollationswesen 62
Provinziallandtag 76
Provinzial-Steuerdirektion 79
Prozess 167, 190
Prozessordnung 42
Prüfungskommission 170
Quästor 88
Quästurkasse 86
Rang 41
Rangsteuer 6, 91, 161, 196
Ratsdiener 66, 138
Reallasten 197
Realprivilegien 148
Rechnungsrevision 202
Reederei 30, 99
Reform 58
Reformierte 119
Regierung für Holstein 78, 79, 100
Regierung, dänische 46
Regierungsgebäude 165
Regierungshauptkasse 59
Regierungspräsident 61
Reichskammergericht 83
Reichstag 76
Rekruten 106
Religionsausübung 63
Rentekammer 165
Rentenversicherung 131
Revisionswesen 180
Revisor 60
Richter 82
Rinderpest 103
Ritterschaft 41, 57, 62, 73, 77
Rodungen 175, 199
Rotzkrankheit 136
Runenstein 72
Sabbatfeier 132
Saline 4, 37, 48, 95, 99
Sammlung vaterländischer Altertümer 88
Sammlungen 102
Sandgrube 95
Sängerfest 51
Sanitätskollegium 8, 135, 167
Sanitätspolizei 108
Schanzen 19, 107
Schassianum 88
Schätzungsmänner 151
Schauspieler 160
Scheibenschießen 192
Schießbahn 192
Schiff 10, 12, 30, 72, 93, 100, 139
Schiffbau 97
Schiffbauaktiengesellschaft 30
Schiffer 100
Schiffergilde 30, 50, 67
Schifffahrt 10, 30, 50, 51, 62, 83, 93, 99, 100
Schifffahrtsabgabe 100
Schiffsabgabe 155
Schiffsflagge 50
Schiffsmannschaft 100
Schiffspapiere 30
Schiffswerft 7
Schlachthaus 103
Schlagbaum 105, 142
Schleswig-Holsteinische Kampfgenossenschaft 78
- Landesregierung 24, 58, 109, 110, 165
- Regierung 24
- Zeitung 161
Schleswig-Holsteinischer Kanal 100
- Landwirtschaftlicher Generalverein 200
Schleswig-Holsteinisches Hilfskomitee 51
Schleswigsche Regierung 79, 100
Schleuse 171
Schloss 75, 94
Schornsteinfeger 29
Schulamtskandidaten 105
Schulbau 121
Schuld- und Pfandprotokoll 191
Schuldenverhältnisse 186, 187

Schuldirektor 46
Schuldverschreibungen 3, 6
Schule 45, 46, 62, 74, 86, 89
Schulfonds 121
Schulkollegium 12
Schulkommüne 43, 123, 126
Schullehrer 12, 17, 26, 45, 74, 105
Schullehrerseminar 35, 46, 74, 89, 127
Schullehrerwitwenkasse 35, 105, 121
Schulpatronat 119
Schulregulativ 68
Schulsteuer 87
Schulunterricht 120
Schulvisitation 112
Schützengilde 66, 138, 187
Schützenverein 8
Seedienst 146
Seen 95
Seepatent 30
Seerolle 146
See-Session 146
Seezeichen 69
Sekretär 129
Seminaristen 105
Servis 107
Siegel 5
Siel 48
Soldaten 20, 107, 120, 169
Spar- und Leihkasse 6, 131, 189
Spezialschuld 161
Spionage 19, 131
Sporteln 81, 82, 167, 170, 188, 193
Sprachgrenze 64
Sprachunterricht 86
Sprengmittel 101
Spruchkollegium 87
Staatsangehörigkeit 27
Staatsanwälte 82
Staatsbeamte 193
Staatsbuchhaltung 92, 154
Staatseinnahmen 36
Staatsfonds 65
Staatsforst 184
Staatshaushalt 47, 62, 91, 202
Staatskasse 3, 4, 65, 92, 97, 100, 116, 123, 154, 179, 202
Staatsobligation 3, 79
Staatsrat 38
Staatsrechnung 3, 47, 91, 161
Staatsrecht 62
Staatsschatz 91
Staatsschulden 79, 154
Staatsverträge 190, 194
Stadtrechnung 49
Stadtschreiber 194
Stadtsekretär 28, 48, 67, 83, 84, 136, 171
Stadtstiftsdorf 147
Stadtvogt 67
Staller 167
Stammliste/Stammrolle 106, 145
Stände 8, 91
Ständeabgeordnete 69
Ständehaus 37
Ständesteuer 196
Ständeversammlung 23, 38, 41, 55, 57, 76
Statistik 62, 76, 99, 173
Statistisches Büro 111
Statthalterschaft 41, 107, 110
Steckbrief 169
Stempel 5
Stempelabgabe 196
Stempelfreiheit 5, 6, 75, 77
Stempelmarken 79
Stempelpapier 5, 47, 77, 176
Stempelpapierverwalter 75
Sternwarte 12
Steuer 28, 37, 47, 48, 50, 62, 90, 91, 138, 146, 170, 171, 172, 176, 180, 193, 196, 197, 198
Steuerkassen 65
Steuerkontrolle 146, 196, 197
Steuerlisten 146, 196, 197
Steuerrückstände 6
Stift 89
Stiftung 11, 23, 36, 47, 51, 71, 105, 115, 128, 174, 191
Stimmungsbericht 69
Stipendium 36, 46, 88, 127
Strafanstalten 8, 16, 26, 42, 63, 108, 113, 130, 168
Strafgewalt 62

Strand 103
Strandbefestigung 104
Strandrecht 62
Strandung 30
Strandungsordnung 100
Straßenbeleuchtung 29
Straßenpflasterung 28, 49, 170, 171, 187
Straßenreinigung 192
Strom 10
Studierende 88
Syndikus 88
Tageblatt 64
Tagelöhner 101
Tanzabend 189
Taubstummeninstitut 13, 89, 128, 135, 196
Teiche 95
Telegraf 2, 30, 33, 51, 68, 75, 101, 143, 156
Telegrafeninspektion 37
Telegrafenkasse 4
Teleskop 30
Testament 6, 76, 83, 168
Teuerung 62
Teuerungszulage 80
Theater 102, 159
Thronwechsel 68, 194
Tierarzneischule 87
Tierarzt 103, 136, 192
Tierkrankheit 136
Tierschau 98, 132, 173, 200
Tierschutzverein 136
Titel 41, 56, 75
Tonnen 100
Torf 97, 199
Trainpferde 5, 107
Transitzoll 6
Trauung 43
Trichinenkrankheit 52
Truppen 11
Truppen, alliierte 93
- österreichische 7, 10, 75
- preußische 7, 10
Truppenmärsche 107
Truppenverpflegung 52
Truppenverteilung 107
Turnerbund 131
Turnpass 131
Turnverein 192
Übertragungssteuer 196
Uniform 97, 98, 150, 160
Universität 3, 12, 20, 35, 46, 63, 69, 74, 86, 87, 88, 154, 174
Universitätsangehörige 87
Universitätsanstalt 88
Universitätsapotheke 88
Universitätsbeamte 72
Universitätsbibliothek 88
Universitätsbuchhandlung 87
Universitätsinstitute 88
Universitätskuratorium 87
Universitätslehrer 87, 88
Unterstützung 36, 47, 48, 72, 79, 89, 92, 97
Untertanenverband 11, 33, 53, 146, 161
Unterwerfungserklärung 16
Urkunden 25
Vagabunden 169
Veranstaltungen 131
Verbrechen 42
Verein 5, 8, 51, 62, 69, 70, 131, 192, 200
- zur Verpflegung verwundeter und kranker Soldaten 107
Verfassung 61, 62, 67
Verlosungen 51
Vermessung 89, 147
Verordnung 24, 105
Verordnungsblatt 42, 57, 77, 78, 109
Verpflegungsreglement 10
Versammlung 131, 192
Versicherung 142
Versicherungsgesellschaft 103, 170
Vertrag 56, 95, 190
Vertrauensmänner 59, 80
Verwaltungsbehörden 9
Verwaltungsberichte 80
Verwaltungsorganisation 59, 79, 80
Veterinär 52
Viehhandel 191
Vogelkoje 96
Volksschule 12, 120

Volkszählung 8, 31, 57, 76, 154, 173
Vorlesung 89
Vorlesungsverzeichnisse 174
Vormundschaft 83
Vorsängeramt 43
Waage 49, 131
Waffen 6
Wahl 23, 57, 76, 165
Wahlrecht 74
Währschaftsgesetz 191
Waisen 128
Waisenkassen 52
Wanderbuch 47, 169
Wappen 73
Wareneinfuhr 38
Warenschutzbestimmung 75
Wartegeld 5, 202
Wasserbau 32, 70, 104
Wasserlösung 58, 140, 141, 161
Wasserschaumänner 140
Wege 10, 33, 52, 104, 105, 137, 144, 145
Wegebau 145
Wegebauten 195
Wegebeamte 75, 80, 142
Wegebrüche 143
Wegebüro 142, 195
Wegedistrikt 145
Wegegeld 33
Wegegesetz 142
Wegelasten 49
Wegeordnung 142
Wegeschau 142
Wegeunterhaltung 187
Wehrverein 8
Wertpapiere 154
Wildschaden 27, 199
Winkelschreiberei 191
Wirtshaus 131, 160
Wissenschaft 5, 46, 89
Witwenkasse 4, 52, 105
Witwenpension 5
Wohlfahrt, öffentliche 131
Wohltätigkeitsverein, deutscher 5
Zeitung 26, 63, 64, 72, 78, 90, 101, 120, 132, 161, 170
Zeitungsberichte 80
Zeitungskorrespondenten 63
Zeitungsprivilegien 46
Zeitungsverleger 91
Zentralkasse 3, 4
Ziegelbrennerei/Ziegelei 99, 160, 172, 189
Zivilkommissar 24, 58, 61, 72
Zivilprozesskommission 190
Zoll 7, 38, 39, 47, 74, 93, 94, 105, 141, 155
Zollabgaben 7, 172
Zollamt 93
Zollbeamte 6, 7, 38, 39, 47, 75, 91, 155
Zollbefreiung 7
Zolldirektion 6, 33
Zolleinnahmen 155
Zollfreiheit 7, 38, 66
Zollgendarmerie 7
Zollkassen 4
Zollkreuzer 7, 33
Zollordnung 38
Zollrechnung 93
Zollstatistik 38
Zollstellen 5
Zollverein 91, 94
Zollvergehen 7, 26
Zollverhältnis 6, 38
Zollverwaltung 155
Zuchthaus 108
Zuchthausfonds 108
Zunft 10, 173
Zwangsanleihe 3, 138, 146, 159, 180, 186

ORTSREGISTER

Aachen 154
Aasp 179
Aastrup 86
Abel 25
Aebtissinwisch 32
Ahrensbök 102, 144, 195
Ahrensbök, Amt 147
- Amt; Abtretung 76, 190
- Amt; Amtmann 94
- Amt; Amtsanlagenrechnung 147
- Amt; Amtsverwalter 37, 47
- Amt; Beamte 194
- Amt; Brandkasse 103
- Amt; Kirchenvisitation 112
- Amt; Kriminalkosten 84
- Amt; Schulvisitation 112
- Amt; Wege 145
- Forstdistrikt 27
Ahrensburg 43
Albersdorf 149
Alsen 13, 15, 19, 38, 85
Alsensund 172
Altenfeld 139
Altona 1, 4, 6, 23, 24, 29, 30, 42, 69, 100, 186, 192
Altona, Propstei 111
Altona; Apotheke 52
- Armenkommission 187
- Ausstellung 48, 138
- Baptisten 119
- Bürgermeister 137
- Chaussee 143, 144
- Demonstrationen 31
- Eisenbahn 2, 32, 52, 104, 137
- Entbindungsanstalt 174
- Feuerversicherungsverein 66
- Gymnasium 127
- Hochdeutsche Israelitengemeinde 119
- Impfanstalt 52
- Invalidenhaus 114
- Juden 159
- Justiz 187, 190
- Kirche 43, 115, 118
- Kirchhof 34
- Kramersches Stift 114
- Kreditverein 28
- Kriminal- und Polizeikosten 138
- Landkauf 137
- Landstraße 144
- Legat 128
- Lokalstatut 48, 187
- Lotto 147
- Mennoniten 119
- Messordnung 160
- Mühle 151
- Münze 3
- Museum 89
- Oberpräsident 137
- Polizei 51, 133
- Presse 133
- Ratsverwandte 48, 137
- Schifffahrt 30
- Schule 46, 121
- Schützengilde 138, 187
- Stadtkasse 137
- Stadtkollegium 137
- Sternwarte 12
- Steuer 197
- Stiftung 137
- Telegraf 143
- Tierschutzverein 136
- Unterstützungsverein 62
- Vereinsversammlung 51
- Verwaltung 187, 190
- Zoll 39, 91, 93
Altrahlstedt 115
Altrahlstedt, Kirchspiel 117, 119
Amerika 4, 72, 106, 155
Amrum 79, 84
Angeln 17, 170
Apenrade 16, 25, 28, 66, 104, 166, 171
Apenrade, Amt/Kreis 167, 172, 176
- Propstei 85
Apterp 179
Arkebek 149
Arnstedt 125
Ascheberg, Gut 171
Ascheffel 167

Audorf 125
Augustenburg 31, 95, 160
Augustenburg, Gut 161
Ausacker 83
Averlak 153
Badendorf 1
Bahrendorf 97
Bahrenfeld 32, 50
Ballegaard, Gut 171
Ballenstedt 56
Bargteheide 148, 152, 192
Barlt 43, 49, 115, 186, 191
Barmstedt 43, 52, 115, 124, 186
Barnitz 140, 152
Barsbüttel 152
Bartsch 103
Bauschau, Gut 171
Behlendorf 35
Beidenfleth 43, 47, 141
Belgien 23
Benstaben 125
Berchtesgaden 71
Bergedorf 33
Bergstedt 43, 115
Beringstedt 159
Berkenthin 29
Berlin 33, 42, 50, 61, 69, 74, 79, 80, 81, 86, 87, 89, 105, 107, 169, 180
Besdorf 49, 137
Beste 140
Bielenberg 122
Bjolderup 85
Blankenese 6, 51, 141, 144, 199, 201
Blomesche Wildnis 8, 36
Böbs 147, 196
Bochunicz 169
Bockhorn 1
Boizenburg 83
Bokelhoop 145
Bokhorst 145
Bökingharde 176
Boksee 121
Bolande bei Reinfeld 140
Bonn 86
Boostedt 115
Bordesholm 43, 121
Bordesholm, Amt; Aktenaussonderung 191
- Amt; Aktuar 150
- Amt; Amtsrechnung 188
- Amt; Amtsschreiber 47
- Amt; Amtsvogt 133, 150
- Amt; Amtsvorsteher 194
- Amt; Bauervogt 187
- Amt; Beamte 194
- Amt; Gehege 97
- Amt; Hausvogtei 192
- Amt; Kommunevorsteher 193
- Amt; Landumsätze 148, 200
- Amt; Moor 97, 98, 149
- Amt; Mühle 151
- Amt; Pacht 137
- Amt; Polizei 133
- Amt; Reallasten 197
- Amt; Steuer 197
- Amt; Wasserlösung 161
- Amt; Wege 145
- Forstdistrikt 27
Bornhöved 6, 112
Borsfleth 47
Bosbüttel 45
Bovenau 124
Bovenau, Kirchspiel 115
Braderup 85
Bramfeld 110
Brammer 98
Bramstedt 43, 85, 115, 147, 188
Bramstedt, Kirchspiel 146, 186
Braunschweig 99
Bredenbekshorst 50
Bredeneek, Gut 189
Bredstedt 32, 86, 165, 173
Bredstedt, Amt 68, 165, 167, 177
Breitenberg 122
Breitenburg, Herrschaft 96, 154
Breitenfelde 31
Bremen 4
Brokdorf 76, 139
Brokdorf, Kirchspiel 146
Bromberg 113
Bröns 85, 86
Brügge 43
Brunsbüttel 34, 43, 112, 186, 201

- Kirchspiel 116, 153
Brunswik 49, 121, 138
Brüssel 75
Büchen 32, 104
Bülk 146
Bundhorst 97
Burg 161
- auf Fehmarn 28, 66, 85, 169
Büsum 29, 141
Butjadingerland 139
Büttel 143
Butterstieg 149
Cashagen 151
Christian-Albrechts-Koog 83, 170, 174
Christianskoog 105
Christinenthal 80
Cismar 52, 116, 118, 146
Cismar, Amt; Amtmann 129
- Amt; Hausvogt 94
- Amt; Hebungsbeamte 37
- Amt; Justiz 129
- Amt; Kirche 111
- Amt; Polizei 133
- Amt; Reallasten 197
- Amt; Sandgrube 95
- Amt; Steuer 197
- Amt; Wege 104
Dänemark; Abtretung von Nordschleswig 55, 74
- Agitation 169
- Archivalienauslieferung 41, 58, 78, 109
- Auseinandersetzung, finanzielle 47, 65, 92, 161
- Ausgabenersatz 3
- Auswanderung 106
- Behörden 24
- Brandversicherung 170, 185
- Finanzforderungen 33
- Frieden 115
- Handel 7
- Nordschleswig 15, 55, 74
- Orden 56
- Pension 92
- Postabkommen 68
- Regierung 56
- Staatsobligationen 3
- Verträge 56
- Wiedervereinigung 31
- Zahlungen 4
- Zoll 6
Danewerk 19, 63
Darenwurth 139
Dauenhof 96
Delius, Fort 98
Depenau, Gut 187
Den Haag 75
Dingen 161
Dithmarschen 194
Dockenhuden 144
Dodau 143
Domhorst 152
Doosenmoor 149, 199
Dörphof 168
Döstrup 85
Drage, Gut 198, 202
Dresden 190
Droyßig bei Zeitz 89
Duchow 35
Dunkelsdorf 153
Düppel 19, 26
Düsternbrook 27, 37, 95, 98, 145
Düvelsbek, Gehege 27
Duvenstedt 187
Eckernförde 28, 66, 69, 83, 86, 89, 167, 171
Eckernförde, Kreis 178
Eckernförder Harde 167
Ecklak 1
Eddelak 34, 43, 49, 112
Eggebek 104
Ehlersdorf 26
Eichede 34, 50, 148
Eidelstedt 49, 144
Eider 51, 173
Eiderkanal 10
Eiderstedt, Landschaft 18, 67, 167, 172
- Propstei 85
Eilsdorf 149
Eisenach 72
Ekelsdorf 141
Elbe 30, 51, 95, 100, 141
Elbsande 95

Ellerbek 99
Ellerdorf 125
Elmshorn 37, 75
Elmshorn, Kirchspiel 91
Elmshorn; Chaussee 143, 186
- Eisenbahn 2, 92, 104, 142
- Kirche 44
- Landstraße 144
- Lokalstatut 48
- Mühle 29
- Schiffergilde 30
Elpersbüttel 187
Ernsthausen 39
Esgrus 66, 85
Eutin 2
Fahren 121
Fahrenstedt 83
Fährmannssand 162
Farmsen 110
Fedderingen 84
Fegetasche 152
Fehmarn, Amt 172, 177
- Landschaft 62, 67, 81, 167
- Propstei 85
Felde 125
Fiefharrie, Gehege 27
Fieler See 162
Fjeldstrup 86
Fleckeby 19, 70, 82
Flemhude 112
Flensburg 31, 61, 107, 166
Flensburg, Amt; Beamte 16
- Amt; Domänen 175
- Amt; Jurisdiktionsumlegungen 84
- Amt; Justizbeamte 167
- Amt; Landumsätze 177
- Forstdistrikt 175
- Propstei 85
Flensburg; Abgabe 28, 171
- Apotheke 70
- Appellationsgericht 16, 62, 82, 166
- Arme-Schwestern-des-Heiligen-Franziskus 70
- Bauinspektorat 37
- Beamte 16, 67
- Bücher 59
- Domänen 37
- Eichamt 169
- Fabrikarbeiter 171, 172
- Fremdenverzeichnis 19
- Gelehrtenschule 89
- Hilfskomitee 51
- Justiz 168
- Karolinenhölzung 97
- Katholiken 171
- Kirche 85
- Löwendenkmal 89
- Mühle 96, 175
- Museum 46, 63
- Oberste Zivilbehörde 24
- Polizei 69, 169
- Staatsgrundstücke 72
- Ständehaus 37
- Telegraf 33
- Zeitung 64
- Zoll 93
Flottbek 123
Fohlenkoppel 97
Föhr, Landschaft 72, 79, 84, 86
Frankfurt am Main 99
Frankreich 70
Frestedt 96
Friedrichsort 86, 107
Friedrichstadt; Apotheke 32
- Fähre 105
- Kreisstadt 67
- Pastorat 85
- Prediger 171
- Schanzen 107
- Schiffergilde 67
- Steuer 28
- Verwaltung 67
- Wahl 171
- Zwangsanleihe 180
Friedrichswalde 97
Friedrich-VII.-Koog 201
Frörup 159
Gadeland 151
Gammendorf 177
Garding 67
Gastein 24, 33, 58, 59
Gaushorn 123
Geesthacht 33
Gelting 85

Genin 35
Gettorf 86
Giesensdorf 31
Glücksburg, Schloss 20, 66, 95
Glückstadt 5, 34, 82, 83
Glückstadt; Apotheke 103
- Armenarbeitshaus 95
- Deich 139
- Demonstrationen 31
- Eisenbahn 2, 92, 104
- Entwässerung 103
- Festungsländereien 95
- Gelehrtenschule 127
- Hafen 52
- Kirche 44, 113
- Ledermesse 10
- Lokalstatut 138
- Oberdikasterien 25
- Obergericht 42
- Pacht 148
- Schiffergilde 50
- Schifffahrt 92
- Schule 122
- Strafanstalten 8, 16, 26, 42, 63, 108, 113, 130, 168
- Verwaltung 186
- Wasserlösung 140
- Wilder Wassergang 195
- Zoll 93
Gokels 125
Goldenbek 125
Gölm 149
Gottorf, Amt 17, 167, 171, 176, 177
- Propstei 85
- Schloss 59, 95
Gramm 70, 103
Gramm, Gut 72
Grammharde 168
Grande 38
Gravenstein 75
Gravenstein, Gut 56, 161
Grevenkrug 151
Gribbohm 200
Gröde 86
Grömitz 95, 124
Grönland 193
Grönwohld 126, 152
Groß Wittensee 173
Großenbrode 105, 116
Großendorf 124, 140
Großenrade 126
Grumby 17
Grünental 143
Grünholz 84
Güldenstein, Gut 123
Haaler Au 141
Hackelshörn 144
Hademarschen 44, 116
Hadenfeld 80, 125
Hadersleben 74, 159, 171
Hadersleben, Amt 29, 74, 81, 99, 167, 177, 178
- Forstdistrikt 175
- Propstei 86
Hadersleben; Beamte 16
- Bürgermeister 67
- Demonstrationen 31
- Deputierte Bürger 170
- Gelehrtenschule 89, 127
- Gerichtsdiener 81
- Kirche 86
- Ordnung, öffentliche 67
- Polizeidiener 81
- Ratsverwandte 170
- Stadtsekretär 28, 67
Hahnenkoppel 97
Hahnheide 199
Hainholz 124
Halle 86, 174
Hamburg 43, 134
Hamburg; Bürgerrecht 27
- Eisenbahn 2, 32, 104, 141
- Grenze 23
- Grenzregulierung 110
- Kinder, uneheliche 31
- Mennoniten 119
- Post 156
- Reederei 30
- Schifffahrt 10, 30
- Telegraf 2
- Transitverhältnisse 155
- Verordnungsblätter 42
- Verträge 190
Hamdorf 49

Hamm 89
Hammoor 148, 152
Hamwarde 34
Hanerau, Gut 105, 145
Hannover 23, 139, 190
Hannover, Königreich 71
Hansühn 113, 116
Harmsdorf 123
Hartenholm 27, 149
Haselau 85
Hasloh 123
Havetoft 159
Hedwigenkoog 140
Heede 124
Heide 12, 67
Heide; Kirche 116
- Landstraße 143
- Mühle 151, 152
- Ölfabrik 185
- Pfarrer 34
- Straßenpflasterung 28
- Telegraf 143
Heiligenhafen 30, 48, 186
Heiligenhafen; Apotheke 52
- Beamte 138, 194
- Bürgermeister 194
- Finanzen 138
- Geld- und Naturalleistungen 137
- Grundstücke 138
- Kirche 44, 116
- Legat 128
- Magistrat 138
- Pastorat 113
- Ratsverwandter 28
- Stadtschreiber 194
Heiligenstedten 128
Heilshoop 141
Hellschen 188
Hemme 44
Hemmingstedt 112, 113, 116
Hennstedt 116
Heringsand 188
Herzhorn 194
Herzhorn, Herrschaft 193
Hessen 101
Hetlinger Schanzsand 48
Hillgroven 188
Himmelmoor 98
Hochdonn 153
Hohenwestedt 34, 44, 101, 193
Hoisbüttel, Gut 43, 115
Hoist 86
Holdorf 98
Holstein, Herzogtum/Landesteil; Auseinandersetzung, finanzielle 180
- Herzogtum/Landesteil; Beamte 16, 81
- Herzogtum/Landesteil; Brandschaden 170
- Herzogtum/Landesteil; Domänen 94, 183
- Herzogtum/Landesteil; Finanzen 65
- Herzogtum/Landesteil; Forst 165, 183
- Herzogtum/Landesteil; Gerichtsorganisation 167
- Herzogtum/Landesteil; Jagd 165, 183
- Herzogtum/Landesteil; Kirche 170
- Herzogtum/Landesteil; Kirchspielsvogteidistrikt 80
- Herzogtum/Landesteil; Kommunalangelegenheiten 159
- Herzogtum/Landesteil; Post 68, 101
- Herzogtum/Landesteil; Presse 64
- Herzogtum/Landesteil; Rangsteuer 91
- Herzogtum/Landesteil; Schuldforderungen 92
- Herzogtum/Landesteil; Staatsrechnung 91
- Herzogtum/Landesteil; Telegrafen 68
- Herzogtum/Landesteil; Untertanen- und Militärverband 161
- Herzogtum/Landesteil; Zoll 94
Holstengraben 143, 153
Hooge, Hallig 86, 106
Hooslund 72
Hoptrup 86
Horst 30, 34, 44, 144
Horster Koog 139
Hostrup 86
Hoyer, Kirchspiel 86

Hull 92
Hummelsbüttel 123, 152
Husby 85
Husbyharde 81
Husum 4, 61, 70, 83, 174
- und Bredstedt, Propstei 86
Husum, Amt 18, 68, 167, 175, 178
- Forstdistrikt 175
- Losungsbezirk 175
Husum; Apotheke 103
- Beamte 16, 67
- Bürgermeister 171
- Gelehrtenschule 89
- Gymnasium 67, 78
- Pastor 86
- Physikat 160
- Polizeidiener 81
- Stadtsekretär 171
- Straßenpflasterung 171
- Tierschau 173
Hütten, Amt 17, 167, 176, 178, 180
- Propstei 86
Itzehoe 112, 186
Itzehoe, Kloster 46, 145
Itzehoe; Apotheke 8
- Beamte 138
- Bürgerrecht 28
- Chaussee 143
- Fabrikschule 131
- Finanzen 138
- Gasanstalt 28
- Hospital 128
- Julienstift 51
- Kirche 44
- Landstraße 144
- Polizei 51
- Sängerfest 51
- Scheibenschießen 192
- Sporteltaxe 193
- Zoll 39
Itzehoer Güterdistrikt 186
Ivenfleth 141
Jägerup 86
Jahrsdorf 147
Jevenstedt 34, 44, 47, 125, 144
Jever, Herrschaft 139
Johannsdorf 153
Jütland 15, 19, 58, 62, 168
Kahleby 85
Kahlsand 95
Kaisborstel 80
Kaltenkirchen 27, 96, 119
Kaltenkirchen, Kirchspiel 146, 186
Kappeln 4, 70, 85, 171, 173
Kappelner Harde 167
Karolinenhölzung 97
Karolinenkoog 50, 137
Kastrup 160
Kating 85
Kellinghusen 8, 48, 135, 188, 192
Kesdorf 140, 160
Ketelsbüll 32
Ketting 38, 85
Kiel 4, 5, 23, 50, 57, 85, 101, 102, 114, 120, 167, 180, 186
Kiel, Amt 192
- Amt; Amtsschreiber 47
- Amt; Auktion 102
- Amt; Beamte 194
- Amt; Landaufteilung 162
- Amt; Landumsätze 200
- Amt; Mühle 151
- Amt; Polizei 133
- Amt; Seebadeanstalt 95
- Amt; Steuer 197
- Amt; Wege 145
- Amt; Wegebauten 195
- Kreis; Reallasten 197
- Propstei 111
Kiel; Anleihe 187
- Apotheke 8, 52
- Appellationsgericht 82
- Arbeiterwohnungen 188
- Armengärten 188
- Badeanstalten 187
- Bank 188
- Blindenanstalt 46, 128
- Brunswik 49
- Buchhandlung 87
- Chaussee 143
- Demonstrationen 31
- Eichamt 102
- Eisenbahn 2, 32, 52, 104, 137
- Fleischschrangen 186

Kiel; Flugschrift 27
- Gelehrtenschule 12, 127
- Hafen 131
- Hafenpolizei 100
- Hauptkasse 59
- Irrenanstalt 15, 46
- Kirche 44
- Kirchentag 78
- Kloster 128
- Kommandant 145
- Krämerkompanie 159
- Krankenhaus 109
- Kunstverein 71
- Landesregierung 9
- Landstraße 144
- Lokalstatut 28
- Mühle 151
- Oberappellationsgericht 25
- Oberdirektor 154
- Pfarrer 34
- Polizei 51, 133
- Polizeimeister 30
- Ratsdiener 138
- Ratsverwandte 49
- Regierungssitz 79
- Schiffbauaktiengesellschaft 30
- Schloss 37, 73, 95
- Stadtbaumeister 188
- Stadtrechnung 49
- Stipendium 36
- Syndikat 28
- Theater 159
- Universität 3, 12, 20, 35, 46, 63, 69, 174
- Zentralverwaltung 110
- Zoll 6, 39, 93
Kieler Bucht 100
Kirchnüchel 44
Kirchsteinbek 202
Klanxbüll 86
Klausdorf, Gut 137
Klein Offenseth 149
Klosterkrug 104
Klostersande 187, 199
Klövensteen, Gehege 27
Kniphagen, Gut 154
Koberg 27
Kollmar 96, 102
Kollund 106
König-Christians-Koog 1, 149
König-Friedrich-VII.-Koog 153, 162
Kopenhagen 4, 64, 69, 79, 90, 92, 105, 107, 108, 161, 165, 168
Krautsand 162
Krempe 32, 34, 42, 83, 113, 186, 187
Krempermarsch 38, 84, 187
Kronprinzenkoog 1
Kronshagen, Amt 133, 145, 194, 200
Krückau 141
Krummendiek 34, 113
Krusendorf 69
Kudensee 122, 161
Kummerfeld 43
Laak 95
Labenz 26
Lägerdorf 122
Landkirchen 85
Landscheide 122
Langenhagen 123
Langenhorn 86
Langensalza 72
Langetved 103
Latendorf 27
Lauenburg, Amt 33, 36
- Herzogtum 11, 25, 32, 33, 36, 58, 65, 91, 155, 194
Le Havre 189
Lebatz 147
Leck 86
Leezen 113
Leipzig 99
Lensahn 144
Lieth 126
Lindau 170
Loire 104
Loit (Amt Apenrade) 85
- (Amt Gottorf) 103
Loitkirkeby 166
Lokstedt 93
London 15, 160
Looft 80
Lübeck 2, 49
Lübeck, Fürstentum 120
Lübeck; Eisenbahn 2, 32, 104, 141

- Kinder, uneheliche 31
- Landstraße 105, 144
- Telegraf 2
- Transitverhältnisse 155
- Verordnungsblätter 42

Lübscher Baum 192
Lügumkloster 86
Lügumkloster, Amt 68, 167, 179, 180
Luhnstedt 98
Lunden 51, 113, 117, 187, 194
Lunding 159
Lurup 186
Lütjenburg 34, 44, 49, 144, 186, 194
Lütjensee 126
Magdeburg 12
Maisborstel 125
Margarethenwall 63
Mariengaarde 25
Marienthal, Gut 84
Marienwohlde, Vorwerk 36
Marne 49, 112, 188, 201
Marner Deich 139
Meddewade 125
Meerane 17
Mehlbek, Gut 50, 187
Meimersdorf 121
Meldorf 113
Meldorf; Gelehrtenschule 89, 127
- Kirche 44
- Kirchspielskommüne 188
- Kirchspielvogt 49
- Landstraße 143, 144
- Legat 34
- Wirtshausausschreitung 187

Melnik 30
Mexiko 75
Mieletal 103
Mielkendorf 121
Mögeltondern 31, 166, 169
Moldenit 85
Mollerup 179
Mollhagen 95
Mölln 26, 29
Moltkenburg 75
Mönkenbrook, Gut 150, 153
Moorrege 123
Morsö 169
Muggesfelde, Gut 187, 200
Mühlenbek 96
Mühlenrade 26, 27, 31
München 154
Münsterdorf, Propstei 44, 112
Mustin 29
Nahe 50
Neuendeich 139
Neuendorf 34, 44
Neuenkirchen (Krempermarsch) 34
- (Landschaft Norderdithmarschen) 34, 112

Neufeld 139
Neufelder Hafen 1
Neuheikendorf 122
Neuhof 141
Neuhof, Vorwerk 145
Neukirchen (Amt Flensburg) 114
- (Amt Tondern) 86

Neumühlen (Amt Kiel) 1, 151, 192
- (Herrschaft Breitenburg) 154
- (Herrschaft Pinneberg) 123, 138, 147

Neumünster 49
Neumünster, Amt; Aktuar 110, 129
- Amt; Aktuariat 188
- Amt; Amtmann 82
- Amt; Beamte 194
- Amt; Gehege 97
- Amt; Hausvogt 150
- Amt; Hausvogtei 188
- Amt; Landaufteilungen 200
- Amt; Landumsätze 98, 162, 200
- Amt; Moor 149
- Amt; Mühle 151
- Amt; Polizeibeamte 133
- Amt; Schuld- und Pfandverschreibungen 6
- Amt; Stempelfreiheit 6
- Amt; Steuer 197
- Amt; Wege 145
- Amt; Zwangsanleihe 186

Neumünster; Chaussee 143
- Eisenbahn 142
- Ländereien 137
- Landstraße 144
- Lokalstatut 188

Neumünster; Militär 51
- Mühle 38
- Pastorat 34
- Polizei 51
- Tuchmacheramt 10
- Verfassung 186
- Verwaltung 186
- Zunft 138
Neustadt 44, 49, 52, 111, 112, 186
Neustadt; Beamte 194
- Bürgermeister 187
- Chaussee 143
- Diakonat 113
- Hafen 141
- Hospital 52, 128
- Landstraße 144
- Polizei 133
- Post 146
- Steuer 196
- Straßenverbreiterung 138
- Zwangsanleiheschulden 138
Neuwühren 122
Neversdorf 98, 125, 200
Niebüll 85
Niederlande 30
Nieharde 81, 165
Niendorf (Amt Reinfeld) 124
Nienstedten, Kirchspiel 34
Nindorf 125
Nobiskrug 108
Noer, Gut 69
Noerby 179
Nørre Tyrstrupharde 168
Norburg, Amt 29, 60, 81, 160, 179
Norddeich 152
Norderbrarup 85
Norderdithmarschen, Landschaft 84
- Landschaft; Bauerschaften 188
- Landschaft; Kirchspielbeamte 194
- Landschaft; Kommunalverfassung 187
- Landschaft; Landaufteilungen 147
- Landschaft; Landvogt 162
- Landschaft; Nachtwächter 192
- Landschaft; Post 144
- Landschaft; Predigerwitwen 114
- Landschaft; Privilegien 159
- Landschaft; Sporteltaxe 193
- Landschaft; Steuer 197
- Propstei 34, 112
Norderjarup 175
Norderwöhrden, Kirchspiel 50
Nordgroven 95
Nordhastedt 29, 35
Nordhausen 67
Nordschleswig 74
Nordschleswig; Abtretung 55, 74
- Agitation 169
- Ausweisungen 78
- Beschwerden 24, 58, 60, 82
- Beschwerden gegen Beamte 26
- Einwanderung 169
- Eisenbahn 104
- Petitionen 15
- Prediger 85
- Rodung 175
- Schule, dänische 89
- Sprachgrenze 64
- Stimmung, politische 169
- Wiedervereinigung 31, 55
Nordsee 10
Nordstrand, Landschaft 68, 106, 167
Norre-Volm 179
Nortorf 34, 48, 125, 138, 144, 187, 194
Nübbel 151
Nübel, Gut 72
Nübelharde 29
Nürnberg 5
Nusse 35
Oderfeld 95
Oeddis-Bramdrup 168
Oelixdorf 148
Oevelgönne 7, 123, 141
Ohe 126
Ohrfeld 66
Ohrsee 125, 137
Oldenburg 34, 35, 113, 144
Oldenburg, Großherzogtum 139, 190
- Kreis 197
- Propstei 112
Oldenburg; Demonstrationen 31
- Diakon 113
- Freiweide 137

- Kircheninventar 193
- Lokalstatut 187
- Polizei 51
- Schulden 187
- Schule 123
- Stadtrechnung 188
- Zunft 138
Oldenburger Güterdistrikt 130
Oldenbüttel 145
Oldenfelde 110
Oldenswort 85
Oldesloe 49, 51, 114, 116, 137, 140, 142, 144, 186
Ostenfeld 96
Osterbelmhusen 126
Osterhever 85
Ostermühlen 160
Österreich 7, 10, 23, 51, 56, 75, 155
Osterwohld 137
Ostküste 69
Ostsee 10
Ottendorf (Amt Ahrensbök) 147
Ottensen 44, 113, 120, 121, 138, 191, 201
Overndorf 48
Pahlhude 143
Paris 50, 68, 172, 189
Pellworm, Landschaft 18, 29, 68, 106, 167, 168, 174, 179
Perdoel, Gut 189
Pinneberg 9, 31, 48, 96, 119, 144, 152, 187
Pinneberg, Herrschaft; Grenzregulierung 110
- Herrschaft; Justiz 190
- Herrschaft; Justizbeamte 130
- Herrschaft; Kirchspielvogt 110
- Herrschaft; Krankenhaus 49
- Herrschaft; Landaufteilungen 98, 147, 200
- Herrschaft; Landdrost 27
- Herrschaft; Landumsätze 98, 201
- Herrschaft; Pacht 162, 202
- Herrschaft; Polizeibeamte 133
- Herrschaft; Polizeireiter 31
- Herrschaft; Steuer 197
- Kreis 80, 197, 199
- Propstei 112
Plön 37, 90, 119, 186
Plön, Amt; Aktuar 84
- Amt; Amtmann 29, 94
- Amt; Amtsverwalter 37, 47
- Amt; Archiv 188
- Amt; Beamte 194
- Amt; Brandkasse 103
- Amt; Kirchenvisitation 112
- Amt; Landaufteilung 98
- Amt; Landkommissar 94
- Amt; Landumsätze 201
- Amt; Schulvisitation 112
- Amt; Steuer 197
- Amt; Wege 145
- Propstei 112
Plön; Apotheke 103
- Beamte 194
- Chaussee 143
- Eisenbahn 32
- Gelehrtenschule 89
- Kirche 44
- Kirchenvisitatoren 112
- Landstraße 144
- Lokalstatut 187
- Militär 51
- Mühle 1, 38
- Pfarrer 34
- Polizei 51
- Schloss 150
- Straßenreinigung 192
- Verwaltung 186
Pommern 100
Poppenbüll 85
Poppenbüttel 115
Pöschendorf 80, 125
Posen, Provinz 103
Potsdam 70
Prag 55
Preetz 48, 70
Preetz, Kloster 112, 113, 141, 168, 186, 195, 199
Preetz; Chaussee 143
- Lokalstatut 187
- Mühle 199
- Steuer 198
- Straßenreinigung 192

Preetz; Verwaltung 186
- Weberamt 10
Preetzer Güterdistrikt 130, 145
Prehnsfelde 37, 140
Preußen 7, 10, 23, 24, 100, 155, 172, 189
Pronstorf 44
Quaalerteich 117
Quern 103, 177
Quickborn 45
Rade, Hof 187
Raepstedt 86
Raisdorf 122
Rantzau 153
Rantzau, Grafschaft 56
- Grafschaft; Amtsverwalter 47
- Grafschaft; Beamte 194
- Grafschaft; Gehege 149
- Grafschaft; Kommunallasten 137
- Grafschaft; Landumsätze 148, 201
- Grafschaft; Moor 1, 149
- Grafschaft; Polizeibeamte 134
- Grafschaft; Steuer 197
- Grafschaft; Vogt 193
- Grafschaft; Wegelasten 49, 137
- Gut 153
Ratzeburg 26, 29, 33, 36
Ratzeburg, Amt 29, 36
Ratzeburger See 29
Raumort 47
Rausdorf 200
Reher 80
Rehhorst 124
Reinbek 94, 110
Reinbek, Amt; Amtsbote 94
- Amt; Amtsschreiber 47
- Amt; Archiv 88
- Amt; Beamte 194
- Amt; Branddirektorat 32
- Amt; Justiz 130
- Amt; Landaufteilung 98
- Amt; Landüberlassungen 147
- Amt; Landumsätze 98, 201
- Amt; Obligation 5
- Amt; Polizei 134
- Amt; Polizeibeamte 134
- Amt; Steuer 197
- Amt; Wege 145
Reinfeld 50, 124, 128, 140, 141, 144, 187, 188, 195
Reinfeld, Amt 49
- Amt; Amtsdiener 11, 150
- Amt; Beamte 194
- Amt; Landaufteilung 98
- Amt; Mühle 151, 152
- Amt; Polizei 134
- Amt; Polizeibeamte 134
- Amt; Steuer 198
- Amt; Wege 145
Reinsbek 149
Rellingen 45, 58
Rendsburg 23, 30, 73, 110, 151, 186
Rendsburg, Amt; Beamte 194
- Amt; Dienstpflicht 49
- Amt; Forst 97
- Amt; Gehege 149
- Amt; Landaufteilungen 147
- Amt; Landumsätze 148, 201
- Amt; Landveräußerungen 200
- Amt; Mühle 152
- Amt; Polizei 134
- Amt; schleswigsche Dörfer 15, 110
- Amt; Steuer 146, 198
- Amt; Wege 145
- Kreis 201
- Propstei 112
Rendsburg; Aktuar 194
- Ausschreitungen 72
- Bahnhof 2
- Beamte 194
- Bordelle 102
- Brandkorps 185
- Chaussee 143
- Eisenbahn 2, 32
- Fabrikarbeiterkinder 131
- Festung 10, 53
- Festungsländereien 148
- Garnisonskirchhof 120
- Hafen 30
- Hauptkasse 199
- Hebammen 32
- Kanalinspektorat 187
- Kirche 45, 116
- Kriegsanleihe 28

- Kriegsschäden 4
- Laboratorium 4
- Landankauf 186
- Landstraße 143
- Polizei 49, 51, 133
- Realgymnasium 127
- schleswigsche Dörfer 15
- Schule 125
- Schützengilde 138
- Stegengraben 187
- Straßenpflasterung 187
- Wahl 137
- Zentralkasse 4
- Zoll 39
- Zuchthaus 108
Rensemoor 29
Rethfurt 143
Rethwisch, Amt; Amtspförtner 11, 130
- Amt; Bauervögte 193
- Amt; Beamte 194
- Amt; Mühle 152
- Amt; Polizei 134
- Amt; Polizeibeamte 134
- Amt; Steuer 198
- Amt; Wege 104, 145
- Gut 189
Rethwischfeld 98
Reußenkoog 168
Reventlow, Grafschaft 171
Rieshardе 25
Rinkenis 85
Risskov 175
Ritzebüttel, Amt 100
Rixdorf 37
Rixdorf, Gut 119
Rödding 89
Rolübbe 13
Röm 30
Rotenkrug 104
Rumfleth 2
Rumohr 140
Rümpel 126, 190
Russland 32
Sachsen 17, 103
Salzau, Gut 77
Sandacker 63
Sande 93
Sandesneben 31
Sankt Annen 35, 45, 117
- Georgsberg 29, 38
- Johanniskloster 77
- Margarethen 34, 143
- Margarethen, Kirchspiel 137
- Michaelisdonn 45, 112
- Petersburg 5
Sarau 113, 114
Sarlhusen 96
Sasel 126
Satrup 86
Saxdorf 170
Schacht 125
Schackenburg, Grafschaft 168
Schalmersdorf 126
Schellhorn 199
Schenefeld 4, 114, 116, 159
Schiffbek 39
Schlamersdorf 50, 159
Schlei 37, 100, 173
Schleimünde 100
Schlesien 103
Schleswig 12, 16, 31, 64, 78, 102, 180
Schleswig, Herzogtum/Landesteil 2, 6, 8
- Herzogtum/Landesteil; Apotheken 135
- Herzogtum/Landesteil; Austernbänke 96
- Herzogtum/Landesteil; Baptisten 119
- Herzogtum/Landesteil; Behörden 162
- Herzogtum/Landesteil; Fabriken 160
- Herzogtum/Landesteil; Gewerbe 160
- Herzogtum/Landesteil; Haus-, Kauf- und Erbfestebriefe 95
- Herzogtum/Landesteil; Hebungsbeamte 91
- Herzogtum/Landesteil; Höfe und Ländereien 95
- Herzogtum/Landesteil; Industrieanlagen 160
- Herzogtum/Landesteil; Juden 132

Schleswig, Herzogtum/Landesteil; Kommunalangelegenheiten 159
- Herzogtum/Landesteil; Landumsätze 98
- Herzogtum/Landesteil; Passkartenkonvention 51
- Herzogtum/Landesteil; Pastor 114
- Herzogtum/Landesteil; Polizei 160
- Herzogtum/Landesteil; Post 101
- Herzogtum/Landesteil; Predigereinkünfte 185
- Herzogtum/Landesteil; Staatsrechnung 161
- Herzogtum/Landesteil; Stiftungen 115
- Herzogtum/Landesteil; Zoll 94
- Kreis 173, 177

Schleswig; Beamte 16, 67
- Bielcksches Palais 59
- Domschule 35, 78, 89
- Domziegelhof 108
- Eichamt 169
- Eisenbahn 104
- Gouvernementhaus 107
- Hauptkasse 59
- Irrenanstalt 13, 52, 135
- Justiz 62
- Kirche 85
- Landverkauf 176
- Lokalstatut 171
- Markt 100, 169, 171
- Michaelisfeld 95
- Militär 160
- Möweninsel 37
- Oberste Zivilbehörde 15, 24
- Physikus 174
- Polizeigericht 166
- Prinzenpalais 165
- Regierung 59, 60, 165
- Regierungssitz 79
- Sankt Johanniskloster 77
- Ständeversammlung 55
- Straßenpflasterung 28, 171
- Taubstummeninstitut 13, 89, 135, 196
- Zuchthauskoppel 108
- Zwangsanleihe 180

Schleuse 145
Schlichting 116, 123
Schlutup 35
Schluxharde 171
Schmachthagen 126
Schmalensee 98
Schmalfeld 153
Schmalstede 140, 151
Schnabek 86
Schönberg 34, 144
Schönkirchen 117
Schönningstedt 192
Schulau 141
Schulitz 113
Schülp 152
Schwabstedt 105, 171
Schwale 125
Schwalkenschleuse 140
Schwansen 170
Schweinesand 13
Schwelbek, Gut 189
Schwerin 23, 32, 55
Schwochel 147
Seedorf, Gut 159
Seefeld 125, 126
Seestermühe 154
Segeberg 1, 4, 47, 113, 120, 186

Segeberg, Amt; Amtmann 29
- Amt; Amtsrechnung 203
- Amt; Branddirektorat 102
- Amt; Hausvogt 150
- Amt; Katen 190
- Amt; Kirchspielvogt 150
- Amt; Landaufteilungen 147, 200
- Amt; Landumsätze 98, 148, 201
- Amt; Mühle 153
- Amt; Pacht 148
- Amt; Pflugzahl 49
- Amt; Polizeibeamte 134
- Amt; Polizeireiter 30
- Amt; Steuer 198
- Amt; Wege 145
- Kirchspiel 186

Segeberg; Beamte 194
- Chaussee 143
- Deputiertenkollegium 188
- Eisenbahn 142

- Gasanstalt 188
- Gebäude 185
- Kalkberg 1
- Kirche 35, 45, 117
- Landstraße 105, 144
- Schullehrerseminar 35, 46
- Sporteltaxe 193
- Theater 102

Sehmsdorf 125
Selent 38, 191
Siek, Kirchspiel 117
Sievershütten 50
Sillerup 15
Simonsberg 86
Skadst 179
Skamlingsbanke 169
Skodborg 178
Sommerfeld 42
Sommerland 193
Sonderburg 15, 28, 66, 67, 72, 85, 86, 159, 172
Sonderburg, Amt 29, 81, 160, 179
- Propstei 86

Sorgkoog 171
Spandet 86
Spitzerdorf 123
Stackrecksbucht 139
Stapelholm, Landschaft 18, 37, 167, 180
Starup, Kirchspiel 159
Steinbek 45, 118
Steinbek, Kirchspiel 117
Steinberg 84
Steinburg, Amt 187
- Amt; Amtsrechnung 203
- Amt; Amtsverwalter 110
- Amt; Beamte 84
- Amt; Kommunalverfassung 187
- Amt; Mühle 153
- Amt; Polizeibeamte 134
- Amt; Steuer 198
- Amt; Wege 145

Steinfeld 140
Steinhof, Vorwerk 145
Steinhorst 31
Steinrade, Gut 76
Stellau 34, 113
Sterdebüll 83
Sterdebüller Koog 168
Sterup 83
Stockelsdorf, Gut 91
Stockholm 90
Stolpe 189
Stormarn 42, 190
Stormarn, Kreis 197
- Propstei 112

Strübbel 137
Stubbek 83
Stubben 187
Stuvenborn 50
Süderdeich 139
Süderdithmarschen, Kreis 106, 201
- Landschaft; Außendeiche 195
- Landschaft; Außendeichsländereien 199
- Landschaft; Beamte 195
- Landschaft; Deiche 139
- Landschaft; Gehöft Riese 137
- Landschaft; Holzschulen 149
- Landschaft; Justizbeamte 84
- Landschaft; Kirchspielvögte/-schreiber 186
- Landschaft; Kommunalverfassung 187
- Landschaft; Koog 49, 95, 110, 199, 201
- Landschaft; Landumsätze 201
- Landschaft; Landvogt 162
- Landschaft; Mühle 153
- Landschaft; Pacht 162
- Landschaft; Polizeibeamte 134
- Landschaft; Steuer 198
- Landschaft; Verfassung 49, 137
- Landschaft; Wege 145

Süderdithmarschen; Kirchspielbeamte 194
Süderhastedt 112
Süderhastedt, Kirchspiel 117
Süderland 15
Süderrangstrupharde 25
Süderstapel 174
Südertal 162
Südervollum 84
Süderwöhrden, Kirchspiel 50

Südschleswig 104
Sundeved 170
Sundewitt 13, 15
Süsel 147
Sylt, Landschaft 61, 62, 68, 70, 84, 106, 167, 171
Tangstedt 63
Tangstedt, Gut 115
Tankenrade 99
Tarup 172
Tellingstedt 113, 117, 194
Tensbüttel 153
Thumby 85
Tielenhemme 148
Tinglev 104
Todenbüttel 116, 117, 118, 125
Todenbüttel, Kirchspiel 117
Todendorf 114
Toftlund 86
Tondern 28, 67, 75, 89, 104, 159, 171
Tondern, Amt 16, 68, 84, 167, 173, 179
- Kreis 173, 175
- Propstei 86
Tönning 28, 65, 71
Tönning; Beamte 16, 67, 83, 84
- Deputiertenkollegium 171
- Magistrat 171
- Polizei 67
- Verwaltung 67
- Wahl 171
Törninglehn, Propstei 86
Trave 83, 141
Travensalze, Saline 4, 37, 48, 95
Traventhal 117
Traventhal, Amt; Amtsdiener 11
- Amt; Amtsverwalter 150
- Amt; Archiv 188
- Amt; Beamte 194
- Amt; Landaufteilungen 148
- Amt; Mühle 152
- Amt; Polizei 30, 134
- Amt; Steuer 198
- Amt; Wege 145
Tremsbüttel, Amt 50
- Amt; Amtsbedienstete 130
- Amt; Beamte 194
- Amt; Branddirektorat 32
- Amt; Gefängnis 191
- Amt; Landumsätze 148, 201
- Amt; Moor 149
- Amt; Mühle 152
- Amt; Polizei 134
- Amt; Realprivilegien 148
- Amt; Steuer 198
- Amt; Verwaltung 186
- Amt; Wege 145
Trittau 1, 32, 39, 95, 117, 118
Trittau, Amt 47, 50
- Amt; Beamte 194
- Amt; Branddirektorat 32
- Amt; Gefängnis 191
- Amt; Grützquere 97
- Amt; Holzvogt 149
- Amt; Justiz 84
- Amt; Landaufteilungen 200
- Amt; Landumsätze 98, 201
- Amt; Polizei 134
- Amt; Realprivilegien 95, 148
- Amt; Steuer 198
- Amt; Wasserlösung 140
- Amt; Wege 145
- Amt; Zwangsanleihe 146
- Forstdistrikt 38
Turin 72
Twielenflether Sand 139, 162
Uck 85
Uelvesbüll 85
Uetersen 97, 122, 123
Uetersen, Kloster 11, 145, 149
Uetersen; Amtsvogt 110, 150
- Dammgraben 134
- Fleckensanlage 159
- Landstraße 144
- Schule 123
- Straßenpflasterung 49
- Wochenblatt 161
Ulkebüll 160
Ulzburg 153
Unstruttal 103
Unterschaar 188
Uthlande 68
Vaale 153, 200
Valparaiso 30

Veddel 121
Vinum 179
Voßmoor 1
Waabs 86
Wacken 114, 116, 117, 118
Wacken, Kirchspiel 117
Wackendorf 122
Wahlstedt 49
Wanderup 85
Wandling 159
Wandsbek 23, 119, 150
Wandsbek, Gut 11, 84, 99, 115, 134, 148, 150, 190, 198, 201
Wandsbek; Auktionen 102
- Juden 119
- Kirche 45, 118
- Kirchenstieg 35
- Landumsätze 201
- Lokalstatut 48
- Mühle 154
- Rentenversicherung 131
- Schule 126
- Verfassung 186
- Verwaltung 186
Wankendorf 189
Warder 45, 125
Wardersee 45
Warendorf 65
Warringholz 125
Warwerort 141
Wasbek 140, 200
Waterneverstorf, Gut 41
Wattbach 140
Wedddingstedt 152
Wedel 45, 84, 144, 162
Wedeler Sand 162
Wellingdorf 151
Wellingsbüttel 97
Wellingsbüttel, Gut 11, 84, 115, 150, 190
Wellsee 122
Welmbüttel 123
Wesenberg 35, 49
Wesselburen 8, 45, 135, 152
Wesselburener Koog 45, 149, 152
Westerhever 85
Westerhorn 124
Westerland 86
Westküste 19, 70
Wewelsfleth 30, 141
Wiemersdorf 153
Wien 75, 106
Wiesharde 168
Wilster 34, 35, 118, 122, 137, 143, 186, 194
Wilster, Kirchspiel 118, 137
Wilstermarsch 38, 143
Windbergen 112
Windberger See 162
Windsor Castle 69
Winsen 199
Wisch 187
Wittbek 166
Wittenberg 26, 86, 174
Wittenborn 192
Wittkiel 65
Wittorf 38
Witzwort 107
Wohldorf, Gut 115
Wöhrden 27, 49, 186
Wöhrden, Kirchspiel 137
Woldenhorn 6
Wolgast 168
Wollersum 139, 141
Woltersmühle 140
Woltersorf, Vorwerk 36
Worth 34
Wrohe 23, 36, 126
Wulfsdorf 39
Wulfsfelde 149
Wulksfelde, Gut 104, 115, 187
Wyk auf Föhr 29, 30, 82, 171, 172

Konkordanzen

Konkordanz Abt. 57

Umsignierungen

alte Nummer	neue Nummer
160a	173
160b	174
164a	175
164b	176

Abgänge

alte Nummer	neue Nummer
Abt. 57 Nr. 7	Abt. 58.2 Nr. 211

Zugänge

alte Nummer	neue Nummer
Abt. 80 D I Nr. 1720	Abt. 57 Nr. 177

Konkordanz Abt. 58.1

Abgänge

alte Nummer	neue Nummer
Abt. 57 Nr. 42	Abt. 58.2 Nr. 207

Zugänge

alte Nummer	neue Nummer
Abt. 58.2 Nr. 175	Abt. 58.1 Nr. 80
Abt. 58.2 Nr. 176	Abt. 58.1 Nr. 81
Abt. 58.2 Nr. 177	Abt. 58.1 Nr. 82
Abt. 62.1 Nr. 134	Abt. 58.1 Nr. 84
Abt. 62.1 Nr. 135	Abt. 58.1 Nr. 85

Konkordanz Abt. 58.2

Abgänge

alte Nummer	neue Nummer
Teil Nr. 105	Abt. 62.1 Nr. 270
148	Abt. 62.1 Nr. 253
149	Abt. 62.1 Nr. 252
151	Abt. 62.1 Nr. 254
175	Abt. 58.1 Nr. 80
176	Abt. 58.1 Nr. 81
177	Abt. 58.1 Nr. 82

Zugänge

alte Nummer	neue Nummer
Abt. 80 D I Nr. 150	Abt. 58.2 Nr. 179
Abt. 80 D I Nr. 255	Abt. 58.2 Nr. 180
Abt. 80 D I Nr. 256	Abt. 58.2 Nr. 181
Abt. 80 D I Nr. 337	Abt. 58.2 Nr. 182
Abt. 80 D I Nr. 354	Abt. 58.2 Nr. 183
Abt. 80 D I Nr. 385	Abt. 58.2 Nr. 184
Abt. 80 D I Nr. 415	Abt. 58.2 Nr. 185
Abt. 80 D I Nr. 455	Abt. 58.2 Nr. 186
Abt. 80 D I Nr. 503	Abt. 58.2 Nr. 187
Abt. 80 D I Nr. 507	Abt. 58.2 Nr. 188
Abt. 80 D I Nr. 641	Abt. 58.2 Nr. 189
Abt. 80 D I Nr. 693	Abt. 58.2 Nr. 190
Abt. 80 D I Nr. 769	Abt. 58.2 Nr. 191
Abt. 80 D I Nr. 844	Abt. 58.2 Nr. 192
Abt. 80 D I Nr. 964	Abt. 58.2 Nr. 193
Abt. 80 D I Nr. 1054	Abt. 58.2 Nr. 194
Abt. 80 D I Nr. 1209	Abt. 58.2 Nr. 195
Abt. 80 D I Nr. 1324	Abt. 58.2 Nr. 196
Abt. 80 D I Nr. 1326	Abt. 58.2 Nr. 197
Abt. 80 D I Nr. 1430	Abt. 58.2 Nr. 198
Abt. 80 D I Nr. 1452	Abt. 58.2 Nr. 199
Abt. 80 D I Nr. 1476	Abt. 58.2 Nr. 200
Abt. 80 D I Nr. 1484	Abt. 58.2 Nr. 201
Abt. 80 D I Nr. 1518	Abt. 58.2 Nr. 202
Abt. 80 D I Nr. 1542	Abt. 58.2 Nr. 203
Abt. 80 D I Nr. 1698	Abt. 58.2 Nr. 204
Abt. 80 D I Nr. 1726	Abt. 58.2 Nr. 205
Abt. 80 D I Nr. 1727	Abt. 58.2 Nr. 206

Fortsetzung Konkordanz Abt. 58.2, Zugänge

alte Nummer	neue Nummer
Abt. 58.1 Nr. 42	Abt. 58.2 Nr. 207
Abt. 59.2 Nr. 138	Abt. 58.2 Nr. 208
Abt. 59.3 Nr. 41	Abt. 58.2 Nr. 209
Abt. 57 Nr. 7	Abt. 58.2 Nr. 211

Konkordanz Abt. 59.2

Umsignierungen

alte Nummer	neue Nummer
19a	19
19b	211
64a	64
64b	212

Abgänge

alte Nummer	neue Nummer
Abt. 59.2 Nr. 138	Abt. 58.2 Nr. 208

Konkordanz Abt. 59.3

Umsignierungen

alte Nummer	neue Nummer
135a-d	444
283a	283
283b	445

Abgänge

alte Nummer	neue Nummer
40	Abt. 56 Nr. 464
41	Abt. 58.2 Nr. 209
136	Abt. 301
138	Abt. 58.2 Nr. 208
299	Abt. 80 Nr. 6280
308	Abt. 80 Nr. 6283

Zugänge

alte Nummer	neue Nummer
Abt. 80 Nr. 1740	Abt. 59.3 Nr. 449
Abt. 61 Nr. 128	Abt. 59.3 Nr. 455
Abt. 62.2 Nr. 60	Abt. 59.3 Nr. 456
Abt. 80 Nr. 820b	Abt. 59.3 Nr. 457
Abt. 80 Nr. 166a	Abt. 59.3 Nr. 458

Konkordanz Abt. 60

Umsignierungen

alte Nummer	neue Nummer
33a	676

Abgänge

alte Nummer	neue Nummer
47	Abt. 56 Nr. 465
80	Abt. 80 Nr. 6281
101	Abt. 56 Nr. 466
143	Abt. 56 Nr. 467
291	Abt. 80 Nr. 6297
358	Abt. 56 Nr. 472
418	Abt. 56 Nr. 468
419	Abt. 56 Nr. 473
430	Abt. 80 Nr. 6295
441	Abt. 62.2 Nr. 171
446	Abt. 62.2 Nr. 169
451	Abt. 62.2 Nr. 178
483	Abt. 80 Nr. 6282
485	Abt. 62.2 Nr. 174
492	Abt. 62.2 Nr. 175
536	Abt. 80 Nr. 6296
538	Abt. 62.2 Nr. 180
548	Abt. 62.2 Nr. 173
551	Abt. 62.2 Nr. 172
552	Abt. 62.2 Nr. 177
554	Abt. 62.2 Nr. 176
570	Abt. 62.2 Nr. 179
602	Abt. 80 Nr. 6284
603	Abt. 80 Nr. 6285
604	Abt. 56 Nr. 469
605	Abt. 56 Nr. 470
606	Abt. 80 Nr. 6286
607	Abt. 80 Nr. 6287
608	Abt. 80 Nr. 6288
609	Abt. 80 Nr. 6289
610	Abt. 57 Nr. 178
611	Abt. 80 Nr. 6290
612	Abt. 80 Nr. 6291
613	Abt. 51 Nr. 1296

Fortsetzung Konkordanz Abt. 60, Abgänge

alte Nummer	neue Nummer
614	Abt. 80 Nr. 6292
616	Abt. 80 Nr. 6293
617	Abt. 80 Nr. 6294
667	Abt. 61 Nr. 142
670	Abt. 62.2 Nr. 181

Zugänge

alte Nummer	neue Nummer
Abt. 55 Berliner Abgabe Nr. 122	Abt. 60 Nr. 677
Abt. 56 Nr. 256	Abt. 60 Nr. 678
Abt. 56 Nr. 257	Abt. 60 Nr. 679
Abt. 80 Nr. 1276	Abt. 60 Nr. 683
Abt. 80 Nr. 2705	Abt. 60 Nr. 684
Abt. 80 Nr. 5100	Abt. 60 Nr. 685
Abt. 80 Nr. 5232	Abt. 60 Nr. 686
Abt. 80 Nr. 5254	Abt. 60 Nr. 687
Abt. 62.2 Nr. 63	Abt. 60 Nr. 695
Abt. 62.2 Nr. 76	Abt. 60 Nr. 696

Konkordanz Abt. 61

Abgänge

alte Nummer	neue Nummer
128	Abt. 59.3 Nr. 455

Zugänge

alte Nummer	neue Nummer
Abt. 60 Nr. 667	Abt. 61 Nr. 142

Konkordanz Abt. 62.1

Umsignierungen

alte Nummer	neue Nummer
97a	244
116a	245
170a	243
185b	242
190a	241

Abgänge

alte Nummer	neue Nummer
134	Abt. 58.1 Nr. 84
135	Abt. 58.1 Nr. 85

Zugänge

alte Nummer	neue Nummer
Abt. 58.2 Nr. 149	Abt. 62.1 Nr. 252
Abt. 58.2 Nr. 148	Abt. 62.1 Nr. 253
Abt. 58.2 Nr. 151	Abt. 62.1 Nr. 254
Abt. 80 Nr. 1891s	Abt. 62.1 Nr. 257
Abt. 58.2 Teil Nr. 105	Abt. 62.1 Nr. 270

Konkordanz Abt. 62.2

Umsignierungen

alte Nummer	neue Nummer
100a	100
100b	116
100c	117
100d	118
100e	119
100f	120
100g	121

Abgänge

alte Nummer	neue Nummer
60	Abt. 59.3 Nr. 456
63	Abt. 60 Nr. 695
76	Abt. 60 Nr. 696

Zugänge

alte Nummer	neue Nummer
Abt. 80 Nr. 2337	Abt. 62.2 Nr. 122
Abt. 80 Nr. 2281	Abt. 62.2 Nr. 123
Abt. 80 Nr. 2270	Abt. 62.2 Nr. 124
Abt. 80 Nr.2273	Abt. 62.2 Nr. 125
Abt. 80 Nr. 2378	Abt. 62.2 Nr. 126
Abt. 80 Nr. 2383	Abt. 62.2 Nr. 127
Abt. 80 Nr. 2321	Abt. 62.2 Nr. 128
Abt. 80 Nr. 2390	Abt. 62.2 Nr. 129
Abt. 80 Nr. 2275	Abt. 62.2 Nr. 130
Abt. 80 Nr. 2118	Abt. 62.2 Nr. 131
Abt. 80 Nr. 2119	Abt. 62.2 Nr. 132
Abt. 80 Nr. 2332	Abt. 62.2 Nr. 133
Abt. 80 Nr. 2333	Abt. 62.2 Nr. 134
Abt. 80 Nr. 2334	Abt. 62.2 Nr. 135
Abt. 80 Nr. 1693	Abt. 62.2 Nr. 136
Abt. 80 Nr. 1616	Abt. 62.2 Nr. 137
Abt. 80 Nr. 1621	Abt. 62.2 Nr. 138
Abt. 80 Nr. 2240	Abt. 62.2 Nr. 139
Abt. 80 Nr. 1864	Abt. 62.2 Nr. 140
Abt. 80 Nr. 1741	Abt. 62.2 Nr. 141

Fortsetzung Konkordanz Abt. 62.2, Zugänge

alte Nummer	neue Nummer
Abt. 80 Nr. 2282	Abt. 62.2 Nr. 142
Abt. 80 Nr. 2238	Abt. 62.2 Nr. 143
Abt. 80 Nr. 1994	Abt. 62.2 Nr. 144
Abt. 80 Nr. 1889	Abt. 62.2 Nr. 145
Abt. 80 Nr. 1694	Abt. 62.2 Nr. 146
Abt. 80 Nr. 2042	Abt. 62.2 Nr. 147
Abt. 80 Nr. 2233	Abt. 62.2 Nr. 148
Abt. 80 Nr. 2389	Abt. 62.2 Nr. 149
Abt. 80 Nr. 1859	Abt. 62.2 Nr. 150
Abt. 80 Nr. 2036	Abt. 62.2 Nr. 151
Abt. 80 Nr. 2113	Abt. 62.2 Nr. 152
Abt. 80 Nr. 852b	Abt. 62.2 Nr. 153
Abt. 80 Nr. 2320	Abt. 62.2 Nr. 154
Abt. 80 Nr.1891d	Abt. 62.2 Nr. 155
Abt. 80 Nr. 2302	Abt. 62.2 Nr. 156
Abt. 80 Nr. 2296	Abt. 62.2 Nr. 157
Abt. 80 Nr. 2314	Abt. 62.2 Nr. 158
Abt. 80 Nr. 2304	Abt. 62.2 Nr. 159
Abt. 80 Nr. 2030	Abt. 62.2 Nr. 160
Abt. 80 Nr. 2371	Abt. 62.2 Nr. 161
Abt. 80 Nr. 2387	Abt. 62.2 Nr. 162
Abt. 80 Nr. 2211	Abt. 62.2 Nr. 163
Abt. 80 Nr. 2224	Abt. 62.2 Nr. 164
Abt. 80 Nr. 2055	Abt. 62.2 Nr. 165
Abt. 80 Nr. 2367	Abt. 62.2 Nr. 166
Abt. 80 Nr. 2331	Abt. 62.2 Nr. 167
Abt. 80 Nr. 1891q	Abt. 62.2 Nr. 168
Abt. 60 Nr. 446	Abt. 62.2 Nr. 169
Abt. 80 Nr. 1891t	Abt. 62.2 Nr. 170
Abt. 60 Nr. 441	Abt. 62.2 Nr. 171
Abt. 60 Nr. 551	Abt. 62.2 Nr. 172
Abt. 60 Nr. 548	Abt. 62.2 Nr. 173
Abt. 60 Nr. 485	Abt. 62.2 Nr. 174
Abt. 60 Nr. 492	Abt. 62.2 Nr. 175
Abt. 60 Nr. 554	Abt. 62.2 Nr. 176
Abt. 60 Nr. 552	Abt. 62.2 Nr. 177
Abt. 60 Nr. 451	Abt. 62.2 Nr. 178
Abt. 60 Nr. 570	Abt. 62.2 Nr. 179
Abt. 60 Nr. 538	Abt. 62.2 Nr. 180
Abt. 60 Nr. 670	Abt. 62.2 Nr. 181

Veröffentlichungen des Landesarchivs Schleswig-Holstein

Band 1: Findbuch der Bestände Abt. 268 und 285: Lübecker Domkapitel mit Großvogtei und Vikarien sowie Amt Großvogtei, von Wolfgang Prange. 1975. XVII, 324 Seiten. ISBN 3-931292-01-0

Band 2: Findbuch des Bestandes Abt. 400.5: Von der Universitätsbibliothek Kiel übernommene Handschriften, von Wolfgang Prange. 1975. IV, 84 Seiten. ISBN 3-931292-02-9

Band 3: Findbuch des Bestandes Abt. 320 Eckernförde: Kreis Eckernförde, von Hans Wilhelm Schwarz. 1976. VIII, 89 Seiten. Vergriffen. Neuauflage siehe Band 44. ISBN 3-931292-03-7

Bände 4 und 5: Findbuch des Bestandes Abt. 7: Herzöge von Schleswig-Holstein-Gottorf 1544-1713. 1. und 2. Band, von Kurt Hector. 1977. XVI, XII, 852 Seiten. Nur zusammen zu beziehen. Auf die Nachträge und Indices, die als Band 11 erschienen sind, wird ausdrücklich verwiesen. ISBN 3-931292-04-5

Band 6: Findbuch des Bestandes Abt. 320 Eiderstedt: Kreis Eiderstedt 1867-1950, von Reimer Witt. 1978. VIII, 144 Seiten. Vergriffen. Neuauflage siehe Band 62. ISBN 3-931292-06-1

Band 7: Findbuch des Bestandes Abt. 218: Lauenburgisches Konsistorium zu Ratzeburg, von Wolfgang Prange. 1979. V, 148 Seiten. ISBN 3-931292-07-X

Band 8: Findbuch des Bestandes Abt. 320 Steinburg: Kreis Steinburg, von Robert Knull und Dagmar Unverhau. 1980. XVI, 215 Seiten. ISBN 3-931292-08-8

Band 9: Findbuch des Bestandes Abt. 65.1: Deutsche Kanzlei zu Kopenhagen bis 1730, von Konrad Wenn. 1981. VII, 171 Seiten. ISBN 3-931292-09-6

Band 10: Findbuch des Bestandes Abt. 107: Ämter Cismar und Oldenburg, von Wolfgang Prange. 1982. VIII, 73 Seiten. ISBN 3-931292-10-X

Band 11: Findbuch des Bestandes Abt. 7: Herzöge von Schleswig-Holstein-Gottorf 1544-1713. 3. Band, von Kurt Hector und Heinrich Frhr. von Hoyningen gen. Huene. 1983. Enthält Nachträge und Indices zu Band 4 und 5. XXIV, 422 Seiten. ISBN 3-931292-11-8

Band 12: Findbuch der Bestände Abt. 231, 232, 233 und 234: Ämter Lauenburg, Ratzeburg, Schwarzenbek und Steinhorst, von Wolfgang Prange und Konrad Wenn. 1984. XVII, 358 Seiten. ISBN 3-931292-12-6

Band 13: Findbuch des Bestandes Abt. 210: Lauenburgische Regierung zu Ratzeburg, von Wolfgang Prange und Konrad Wenn. 1985. XVII, 597 Seiten. ISBN 3-931292-13-4

Band 14: Findbuch des Bestandes Abt. 320 Segeberg: Kreis Segeberg, von Robert Knull und Dagmar Unverhau. 1985. XVIII, 140 Seiten. ISBN 3-931292-14-2

Band 15: Findbuch des Bestandes Abt. 320 Plön: Kreis Plön, von Hartmut Haase und Hans Wilhelm Schwarz. 1986. VIII, 262 Seiten. ISBN 3-931292-15-0

Bände 16 und 17: Findbuch der Reichskammergerichtsakten (Abt. 390 und andere), von Hans-Konrad Stein-Stegemann. 1986. XIX, 734 Seiten. 2 Bände: Titelaufnahmen und Indices. Nur zusammen zu beziehen. ISBN 3-931292-16-9

Bände 18 und 19: Findbuch der Reichskammergerichtsakten im Archiv der Hansestadt Lübeck, von Hans-Konrad Stein-Stegemann. 1987. XXI, 1067 Seiten. 2 Bände: Titelaufnahmen und Indices. Nur zusammen zu beziehen. ISBN 3-931292-18-5

Band 20: Schleswig-Holsteinische Archivtage 1985-1987 – Ansprachen und Vorträge. Hrsg. von Angelika Menne-Haritz. 1987. 140 Seiten. ISBN 3-931292-20-7

Band 21: Schleswig-Holsteinische Regesten und Urkunden. Band 9: Herrschaft Breitenburg 1256-1598. Bearb. von Kurt Hector und Wolfgang Prange. Neumünster 1988. XI, 657 Seiten. Nur im Buchhandel erhältlich. ISBN 3-931292-21-5

Band 22: Landschaft und Siedlung im Wandel. Alte Flurkarten aus Schleswig-Holstein, Erdbücher, Urkunden, Vermessungsinstrumente. Eine Ausstellung im Landesarchiv Schleswig-Holstein 1989/1990, von Susanna Misgajski. 1989. 64 Seiten. ISBN 3-931292-22-3

Band 23: Schleswig-Holsteinische Regesten und Urkunden. Band 10: Kloster Ahrensbök 1328-1565. Bearb. von Wolfgang Prange. Neumünster 1989. 455 Seiten. Nur im Buchhandel erhältlich. ISBN 3-931292-23-1

Band 24: Findbuch des Bestandes Abt. 8.1: Schleswig-Holstein-Gottorfisches (Großfürstliches) Geheimes Regierungs-Conseil zu Kiel 1720-1773, von Wolfgang Prange und Konrad Wenn. 1989. X, 258 Seiten. ISBN 3-931292-24-X

Band 25: Findbuch des Bestandes Abt. 8.2: Schleswig-Holstein-Gottorfische (Großfürstliche) Rentekammer zu Kiel 1720-1778, von Wolfgang Prange. 1990. IX, 207 Seiten. ISBN 3-931292-25-8

Band 26: Schleswig-Holsteinische Regesten und Urkunden. Band 11: Die Protokolle des Lübecker Domkapitels 1535-1540. Bearb. von Wolfgang Prange. Neumünster 1990. 330 Seiten. Nur im Buchhandel erhältlich. ISBN 3-931292-26-6

Band 27: Durchs Objektiv gesehen. Aspekte der Filmgeschichte in Schleswig-Holstein. Eine Ausstellung im Landesarchiv Schleswig-Holstein 1992/1993, von Jutta Matz. 1992. 59 Seiten. ISBN 3-931292-27-4

Band 28: Historisches Ortsnamenlexikon von Schleswig-Holstein. 2. völlig veränderte und erweiterte Auflage, von Wolfgang Laur. Neumünster 1992. 755 Seiten. Vergriffen. ISBN 3-931292-28-2

Band 29: Findbuch der Bestände Abt. 216 und 217: Lauenburgische Gerichte, von Wolfgang Prange. 1992. 149 Seiten. ISBN 3-931292-29-0

Band 30: Schleswig-Holsteinische Regesten und Urkunden. Band 12: Die Protokolle des Lübecker Domkapitels 1522-1530. Bearb. von Wolfgang Prange. Neumünster 1992. 874 Seiten. Nur im Buchhandel erhältlich. ISBN 3-931292-30-4

Bände 31 bis 33: Findbuch des Bestandes Abt. 66: Rentekammer zu Kopenhagen, Schleswig-Holsteinische Kammer auf Gottorf, General-Landwesens-Kollegium, Steuerkommissionen, von Wolfgang Prange und Konrad Wenn. 1993. 3 Bände, 1078 Seiten. Nur zusammen zu beziehen. ISBN 3-931292-31-2

Band 34: Findbuch des Bestandes Abt. 320 Bordesholm: Kreis Bordesholm 1867-1932, von Veronika Eisermann und Hans Wilhelm Schwarz. 1993. V, 86 Seiten. ISBN 3-931292-34-7

Band 35: Urkundenbuch des Bisthums Lübeck. Teil 1. Hrsg. von Wilhelm Leverkus. Neudruck der Ausgabe von 1856. Neumünster 1994. XXX, 901 Seiten. Nur im Buchhandel erhältlich. ISBN 3-931292-35-5

Band 36: Schleswig-Holsteinische Regesten und Urkunden. Band 13: Urkundenbuch des Bistums Lübeck. Band 2: Urkunden 1220-1439. Bearb. von Wolfgang Prange. Neumünster 1994. XIV, 656 Seiten. ISBN 3-931292-36-3

Band 37: Schleswig-Holsteinische Regesten und Urkunden. Band 8: Kloster Itzehoe 1256-1564. Bearb. von Hans Harald Hennings. Neumünster 1993. XIV, 569 Seiten. ISBN 3-931292-37-1

Band 38: Schienen zum Fortschritt. 150 Jahre Eisenbahn in Schleswig-Holstein. Ausstellungen zum Jubiläum der Eisenbahn in Schleswig-Holstein, von Christian Küster, Susanna Misgajski, Manfred Schulz und Günther Ungerbieler. 1994. 116 Seiten. ISBN 3-931292-38-X

Band 39: „Der Stand der Frauen, wahrlich, ist ein harter Stand". Frauenleben im Spiegel der Landesgeschichte. Hrsg. von Elke Imberger. 1994. 231 Seiten. ISBN 3-931292-39-8

Band 40: Schleswig-Holsteins Lied und Farben im Wandel der Zeiten. Vorträge und Diskussionen eines wissenschaftlichen Symposiums: „150 Jahre Schleswig-Holstein-Lied“. Hrsg. vom Schleswig-Holsteinischen Heimatbund und dem Landesarchiv Schleswig-Holstein. 1995. 112 Seiten. ISBN 3-931292-40-1

Band 41: Der 8. Mai als politische Zäsur. Ansprachen und Vorträge zum Symposium „Ende und Anfang im Mai 1945“ in der Marineschule Mürwik am 17. Mai 1995 (Landeszentrale für Politische Bildung. Labskaus 4). 42 Seiten. ISBN 3-931292-41-X

Band 42: Der Kaiser, der Kanal und die Kinematographie. Begleitheft zur Ausstellung im Landesarchiv Schleswig-Holstein: Birt Acres – 100 Jahre Film in Schleswig-Holstein, von Hauke Lange-Fuchs. 1995. 72 Seiten. ISBN 3-931292-42-8

Band 43: Archive in Schleswig-Holstein. Bearb. von Veronika Eisermann und Hans Wilhelm Schwarz. 1996. 115 Seiten. ISBN 3-931292-43-6

Band 44: Findbuch des Bestandes Abt. 320.3: Kreis Eckernförde 1867-1950, von Veronika Eisermann und Hans Wilhelm Schwarz. 1996. 2. wesentlich erweiterte Auflage. VIII, 290 Seiten. ISBN 3-931292-44-4

Band 45: Schleswig-Holsteinische Regesten und Urkunden. Band 14: Urkundenbuch des Bistums Lübeck. Band 3: Urkunden 1439-1509. Bearb. von Wolfgang Prange. Neumünster 1995. 806 Seiten. ISBN 3-931292-45-2

Band 46: Schleswig-Holsteinische Regesten und Urkunden. Band 15: Urkundenbuch des Bistums Lübeck. Band 4: Urkunden 1510-1530 und andere Texte. Bearb. von Wolfgang Prange. Neumünster 1996. 840 Seiten. ISBN 3-931292-46-0

Band 47: Landgraf Carl von Hessen 1744-1836. Statthalter in den Herzogtümern Schleswig und Holstein. Eine Ausstellung im Landesarchiv Schleswig-Holstein, von Jens Ahlers, Jürgen Ostwald, Reimer Witt und Heyo Wulf. 1996. 142 Seiten. Vergriffen. ISBN 3-931292-47-9

Band 48: Findbuch des Bestandes Abt. 320.9: Kreis Husum 1867-1950, von Marion Dernehl und Reimer Witt. 1997. VII, 119 Seiten. ISBN 3-931292-48-7

Band 49: Die Wappen der Kreise, Ämter, Städte und Gemeinden in Schleswig-Holstein. Bearb. von Martin Reißmann unter Mitwirkung von Uta Hess, Jutta Matz und Hans Wilhelm Schwarz. Husum 1997. 415 Seiten. ISBN 3-931292-49-5

Bände 50 bis 53: Findbuch des Bestandes Abt. 260: Regierung des Bistums, Fürstentums, Landesteils Lübeck zu Eutin, von Gertrud Nordmann, Wolfgang Prange und Konrad Wenn. 1997. 4 Bände, 1896 Seiten. Nur zusammen zu beziehen. ISBN 3-931292-50-9

Band 54: Die Anfänge des Landes Schleswig-Holstein. Vier Vorträge aus Anlaß des 50jährigen Landesjubiläums. Hrsg. vom Schleswig-Holsteinischen Heimatbund und dem Landesarchiv Schleswig-Holstein. 1997. 104 Seiten mit 10 Abb. ISBN 3-931292-51-7

Band 55: Landgraf Carl von Hessen 1744-1836. Vorträge zu einer Ausstellung. Hrsg. von Reimer Witt und Heyo Wulf. 1997. 163 Seiten. Vergriffen. ISBN 3-931292-52-5

Band 56: Der Hesterberg. 125 Jahre Kinder- und Jugendpsychiatrie und Heilpädagogik in Schleswig. Eine Ausstellung im Landesarchiv Schleswig-Holstein, von Susanna Misgajski. 1997. 158 Seiten. ISBN 3-931292-53-3

Band 57: Die Gottorfer auf dem Weg zum Zarenthron. Russisch-gottorfische Verbindungen im 18. Jahrhundert. Katalog zur Ausstellung im Landesarchiv Schleswig-Holstein, von Michail Lukitschev und Reimer Witt, unter Mitwirkung von Svetlana Dolgova, Jutta Matz, Marina Osekina und Sven Schoen. 1997. 199 Seiten. Vergriffen. ISBN 3-931292-54-1

Band 58: Schleswig-Holsteinische Regesten und Urkunden. Band 16: Urkundenbuch des Bistums Lübeck. Band 5: Siegelzeichnungen, Überlieferung, Indices. Bearb. von Wolfgang Prange. Neumünster 1997. 363 Seiten. ISBN 3-931292-32-0

Band 59: Schleswig-Holsteinische Beamte 1816-1848, von Gertrud Nordmann. 1997. VII, 445 Seiten. ISBN 3-931292-56-8

Band 60: Findbuch des Bestandes Abt. 170: Landschaft Stapelholm 1699-1867 (-1925), von Marion Dernehl. 1998. V, 52 Seiten. ISBN 3-931292-17-7

Band 61: Findbuch des Bestandes Kreis Herzogtum Lauenburg (Ratzeburg) 1873-1950, von Cordula Bornefeld und Hartmut Haase. 2001. 2 Bände. XII I, 693 Seiten. ISBN 3-931292-33-9

Band 62: Findbuch des Bestandes Abt. 320.4: Kreis Eiderstedt 1867-1950. Neu bearb. von Marion Dernehl und Reimer Witt. 1998. 2. erweiterte Auflage. IX, 172 Seiten. ISBN 3-931292-19-3

Band 63: Die Staatsgrundgesetze 1848/49 in Schleswig-Holstein und Lauenburg: Reprint zeitgenössischer Drucktexte. Hrsg. vom Verein zur Förderung des Landesarchivs Schleswig-Holstein e. V. 1998. 64 Seiten. ISBN 3-931292-55-X

Band 64: Heinrich Rantzau (1526-1598) – Statthalter in Schleswig und Holstein. Ein Humanist beschreibt sein Land. Katalog zur Ausstellung im Landesarchiv Schleswig-Holstein. Landesbeschreibung – Aufsätze – Katalog. Hrsg. von Marion Bejschowetz-Iserhoht, Hans Braunschweig, Reimer Witt und Heyo Wulf. 1999. 346 Seiten. ISBN 3-931292-57-6

Band 65: Findbuch der Bestände: Tønder kreds/Kreis Tondern 1867-1920 und/og Kreis Südtondern/Sydtønder kreds 1920-1950 i/im Landsarkivet for Sønderjylland und/og Landesarchiv Schleswig-Holstein. Redaktion Bettina Reichert und Hans Schultz Hansen. 1999. 353 Seiten. ISBN 3-931292-58-4

Band 66: Staatsgrundgesetze 1848/49 in Schleswig-Holstein und Lauenburg. Katalog zur Ausstellung im Haus Mecklenburg, Ratzeburg, 11. Mai bis 7. November 1999, von Hans Wilhelm Schwarz. 1999. 112 Seiten. ISBN 3-931292-61-4

Band 67: Findbuch des Bestandes Abt. 20: Herzöge von Schleswig-Holstein-Sonderburg-Plön, von Wolfgang Prange und Konrad Wenn. 1999. XVIII, 220 Seiten. ISBN 3-931292-62-2

Band 68: Findbuch des Bestandes Abt. 2002: Landesfilmarchiv, von Dirk Jachomowski. 1999. XII, 258 Seiten mit 70 Abb. ISBN 3-931292-59-2

Band 69: Gilden in Schleswig-Holstein. Vorträge zur Ausstellung im Landesarchiv Schleswig-Holstein. Hrsg. von Marion Bejschowetz-Iserhoht, Reimer Witt und Heyo Wulf. 2000. 172 Seiten mit 17 Abb. ISBN 3-931292-63-0

Band 70: Findbuch Helgoländer Bestände: Abt. 174 Landschaft und britische Kronkolonie Helgoland; Abt. 131 Helgoland, Landgemeinde; Abt. 320.22 Inselkreis Helgoland, von Malte Bischoff und Robert Knull. 2003. 70 Seiten. ISBN 3-931292-60-6

Band 71: Wappen – Zwischen Tradition und Fortschritt. Begleitheft zur Ausstellung im Landesarchiv Schleswig-Holstein, von Martin Reißmann. 2000. 36 Seiten mit 24 Abb. ISBN 3-931292-65-7

Band 72: Findbuch des Bestandes Abt. 3: Grafschaft Holstein-Schauenburg-Pinneberg. Bearb. von Malte Bischoff und Lars E. Worgull. 2002. 89 Seiten. ISBN 3-931292-66-5

Band 73: Findbuch der Bestände: Tønder amt til 1867/Amt Tondern bis 1867 i/im Landsarkivet for Sønderjylland og/und Landesarchiv Schleswig-Holstein, von Bettina Reichert und Jesper Thomassen. 2001. XXX, 377 Seiten. ISBN 3-931292-67-3

Band 74: Im Spannungsfeld zwischen Regional- und Landesgeschichte. Vorträge eines Regionalsymposiums im Landesarchiv Schleswig-Holstein. Hrsg. von Reimer Witt. 2003. 116 Seiten. ISBN 3-931292-64-9

Band 75: Von Gottesfurcht und Kirchenzucht. Aspekte kirchlichen Lebens in Schleswig-Holstein im 17. Jahrhundert. Katalog zur Ausstellung im Landesarchiv Schleswig-Holstein. Hrsg. von Marion Bejschowetz-Iserhoht, Malte Bischoff und Reimer Witt. 2001. 72 Seiten mit 38 Abb. ISBN 3-931292-68-1

Band 76: Wolfgang Prange: Beiträge zur schleswig-holsteinischen Geschichte. Ausgewählte Aufsätze. Neumünster 2002. ISBN 3-529-02212-8

Band 77: Archivalien zur Geschichte Schleswig-Holsteins im Niedersächsischen Staatsarchiv in Stade, von Robert Gahde. 2002. 91 Seiten. ISBN 3-931292-69-X

Band 78: Kirchliches Leben in Schleswig-Holstein im 17. Jahrhundert. Vorträge zu einer Ausstellung im Landesarchiv Schleswig-Holstein. Hrsg. von Marion Bejschowetz-Iserhoht und Reimer Witt. 2003. 216 Seiten. ISBN 3-931292-71-1

Band 79: Nicht erschienen.

Band 80: Schleswig-Holstein und die Niederlande – Aspekte einer historischen Verbundenheit. Katalog zur Ausstellung im Landesarchiv Schleswig-Holstein. Hrsg. von Ernst Joachim Fürsen und Reimer Witt. 2003. 184 Seiten. ISBN 3-931292-72-X

Band 81: Findbuch des Bestandes Abt. 320.12: Kreis Pinneberg, von Robert Knull. 2003. 126 Seiten. ISBN 3-931292-73-8

Band 82: Das dritte Elbherzogtum. Der Kreis Herzogtum Lauenburg und seine Geschichte. Eine Ausstellung des Landesarchivs Schleswig-Holstein und des Kreises Herzogtum Lauenburg, von Eckardt Opitz und Martin Knauer. 2003. 34 ungezählte Blätter. Vergriffen. ISBN 3-931292-74-6

Band 83: Von ehrbaren Handwerkern und Böhnhasen. Handwerksämter in Schleswig-Holstein. Katalog zur Ausstellung im Landesarchiv Schleswig-Holstein. Hrsg. von Marion Bejschowetz-Iserhoht und Reimer Witt. 2004. 76 Seiten mit 36 Abb. ISBN 3-931292-75-4

Band 84: Findbuch des Bestandes Abt. 320.11: Kreis Oldenburg 1867-1950. Bearb. von Veronika Eisermann. 2004. VI, 53 Seiten. ISBN 3-931292-76-2

Band 85: Findbuch des Bestandes Abt. 314: Oberversicherungsamt, von Wulf Pingel. 2005. 72 Seiten. ISBN 3-931292-77-0

Band 86: Heinrich Rantzau (Christianus Cilicius Cimber): Belli Dithmarsici vera descriptio – Wahre Beschreibung des Dithmarscher Krieges. Übersetzt, ediert und eingeleitet von Fritz Felgentreu. 2009. 252 Seiten mit 12 Abb. ISBN 978-3-931292-78-2

Band 87: Findbuch des Bestandes Abt. 301: Oberpräsidium und Provinzialrat der Provinz Schleswig-Holstein, von Elke Imberger. 2005. 584 Seiten. ISBN 3-931292-79-7

Band 88: Findbuch des Bestandes Abt. 111: Ämter Reinbek, Trittau, Tremsbüttel, von Dirk Jachomowski und Wulf Pingel. 2006. 261 Seiten. ISBN 3-931292-80-0

Band 89: Roland Lucht: Das Landesarchiv Schleswig-Holstein. Eine Betrachtung aus archivtechnischer Sicht. 2006. 51 Seiten. Vergriffen. ISBN 3-931292-81-9

Band 90: Findbuch des Bestandes Abt. 47: Christian-Albrechts-Universität Kiel. Teil 1: 1665-1945, von Georg Asmussen. 2007. 197 Seiten. ISBN 978-3-937816-43-2

Band 91: Findbuch des Bestandes Abt. 47.1: Kuratorium der Christian-Albrechts-Universität, von Georg Asmussen. 2007. 75 Seiten. ISBN 978-3-937816-44-9

Band 92: 99 Silbermünzen. Der Haselauer Münzfund aus der Zeit des Dreißigjährigen Krieges. Katalog zur Ausstellung im Landesarchiv Schleswig-Holstein. Hrsg. von Marion Bejschowetz-Iserhoht und Rainer Hering. 2008. 216 Seiten mit 151 Abb. ISBN 978-3-931292-82-9

Band 93: Die Ordnung der Natur. Historische Gärten und Parks in Schleswig-Holstein. Katalog zur Ausstellung des Landesarchivs Schleswig-Holstein in Zusammenarbeit mit dem Archiv für Architektur und Ingenieurbaukunst. Hrsg. von Marion Bejschowetz-Iserhoht und Rainer Hering. 2008. 216 Seiten mit 121 Abb. ISBN 978-3-931292-83-6

Band 94: Findbuch des Bestandes Abt. 79: Ministerium für das Herzogtum Schleswig zu Kopenhagen 1851-1864, von Jörg Rathjen. 2008. 137 Seiten. ISBN 978-3-937816-48-7

Band 95: Archive zwischen Konflikt und Kooperation/Arkiver mellem konflikt og samarbejde. 75 Jahre deutsch-dänisches Archivabkommen von 1933/75 år dansk-tysk arkivoverenskomst af 1933. Hrsg. von/udgivet af Rainer Hering, Johan Peter Noack, Steen Ousager und/og Hans Schultz Hansen (Landesarchiv Schleswig-Holstein/Statens Arkiver i Danmark). 2008. 159 Seiten mit 1 Abb. ISBN 978-3-937816-59-3

Band 96: Die Ordnung der Natur. Vorträge zu historischen Gärten und Parks in Schleswig-Holstein. Hrsg. von Rainer Hering. 2009. 271 Seiten mit 119 Abb. ISBN 978-3-937816-65-4

Band 97: Findbuch der Bestände Abt. 80 und 56: Ministerium für die Herzogtümer Holstein und Lauenburg zu Kopenhagen 1852-1864 sowie Holsteinische

Regierung zu Kopenhagen bzw. Plön 1862-1864, von Jörg Rathjen. 2010. 646 Seiten. ISBN 978-3-937816-66-1

Band 98: Findbuch des Bestandes Abt. 109: Ämter Reinfeld, Rethwisch, Traventhal, von Wulf Pingel. 2010. 128 Seiten. ISBN 978-3-937816-77-7

Band 99: Findbuch der Bestände Abt. 51, 52, 53, 54 und 55: Regierungen der Herzogtümer während der Erhebung 1848-1851, Dänische Immediatkommission zur gemeinsamen Regierung der Herzogtümer in Sonderburg 1848-1849, Landesverwaltung für das Herzogtum Schleswig 1849-1851 und Dänischer Regierungskommissar 1850-1851, Oberste Zivilbehörde für das Herzogtum Holstein in Kiel 1851-1852 sowie Militärische Behörden der Erhebungszeit 1848-1851, von Jörg Rathjen. 2010. 632 Seiten. ISBN 978-3-937816-78-4

Band 100: Archivführer Schleswig-Holstein. Archive und ihre Bestände. Hrsg. vom Landesarchiv Schleswig-Holstein, dem Verband schleswig-holsteinischer Kommunalarchivarinnen und -archivare e. V. (VKA) und dem Nordelbischen Kirchenarchiv. 2011. 501 Seiten mit zahlreichen Abb. ISBN 978-3-937816-83-8

Band 101: Das Gedächtnis unseres Landes. Archive in Schleswig-Holstein. Begleitschrift zur Ausstellung. Hrsg. von Manfred von Essen, Rainer Hering, Anke Rannegger und Johannes Rosenplänter. 2011. 52 Seiten mit zahlreichen farb. Abb. ISBN 978-3-931292-85-0

Band 102: Findbuch des Bestandes Abt. 22: Herzöge von Schleswig-Holstein-Sonderburg-Augustenburg, von Jörg Rathjen. 2012. 227 Seiten. ISBN 978-3-937816-89-0

Band 103: Findbuch der Bestände Abt. 57 bis Abt. 62: Preußisch-österreichische Übergangsbehörden 1863-1868: Abt. 57 Bundeskommissare für die Herzogtümer Holstein und Lauenburg 1863-1864, Abt. 58.1 Österreichisch-preußische Oberste Zivilbehörde für das Herzogtum Schleswig 1864, Abt. 58.2 Österreichisch-preußische Oberste Zivilbehörde für die Herzogtümer Schleswig, Holstein und Lauenburg 1864-1865, Abt. 59.1 Österreichischer Statthalter für das Herzogtum Holstein, Abt. 59.2 Preußischer Gouverneur für das Herzogtum Schleswig, Abt. 59.3 Oberpräsident für die Herzogtümer Schleswig und Holstein (Baron Carl von Scheel-Plessen) in Kiel, Abt. 60 Holsteinische Landesregierung in Kiel 1864-1866, Abt. 61 Schleswig-Holsteinische Landesregierung in Schleswig 1865, Abt. 62.1 Schleswigsche Regierung zu Schleswig 1865-1868, Abt. 62.2 Zivilverwaltung/Regierung für Holstein 1866-1868, von Jörg Rathjen. 2012. 279 Seiten. ISBN 978-3-937816-90-6

Bestellungen sind zu richten an:

Landesarchiv Schleswig-Holstein
Prinzenpalais
24837 Schleswig
Tel. 04621 8618-00
Fax 04621 8618-01
E-Mail: landesarchiv@la.landsh.de
http://www.landesarchiv.schleswig-holstein.de

Die Bände 90, 91, 94 bis 100 sowie 102 und 103 der Reihe können über den Buchhandel und über den Verlag bezogen werden:

Hamburg University Press
Verlag der Staats- und Universitätsbibliothek Hamburg Carl von Ossietzky
Von-Melle-Park 3
20146 Hamburg
Tel.: 040 42838-7146
Fax: 040 42838-3352
E-Mail: order.hup@sub.uni-hamburg.de
http://hup.sub.uni-hamburg.de

Die Ausstellungskataloge sind direkt über das Landesarchiv zu beziehen.